大学生国防教育与军事训练教程

主　编　金海燕
副主编　刘玉勇　陈小兰
　　　　陈昆福　林伟连

ZHEJIANG UNIVERSITY PRESS
浙江大学出版社

图书在版编目（CIP）数据

大学生国防教育与军事训练教程 / 金海燕主编. —
杭州：浙江大学出版社，2012.8(2021.8 重印)
 ISBN 978-7-308-10274-2

Ⅰ.①大… Ⅱ.①金… Ⅲ.①国防教育－高等学校－
教材②军事训练－高等学校－教材 Ⅳ.①G641.8

中国版本图书馆 CIP 数据核字（2012）第 166051 号

大学生国防教育与军事训练教程
主　编　金海燕
副主编　刘玉勇　陈小兰　陈昆福　林伟连

责任编辑　黄兆宁
封面设计　黄晓意
出版发行　浙江大学出版社
　　　　　　（杭州市天目山路 148 号　邮政编码310007）
　　　　　　（网址：http://www.zjupress.com）
排　　版　杭州青翊图文设计有限公司
印　　刷　浙江省邮电印刷股份有限公司
开　　本　880mm×1230mm　1/32
印　　张　10.375
字　　数　279 千
版 印 次　2012 年 8 月第 1 版　2021 年 8 月第 15 次印刷
书　　号　ISBN 978-7-308-10274-2
定　　价　28.00 元

序

人类自进入所谓的文明社会以来,各种观念的形成所仰仗的社会环境无非是两种,即战争与和平。总的说来,人类历史长河中的战争环境短于和平环境,但战争所促成的社会剧变,给人类思想造成的直接撞击和潜在影响,又是和平环境所无法比拟的。

当今世界,和平与发展的主流不会改变,但是霸权主义与强权政治依然存在,民族矛盾、宗教对立、领土争端和地区冲突此起彼伏,局部战争、恐怖主义愈演愈烈,这些都在警告世人,国无防不立,民无兵不安。

世界军事变革迅猛发展,战场向陆、海、空、天、网络多维空间扩展,质量建军、科技建军已成为各国军事领域竞争的主要战场。大学生是国家和民族的精英层,强化对大学生的国防教育和军事训练,已成为世界各国加强国防建设的一项共同选择。如美国依据《国防教育法》和《普遍军训与兵役法》,在350所高等院校和650多所高级中学开设了后备役军官训练团,由国防部统筹和领导。

大学生是最新科学技术的承载者,是先进生产力的开拓者、先进文化的传承者,也是实现中华民族全面振兴的主力军和社会主义事业的接班人。在大学生中深入、持久地开展国防教育,对于激发国防意识、振奋民族精神、提升国民素质、造就祖国栋梁之才,具有重要的意义。

大学生军训是《宪法》、《兵役法》和《中华人民共和国国防教育法》所规定的必修课,是履行保卫祖国的神圣义务的一种方式。浙江大学作为1985年全国首批11所试点高校之一,始终把大学生军事训练和理论教程列入重要议事日程,在军事训练和军事教学方面已积累了丰富的经验。浙江大学等一批地方高校的军训试点工作,为

2001年全国各普通高等院校和高级中学全面开展学生军训工作发挥了重要的引领和示范作用。

大学生军训意义重大,除了使广大知识青年掌握基本的国防知识与军事技能外,更重要的是有利于激发学生的爱国热情,树立起国家利益至上的价值观,强化居安思危的国防观念。同时,军训也有利于加强大学生的组织纪律观念,增强身心素质,提高适应艰苦环境的能力。通过了解当代世界主要国家的国防发展趋势,还可以增强科技强军的紧迫感,主动思考专业知识与国防科技相结合的可能性,强化科技创新服务于国家战略的意识。

《大学生国防教育与军事训练教程》一书是浙江大学从事军训组织工作和军事理论教学工作的教师们集体探索的成果。该书先从当今世界大势和中国战略文化发展轮廓说起,在分析了中国国防体制与力量建设的基础上,从全球视野的高度分析了大学生军训的重要战略地位。同时该书全面、系统地介绍了军人的法律法规、军姿军容、轻武器射击、火线穿越、军事地形学、野外生存、应急反应等军事常识科目,给人以耳目一新之感。

《大学生国防教育与军事训练教程》突破了传统军训教材的结构,体系上有创新,内容上有突破。宏观上大气磅礴,微观上深入细致,全书既实际生动,又思想性昭显突出,是一部品位较高的军事训练教科书。

作为一名从戎半个世纪的老兵,借此机会谨向该书的编写者们致以祝贺和谢忱。

解放军军事科学院战争理论和战略研究部原部长
中国孙子兵法研究会前会长　　　　　　　　　少将

2012 年 7 月

目　录

中篇　军训科目与军事技能培养

下篇　浙大军训与大学生应征入伍

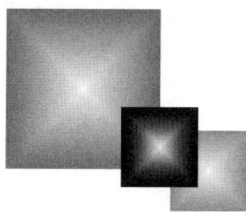

上　篇
全球视野与大学生军训

第一章

世界和平背后的真相

美国参议院 2011 年 6 月 27 日，一致通过了旨在"强烈反对中国军舰在南海争端中使用武力"的决议，并敦促"通过多边和平程序解决南海争端"。为什么会有如此有针对性和强硬的表态，而无视中国一再强调与越南、菲律宾等南海国家就争端进行一对一商谈？

第一节　霸权主义的阴霾——从拉登之死谈起

2011 年，拉登的死为美国十年反恐画上了一个句号。从表面上来看，拉登的死跟中国毫无关系可言，但事实上却不是如此。时间回到 1999 年的 5 月 8 日午夜，北约之首的美国 B－2 隐形轰炸机悄悄飞抵中国驻南斯拉夫大使馆上空，投射 5 枚精确制导炸弹击中中国大使馆，造成 3 人死亡、20 多人受伤的惨剧。

虽然美国极力狡辩这次袭击是"误炸"，但每个见到使馆断壁残垣的人都会知道美国的高科技炸弹是多么的"精确"——每枚炸弹都刚好投在了建筑物的关键位置，毫无疑问，这明显又是一次日军"9·18"式的挑衅行为。美国认为中国是其在霸权主义道路上的绊脚石，企图打压中国，牵制中国的发展。"炸馆"事件之后，中美两国间关系立刻变得十分紧张。就在美国将战略中心全面东移亚太地区的时候，"9·11"事件爆发了，这就迫使美国不得不重新把战略重心转移到了中东地区，美国信奉"没有永远的敌人，只有永恒的利益"，从而中美双方的经贸合作又立马"红火"地开展了起来，中国也因此获得了珍贵的 10 年发展期。

可是 10 年之后，萨达姆死了，本·拉登也死了，美国的反恐战略可以告个段落了。中国人民解放军国防大学国际关系教研室金一南教授指出，就在美国纪念"9·11"事件 10 周年的典礼上，一位美国高级将领说："我们又回来了，你们的好日子即将结束了。"这句话针对谁，显而易见。从那之后法国开始取代美国接手北约对利比亚的战争，南海纷争开始浮出水面。随着美国国防部长出访中国周边国家，东南亚那些国家就开始公然叫嚣所谓的"海上主权"了。这种种迹象，都预示着今后一段时期内，中国的和平发展必将要受到霸权主义国家的一定阻挠。

中国一再承诺，保障南海自由航行权，但是美国军事战略重返亚太之际，各种刺激表述，到底是来"劝架"、"打架"还是"拉偏架"的？战争离我们有多远？战争归根结底是如何发生的？

战争的根源问题，是马列主义战争观的一个重要问题。列宁提出了"现代战争产生于帝国主义"的论断。毛泽东提出了当代世界战争根源主要来自霸权主义争夺的观点。邓小平在党的十一届三中全会后，通过对世界形势的进一步透视，对霸权主义是当代世界战争的主要根源的思想，作出了全面的科学论述。他指出："霸权主义是战争根源。"现在威胁世界和平的主要是霸权主义。

邓小平关于霸权主义是当代世界战争的主要根源的思想，具有丰富的内涵，是对马列主义战争根源理论的重大发展。现代战争的发生机制已不能仅仅从社会制度或阶级属性中去寻找，更多要直接地取决于各国的对外政策。任何社会制度的国家只要推行霸权主义，都可以成为战争的根源。霸权主义，既有世界霸权主义（大霸），又有地区霸权主义（小霸），两者侵略扩张的本质相同，仅是"胃口"大小有别。地区霸权主义也是引发现代战争的重要根源。原苏联解体、两霸争夺的局面消失，绝不意味着霸权主义的消失。美国暂时一霸独存，不仅证明了霸权主义的存在，而且，由于产生霸权主义的温床没有铲除，仍然可以产生新的霸权主义国家或国家集团，突出表现为国际事务中的"强权政治"。因此,老的霸权主义国家以及新的或将要产生的霸权主义国家或国家集团,都是当代世界战争的主要根源。

第二节　"后冷战时期"的综合国力竞争

第二次世界大战结束后,美苏两国出于地缘战略和意识形态的需要,开始了全球范围内的竞争布局,由此形成了以美国为首的帝国主义阵营和以苏联为首的社会主义阵营全面对抗的两极战略格局。

1989年年底,美苏首脑在马耳他宣布冷战结束,特别是华约解散、苏联解体之后,世界主要大国开始了对军事领域前所未有的调整,各种政治力量重新进行分化组合,"一超多强"(一超指美国,多强是指俄罗斯、欧盟、日本、中国、印度等国家和地区)的世界军事格局框架已初步形成。

一、冷战会重来吗?

虽然世界进入了后冷战时期,但大国重新划分势力范围的斗争却仍在继续。这正是后冷战时期国际形势动荡不安的重要因素之一。

两德统一时,美国总统老布什和德国总理科尔曾向苏联保证绝不搞北约东扩。但是在资本主义的体制下,按实力分配势力范围是"铁的法则"。在这个"铁的法则"下任何有威信的领导人的信誓旦旦都是靠不住的。苏联解体后,俄罗斯国力一落千丈,原来不搞东扩的诺言早被抛到九霄云外。1999年,以美国为首的北约发动的科索沃一战,不仅进一步肢解了南斯拉夫,而且进一步削弱了俄罗斯在前南地区以至整个东欧的影响。紧接着在美国的推动下,1999年、2004年北约先后搞了两轮东扩,把东欧多个国家和波罗的海三国都纳入了北约。然而美国还不满足:策动前苏联地区一些国家实施"颜色革命",进一步挤压俄罗斯的战略空间;策划在波兰、捷克建立反导弹基地,意在削弱俄的核遏制力;在格鲁吉亚、阿塞拜疆等国修建绕过俄罗斯、通向西欧的油气管道,与俄国争夺里海能源的主导权。

在西方向俄罗斯步步进逼的同时,俄罗斯国内也发生了重要变化。以 2000 年普京上台为标志,俄罗斯逐步摆脱了国内危机,进入恢复及复兴时期。大国实力对比发生了新的变化。恰在这个时候,格鲁吉亚总统萨卡什维利派兵攻打南奥塞梯。他或许认为这样可以加速格鲁吉亚加入北约的进程,但这完全是对形势的错误估计。俄立即抓住时机出兵反击,打垮了格鲁吉亚军队。俄的矛头主要是针对北约,针对大力推动北约东扩的美国。可以说这场战争是冷战的余波,是冷战时期争夺势力范围斗争的继续,是迟早要爆发的。

那么,美欧俄之间这场斗争会不会导致冷战重来呢?上海交通大学陈启懋教授在《后冷战时期的冷战余波》一书中认为:从目前种种情况来看,这场政治角逐发展成为新冷战的可能性不大。因为斗争的双方从各自的利益出发,都不希望出现这样的情况。俄罗斯的战略意图主要是遏制北约东扩至前苏地区,确保自己的战略空间以维护国家安全,并没有像西方某些人说的重新恢复苏联帝国的那种想法。欧盟国家毗邻俄罗斯,30%的石油、50%的天然气都要靠俄罗斯来供应,出于安全和经济的考虑,多数国家不愿与俄罗斯的关系搞得太紧张。美国虽然态度强硬,但也不可能完全与俄罗斯闹翻。迄今为止,美国除了停止联合军事演习、冻结美俄民用核合作协议等象征性动作外,并没有对俄实施什么制裁。

二、综合国力的较量

网络时代,"非军事"领域的安全与军事安全一样成为国家安全的主要内容。单纯通过加强军事力量来达成自身安全的狭隘的国家安全观念,已让位于军事、政治、经济、科技、文化、信息等多领域有机结合的全方位的"综合安全"观念。为此,许多国家的国家安全战略已经有所调整,更加强调经济、科技等安全的重要性,国际竞争也越来越倾向于综合国力的较量。可以说,强调综合国力的提高和运用,达成新时期的国家安全战略目标,已成为各国的头等大事。

　　所谓综合国力,是指一个国家在一定时期内为维护自己的生存和发展所拥有的各种力量的有机整体的总和,综合国力的各个要素涉及资源、经济、政治、文化、军事、社会发展国际关系等基本领域。构成综合国力的因素既有有形的物质性因素(硬件),如地理位置、领土面积、自然资源、人口、国民生产、科学技术、文化教育、交通运输、国防能力等;又有无形的精神性因素(软件),如国家意志、民族性格、国民士气等。另外,国家的社会制度和社会运行机制(即政府机构)也是综合国力的重要构成因素。综合国力不是各个领域力量的机械相加,而是各种力量有机协调后产生的巨大合力,是确立国家发展战略的基本依据。综合国力是不断发展变化的,其消长过程就是国家盛衰过程,各国在国际舞台上的竞争乃至生死较量凭借的就是其综合国力,因此增强综合国力是各国制定发展战略的出发点和归宿。

　　经济的持续发展,能够满足国内不断增长的消费需求,是国内政治稳定的一个必要前提,也是拥有强大军事能力、维护国家内外安全的物质基础。因此,目前各国都把主要注意力转向国内经济建设。这也是"和平与发展"时代主题的集中表现。同时,由于知识经济时代的来临,科学技术对经济、军事的贡献越来越大,科技竞争的核心作用日益显现。为了发展科技,形成科技优势,提高竞争能力,各国在科研开发上的投资日益增大。

　　然而,在强调经济和科技在综合国力竞争中核心地位的同时,世界各国并没有放松军事建设。军事力量仍是综合国力竞争的一个特别重要的因素。在目前"大稳定、小动荡"的国际战争形势下,军事手段在解决国际争端和维持国内稳定方面仍具有不可替代的作用。

第三节　太空战的操刀手

　　2500多年前,中国伟大的军事思想家孙武曾指出:"善守者,藏于九地之下;善攻者,动于九天之上,故能自保而全胜也。"

进入 21 世纪,随着科学技术的发展以及战争向太空发展的趋势,一些军事大国相继建立"天军",一大批"天兵天将"开始活跃在太空,天军这个不同于陆、海、空的新军种登上了历史舞台,从事夺取控制天空权、侦察、监视甚至精确打击的任务。

在未来战争中,天军可以不受气候与地形的影响,可以在任何时间、快速、充分、垂直地对地球上的目标进行打击,提高战略攻防能力和威慑能力。为此,美国军界有人提出:在 19 世纪,谁控制了欧亚大陆,谁就能称霸世界;20 世纪,谁控制了海洋,谁就能称霸世界;进入21 世纪,决定霸业的是太空,谁能控制太空,谁就能称霸世界。

一、天军的历史与组成

狭义上说,天军是指以航天飞机、空天飞机、载人飞船、航天母舰为作战平台,以弹道导弹、运载火箭、军用卫星、定向能武器、动能拦截器等航天兵器为主要作战手段,以太空为主要战场,遂行空间作战任务的战略力量。天军以夺取战争制空权为主要目的,既可独立遂行空间支援、空间进攻、空间防御和空间威慑等战略任务,也可配合陆、海、空军等传统作战力量实施联合作战。

从现有的资料及天军未来发展的情况来看,天军大致由以下部分构成:

①航天发射部队——是在导弹部队、卫星发射部队的基础上组建的。它由完成运载工具和航天器发射任务的检查、测试、总装、对接、推进剂加注、发射等专业人员组成。

②航天测量管理部队——由担负航天器轨道测量和控制,以及航天器内部工作参数测量和航天器控制等任务的军职或者文职人员组成。

③防天监视部队——主要由监视敌对国家航天器和洲际导弹发射的人员以及拦截敌方导弹或者军事航天器的作战部队组成。

④空间作战部队——由执行空间攻击和防御任务以及在航天飞机内执行军事任务的人员组成。

⑤其他部队——由对航天器提供的信息收集、处理、分析的管理人员,以及提供气象、装备、后勤等支援的人员组成。

目前,各军事强国对天军的任务大体上归纳为:拦截或攻击外层空间目标和地面目标,为其他军兵种提供侦察、预警、指挥、通信、气象、导航等多种支援保障,根据任务进行航天器的发射,将航天器送到预定的位置,完成导弹弹道或航天器轨道的测量,对航天器工作进行监控。

二、美、俄、欧盟天军发展状况

(一)美国天军

1985 年 9 月,美国航天司令部正式成立,直接隶属于参谋长联席会议,下辖陆、海、空军航天司令部,主要负责对各军种的航天活动和弹道防御实施统一作战指挥。

2000 年美国成立了空间作战学院,专门为美军培训空间作战人员。同年 10 月,美国又成立了第 527 太空攻击中队,这是美国第一个用于太空作战的部队。根据作战任务的不同,航空航天远征部队分为基本型、应急型和机动型 3 种类型,分别担负不同任务。目前,美国共有 10 支基本型、2 支应急型、5 支机动型航空航天远征部队。

2001 年 1 月 22 日美国又成立了第 76 太空控制中队,这是美国第一个研究太空控制的技术性部队,负责进行太空战术和战法研究。据相关资料报道,美国目前拥有 1 个航天师,已培训出近 30 名军事宇航员。

美国已经形成 3 级太空战指挥和作战组织机构,初步具备了未来太空作战的能力。第 1 级——美国航天司令部、北美防空防天司令部,它们是美国进行太空战的最高指挥机构,也是美国天军的"大脑"。第 2 级——各军种的航天司令部,它们是美国天军指挥控制体系的中间环节,各军种联合参与太空战行动要靠它们来具体组织实施。第 3 级——航天支援、保障、作战部队和机构,负责将美国天军指挥机构的决定付诸实施。

美国天军现编制有 4 个航天联队和 1 个航天大队。到 21 世纪上半叶,美国至少可建立 3 个航天舰队,每支舰队为 1 个航天师,每个师编制 300 人,装备有:1 艘航天母舰、4 架航天飞机、2 艘太空拖船、1 个轨道燃料库和 1 个太空补给站。3 个航天师组成 1 个航天军,它们以 3 个等分点在一个同步轨道上,既能单独作战,又可联合行动,指挥部设在航天母舰上,作战人员分布在各种航天器中。还有一些散兵,可以乘坐机动航天器离开航天基地,在太空中单独执行战斗任务。

(二)俄罗斯航天部队

2001 年 1 月 25 日,俄罗斯总统普京在克里姆林宫主持工作会议,决定将俄罗斯军事航天部队和空间导弹防御部队从战略火箭军中分离出来,组建一支新军种——俄罗斯航天部队。

2001 年 6 月 1 日成立俄罗斯航天部队司令部,受俄军总参谋部和国防部联合管理。

俄罗斯航天部队司令部下辖 3 个大型航天发射场和 1 个航天器试验与控制中心,负责军用卫星发射和对敌方的太空武器系统进行打击,总数约 3 万人。

空间导弹防御部队掌管着导弹预警与防御系统及空间监视与防御系统,下辖导弹预警、反导防御与太空监视等部队及独立雷达,编成 1 个集团军约 2 万人。

俄罗斯天军细分三种分队:侦察预警分队对可能发射弹道导弹的地域与空天和所有的战略空天方向实施不间断的侦察,准确而及时地向参谋部报告和向空军提供敌方开始实施空天袭击的情况,包括导弹发射时间、规模和方向,以便最高统帅部制定实施回击的决策。同时,还应该分析敌方可能发起的作战情况,提早预警,保护本国重要的军事、政治、经济设施免遭导弹突击。

反导作战分队抗击敌方非战略性弹道导弹的突击。

反卫星作战分队的基本使命是反卫星作战。

(三)欧盟伽利略计划

欧盟抱有"想要施加自己的国际影响力"的意图在所难免,而通

过军事谋取优势是其展示影响力的最好途径。为了打破美国 GPS
全球定位系统的垄断局面,2005 年欧盟以商业目的为名,重点推出
伽利略全球卫星定位系统。

美国对此很是恼火,并以频率相近、可能影响 GPS 定位系统为
由百般阻挠,甚至扬言发动太空战击毁伽利略系统。这让欧洲人相
当不满和不安,也更加坚定了他们发展伽利略的决心。2005 年 12 月
名为 GIOVE. A 的试验卫星发射升空,标志着伽利略计划正式启动,
同时也意味着欧洲正式走上空间独立的道路。

欧盟强调新的太空政策应该充分考虑更加有效地利用航天资
源,让航天技术更好地发挥其作用。目前的欧盟在天上飞行的卫星
多达 70 多颗,还有许多具有侦察监控功能的卫星正在陆续研发中,
不久的将来,欧盟的卫星在太空中的数量会不断增加。

三、天军发展的趋势

我们生活的这个时代正在引领着战争形态朝着质变的方向发
展,天军作为一个新军种已经形成战斗力。天军作战具有高浓缩化
(作战力量小、作战规模小、作战目标高度集中、作战效费比高)、高离
心化(远离人群、城市目标和生存依赖目标)、高信息化(战场近乎透
明)和高智能化等特征,突破了任何原有的作战模式,从根本上改变
传统的作战形态,为了适应天军的发展及作战,世界强国正在抓紧研
究和创新适合天军作战的军事理论,以便在未来战争中最大限度地
发挥天军的作用。

人类的贪欲是无止境的,如果不加限制和约束,势必将会因无休
止的膨胀而给人类自身带来杀身之祸。为了持续和平,必须制止战
争狂人欲置地球于死地的做法。

为此,在世界裁军大会上,中国代表向世界发出警告:外空武器
的研究和发展正在加速进行,外空战争的相关理论也正在构思之中,
外空武器化的威胁正在增长。因此,对有关外空及防止外空军备竞
赛的国际法律体系的建立,就显得非常必要和紧迫。

第四节　网络战与美国网军

在海湾战争前,美国中央情报局早已派特工到伊拉克,将其从法国购买的用于防空系统的打印机芯片换上了染有计算机病毒的美国芯片,又用遥控手段激活了病毒,致使伊拉克的防空指挥系统程序出错,导致防空系统失灵。由此被美军完全控制了制空权,没几天就以失败而告终。

一、网络战士

1995 年,美军第一代"网络战士"从美国国防大学信息资源管理学院"毕业",在美国国防部组织下,成立了世界上第一支网军。1997年 6 月,几名"网络战士"4 天之内竟然成功地闯入了美军太平洋舰队司令部,以及华盛顿、芝加哥、圣路易斯和科罗拉多州等多个地区的军用计算机网络,并控制了全国的电力网络系统。这是由美国国家安全局举行的"合格接收者"秘密演习,"网络战士"的作战结果令美国国防部的高级官员瞠目不已。

科索沃战争中,美国总统克林顿授权这支部队实施网络战。这是美军历史上第一次运用网军配合实战行动。不过,这次任务完成得并不圆满,被南联盟和俄罗斯网络高手组成的"黑客军团"抢了上风。南联盟"黑客"于 1999 年 3 月 29 日潜入美国白宫网站,成功地实施了破坏行动,使该网站瘫痪了一天。此后,他们又对北约通信系统实施了病毒攻击,导致美海军陆战队带有作战信息的邮件服务器几乎被"梅丽莎"病毒阻塞。美军"尼米兹"号航母指挥系统也因被"黑客"干扰而一度中断。这一系列网上反击战,在一定程度上帮助了南联盟军队的常规反击战。

二、"无网不在"的攻击武器

现代战场离不开各种"网"。既有国家网,也有军队网;既有战略网,也有战术网;既有有线网,也有无线网。信息化战争将很大程度上围绕"破网"与"护网"进行。军事专家预言:在未来的战争中,决定胜负的并不是核武器而是计算机网络系统。

美国前总统小布什曾在伊拉克政策上遭到了国内外的众多批评,布什为自己辩解:"在'9·11'事件后,美国遭到 80 多次恐怖分子的袭击,但一次也没有成功,万一有一天恐怖分子对我们进行网络攻击,其后果要严重得多,因此,我的'先发制人'战略理论是完全正确的"。同时,布什签署了一项密令——国家安全第 16 号总统令,要求在国防部的领导下,组织中央情报局、联邦调查局、国家安全局等部门共同制定一项计算机网络战战略,以便在必要时攻击和破坏敌方的网络信息系统。

智能超群的网军,驰骋在广阔的网络战场,凭借各种电子手段和高超技术,侵入敌方庞大的网络系统,随意浏览、窃取、删改有关数据或输入假命令、假情报,破坏其整个作战自动化指挥系统,使其做出错误决策,达到《孙子兵法》所推崇的"不战而屈人之兵"的目的;通过无线注入、预先设伏、有线网络传播等途径实施计算机网络病毒战,瘫痪对方网络,达到"少战而屈人之兵"的目的;运用各种手段施放电脑病毒直接攻击、摧毁敌方高技术武器,如巡航导弹、战机内的计算机系统,使这些武器系统因自身系统紊乱、瘫痪而失去战斗力;必要时,网军还可运用电脑病毒或"黑客"程序攻击敌国民用系统,入侵敌方金融、交通、电力、航空、广播电视、政府等网络系统,搞乱甚至搞垮敌方政治、经济和社会生活秩序,引发其社会动荡。

网络战是双重性的,既要重视网络攻击,又要重视网络防御。在进攻上,要用快刀斩乱麻的手段以快速破坏敌方的网络系统;在防御方面,要充分调动所有的技术力量来保护己方网络系统的安全。

"网军"防御的技术手段主要是对计算机加密。防止敌方进行计算机渗透来窃取情报,加强己方计算机网络系统的管理、维护和检测,减少各种技术和管理上的漏洞,并需要对己方发动网络袭击的各种不友好势力进行电磁欺骗或干扰,使敌方无法探测到己方计算机设备辐射的电磁信号。据美军统计,在没有采取防御措施前,信息系统被闯入的成功率高达46%,而使用了监控等防护手段后,被闯入的成功率则下降到12%。

美国是计算机的核心——中央处理器(CPU)的生产大国,也是主板和内置式调制解调器等组件的生产大国,显然能够轻易完成直接将病毒和逻辑炸弹等植入计算机芯片之中的任务。只要美国"网军"有需要,就可以激活具有特殊功能的"芯片",激活信息中潜伏的病毒,并进行大量的繁殖、删除和涂改数据等破坏性工作,直接或间接地给敌方计算机系统添麻烦,使其错误百出。

1999年,美国媒体首次披露美国微软公司的操作系统设置后门的做法,引起了国际社会的强烈不满和不安。

"网军"使用的军事计算机病毒与普通计算机病毒相比,无论是破坏能力、传输手段还是防范难度都高出了许多。在美军的"网军"军火库中,已有超强破坏能力的计算机病毒武器2000多种,以及计算机芯片病毒固化技术和计算机病毒无线输送装备等。可以通过敌方的接收路径进入,使用战术或战略无线电系统发送计算机病毒或逻辑炸弹等误导信息,打入对方的接收系统中。

未来战争在很大程度上是信息权的争夺,网络战将不可避免,建立网军已经成为时代的需要。目前,世界许多国家开始关注网络部队的建设,英、德、日本、俄罗斯和以色列等国投入巨资正在打造强大的"网军"。由于网络战具有高技术性和高开放性等特点,各国"网军"的人员结构、战备训练等都与普通部队大不相同。在平时,网上"黑客"是捣乱分子,但他们也是网络专家,因此在组建网军时公开征召"黑客"入伍。

可以预见,未来战争中,网军将担负起保卫网络主权和从事网络作战的艰巨任务,成为战场上一支不可或缺的力量。

第二章

中国战略文化发展轮廓

中国历史和社会蕴含着巨大能量与精神资源,这正是中国战略文化千古传承、厚重博大的原因所在。姚有志将军在《大国崛起》一书中指出:独有的悠长、荣光与无与伦比,然其积弊与困顿同样该有浓墨。复兴、继承与超越需要拒绝任何出于尊荣抑或自卑的心态失衡与文化失衡。

【链接】

会说话的汉字

公元前500年对武的解释为"止戈为武"。"止"指的是人的五指,泛指人;"戈"是一种类似于长矛的兵器。武力的目的在于制止战争,赢得和平,即使迫不得已进行战争,其目的也是为了制止战争。

"帅"的繁体写作"帥",意为站在土堆、城墙上带着头巾的人,即带领大家守城的人。

最初的"国"与"戈"并用,"戈"即"国",是一个武装团体,揭示了国家的最本质特征,后来的"國"字又写作"或",在"戈"字里面加上了"口"(泛指人口)和"一"(泛指平整的土地),意思为国家是用武力捍卫的人口和土地。大约在公元前1000多年,中国奴隶制社会分国封疆的高潮之际,"國"字又经历了第三次演变,即在"或"外面加上了围墙,写作"國",从而认定了国家是武力捍卫的有一定范围的人口和土地,而不能超出国家的范围而搞扩张。当然今天的"國"变成"国"了。

"征"字,左边为双人旁,意指多人、众人;右边是一"正"字,正,堂堂正正,遵纪守法也。用战争手段把对方"正"过来,使之改邪归正。正所谓,有道伐无道。

"计"由"言"和"十"组成,即定性与定量相结合。

"疑"字,左上是匕首的"匕"字,代表短兵器;下面是"矢"字,代表弓箭之类的抛射兵器;右上是长矛的矛头,代表长兵器;下面是一个走之,代表机动。用短兵器还是抛射兵器,用长兵器还是机动转进,拿不定主意则为"疑"。

"月"和"券"组成的"胜",体现了预有准备或主动发起的夜战易操胜券的思想。

"我"是由"禾"和"戈"组成,"我"之所以称我,需要履行从事农业生产的义务,同时也肩负着保卫祖国、当兵作战的责任。

第一节　中国战略文化奠基与兵学繁荣

极具包容性的、宏观的、整体的思维模式和方法论——《易经》,支撑着中华民族开始了五千年的灿烂起步,中国战略文化的整体性思维也由此发轫。春秋战国是奴隶制社会转向封建制社会的过渡时期,期间充满了动荡和长期兼并战争,客观上促进了社会经济的发展和军事思想的发展。在当时百家争鸣学术氛围之下,许多学者和军事家也着手对战争规律进行了研究总结,这样就为中国古代军事思想的成熟准备了必要条件。

一、西周——中国兵学的奠基时期

西周时期青铜器制造达到了鼎盛,制造铜兵器的技术有了显著改进,出现了合戈、矛为一体的戟。同时,严格实行"国人"从军,据《周礼·夏官》记载,已有了军、师、旅、卒、两、伍的编制。同时西周军队主力是战车兵,以车乘为基本作战单位。每辆战车除车上甲士外,还配属若干徒兵。车战一般只在平原地区进行,根据地形情况将战车列成方阵,作战时通常是正面对攻。这一时期随着军事制度的建立和兵器的不断改进,不仅促进了战术的变化,而且在上层社会中也渐渐形成尚武的习俗,如周朝的教育内容主要是:礼、乐、射、御、书、数六项,其中的射、御和乐的部分内容(如武舞)就是军事教育。

我们说西周是中国古代军事思想的形成时期,这不仅是指对夏商既有的军事思想的一种补充修正和对西周时期战争经验的总结,更重要的是指这一时期兵书已经出现了。虽然现在我们看不到西周时期的完整兵书,但是从《左传》、《孙子》等典籍的引文中,可以确切地知道西周时期曾产生过两部较系统记述作战经验和军事原则的兵书——《军志》、《军政》。

另据《史记·司马穰苴列传》载,"齐威王使大夫追论古者《司马兵书》",可见春秋时代之前还应有一部讲军事文化礼仪和用兵方法的《司马法》。这些标志着中国古代军事思想的形成。

二、《易经》与传世三大经纶

周文王被商纣王"拘而演周易","一部《周易》,就是中华民族的精神现象学"。

《周易》人们也很难读懂,为此,孔子及其门人弟子专门撰写了《易经》对其进行阐释。《易经》本身的生命力与创造力,在于《易经》内蕴的宏大先进的哲学方法、思维方式以及向上精神。这种海纳百川的认识方式出现于中华文明的初始,是同时代的其他任何民族所不曾具备的,是值得骄傲的。某种意义上,正是这种极具包容性的、宏观的、整体的思维模式和方法论支撑着中华民族开始了五千年的灿烂起步,中国战略文化的整体性思维也由此发轫。

《易经》中诸多卦辞,确实是中国传统战略文化理念的雏形。《兑》卦中,《兑·初九》说"和兑,吉",《兑·六三》说"来兑,凶"。和兑,以和平、平和为悦,认为和平相处、没有战乱是好事,是种吉兆;如若把别国的归服认为是好事,则是凶兆。

"乾道变化,各正性命,保合太和,乃利贞。"

可以说,不理解《易经》,就很难理解中国战略文化的真谛。

公元前五世纪前后是个伟大的承传时代,并行发展的几个古代文明之域,如中国、希腊和印度,同时出现了一个文化高峰,产生了一批影响后世文化走向的思想巨人与不朽经典,代表人物是孔子、老子和孙子,主要传世典籍有《论语》、《道德经》和《孙子兵法》。这些是先哲们的天才异禀的结晶,也是中国上古、中古时期思想与实践的凝聚与升华。

《孙子兵法》倡导的和平、理性与人道主义理念,两千多年来一直是中国斗争哲学的主导特质,至今仍是中国战略文化的框架精神。

与老子、孔子和孙子同时代的古希腊文化和古印度文化甚至一度脆性折断,荣光丧失殆尽。

每当历史风潮回转,这些璀璨的元典都会重新升腾起火焰。无论任何时代,无论任何地域,我们都可以从中找到旷古持久的价值。其中的仁和、宽容的思想和智慧仍是我们破解社会价值、自然尺度、生命尊严等严峻课题的战略基点。

三、春秋战国——中国兵学的繁荣时期

由奴隶制社会转向封建制社会的过渡时期,充满了分裂、动荡和争战。王权下移是导致春秋时期各诸侯国打出"尊王"旗号争霸天下的主要原因。经过长期的兼并战争,进入战国形成了七国鼎立的局面。为了消灭其他国家,统一天下,七国积极谋求改革,力图富国强兵,同时也进行了经常性的战争。这样,基于战争的需要,客观上促进了社会经济的发展和军事思想的发展。

在富国强兵中,军事上首先改进的是武器。春秋时期的青铜器在形制和重量上都有了较大改进,变得更轻便和更有杀伤力。同时随着冶铁技术的掌握,更锋利坚硬的铁制武器便被发明和逐渐应用于战场,标志着中国社会开始进入以铁兵器代替铜兵器的时代。战国晚期还出现了铁制兜鍪、铠甲。同时砲的出现和弩的改进和大量使用,也是远射武器出现的重要标志。中国最早的砲是抛石弹杀伤

敌人的机械,称"投机"、"飞石机"、"发石车"等。至于弩,已由原始社会晚期的木弩改进为春秋时的青铜制弩和战国时的强弩,并广泛运用于战场。由于武器种类增多,数量扩大,当时各国普遍建立了专管武器制作、储存、发放的武器库——府库。

随着战争规模的不断扩大,春秋战国时军队组织的编制有了很大改进。一是改变了以往以兵车为主的体制,出现了以步兵为主,舟师、骑兵、弩兵协同作战的多兵种体制。二是在兵制上,春秋后期逐渐打破了夏商时"国人"从军的旧制,到战国则普遍实行郡县征兵制,将大批农民征集入伍。同时采取募兵制,招募者选武士以充当军队的骨干和组成国君的卫队,如魏之"武卒",秦之"锐士"、齐之"技击"。三是由于军队的不断扩大使得职业化军官成了战争的需要,于是产生了专职将帅。而春秋以前,军队一般由国君统帅,文卿也兼军将,到战国则文武分途,由专职的"将军"、"技国"、"尉"等统兵打仗。

为了取得战争的胜利,各国日益重视战略战术的改进和提高。在谋略上,逐渐否定了重信轻诈的用兵之道,重视审时度势,因利乘便,注重军事斗争和外交斗争结合和敌友力量的分化组合,并以军事实力为后盾举行数国谈判和多方会议。在战法上,春秋时期已逐步突破商周以来的两军对峙、正面攻击的惯例,采用了多种方法作战,有两翼突破、设伏诱敌、后发制人等,在阵法上也日益严密灵活。

在当时百家争鸣学术氛围之下,许多学者和军事家也着手对战争规律进行了研究总结,这样就为中国古代军事思想的成熟准备了必要条件。这一时期产生的兵书有《孙子》、《吴子》、《司马法》、《孙膑兵法》、《六韬》、《尉缭子》等,都是中国古代军事思想中的巨著。这些兵书探讨了战争爆发的原因、性质和决定战争胜败的基本因素,在战略战术上总结了一系列带着普遍性的军事规律,对以后的战争指导和军事学术研究都起了重大作用。

第二节　统一传统与秦隋的巨大贡献

在历史上,中国人口一般并不比欧洲多很多,地域也差不多大,然而西方人对庞大的中国一直怀有恐惧心理,其原因正在于中国一直是一个统一的大国(分裂的时间毕竟极少),而欧洲却从来被分裂成许许多多的小国。这种差异的产生,也许并不是地理原因,因为中国的高山大河等天然障碍并不比欧洲少。由此看来,政治和社会因素更重要一些。

一、秦始皇与统一工程

赢政霸业完成之后,大一统帝国如何维持、如何统治是一个实实在在的难题。

美国联合英国武力征服一个伊拉克,硝烟之后的管理工作是如何之艰难,而秦始皇用一连串的武力几乎征服了视野所达的大部分世界,吞并的是一些实力与自己相比并不悬殊的国家。面对包罗万象的庞大帝国,充满陌生的人民,秦始皇需要的政治、文化建设工程之巨大,足以令后世的大多数政治家难以想象。秦始皇和李斯等高级官员,以"精力的充沛"、"活泼的想象力",做出了比王朝统一时还要多的事情,做出了比当今世界上其他所有国家加起来还要多的事情,也做出了几乎比此后两千年大多数帝王所做的总和还要多的事。

对后世影响最为深远的是政治文化方面的建章立制。皇帝之下设立宰相,同时设立太尉、御史大夫,分管军事和监察,与宰相形成政治、军事、监察三权分立,确保皇帝权力不被剥夺和削弱。中央集权的政府组织形式,为中国历代王朝奠定了权威性的规范,乃至于当今政府的管理体制,也没有完全脱离这种框架。

政治和教化的合一,秦始皇需要的不仅是政治、文化的统一,更重要的是政治和文化的结合和融合。

周天子时期对国家的掌控由诸侯代管,秦将其改由官吏代管,自觉地将由帝王那里受领的、统一的文化精神贯彻到政治当中,还有一种教化和易俗,伴随着国家大一统文化理念的深入人心,即使政治出现动荡乃至朝代更迭,只要文化还在,就有重新修复、匡复的能力。

统一文字和度量衡制度,同时发布了"书同文"的诏令。颁布诏书,把商鞅变法时制定的度量衡制度推行到全国,作为标准器具。

破除旧制,也无情地剥夺了无数人,尤其是其他六国贵族的利益,修建灵渠、全国公路网以及连接万里长城,并由此引发了老百姓的沉重赋役。

在中国历史上,为统一做出过贡献的人很多……其中秦始皇的开创性的历史功绩,更令人瞩目。

二、古长城与防御战略

长城绵延千里,雄伟逶迤,工程之浩大,气势之磅礴,实不愧对"世界奇迹"的称号。但它是国家力量凝聚和耗散的矛盾体,更多的是"中原封建王朝在国力衰弱时期的无奈壮举"。试想,以秦始皇一贯的气派,筑城御敌哪里是他的性格,之所以不再坚持进攻,还是因为长期征战,国内经济实力已经下降。

唐太宗李世民,在他继位的第三年,坚决拒绝了群臣关于修筑长城的请求,取而代之的是安抚民众,清明治理,由此也开拓出了辽阔的疆域,使得先朝修筑的长城深深位于帝国腹地,把修筑长城变成了彻底的没有必要。具有辽阔疆域与视野的元朝和清朝,也因为疆域辽阔和战略需求,没有产生过修筑长城的念头,真正牢固的,是国家的雄厚底气和胸中的韬略。

伴随着朝代变迁和各民族强弱的衍变,长城逐步地被中华民族辽阔的版图一级级地内置,最终成为了一种战争与文化的遗迹。

三、应受推崇的隋文帝

魏徵将秦始皇、隋文帝(隋朝开国皇帝——杨坚)相提并论;范文澜认为"秦始皇创秦制,为汉以后各朝所沿袭,隋文帝创隋制,为唐以后各朝所遵循,秦、隋两朝都有巨大贡献"。

迈克尔·H·哈特在《历史上最有影响的100人》中虽未明示这种看法,却也只收入了秦始皇和隋文帝两位皇帝,并认为:"在中国甚至在欧洲,像隋文帝这样影响持久的帝王确实屈指可数。"

隋文帝结束了近400年的分裂纷乱局面,开创科举制度,在公元587年首行,几经完善,为唐、宋、元、明、清四代所传袭,一直延续到1905年。门第不再是平步青云的最大障碍,文化知识的利益激励机制,在平民、乡绅和官僚之间达成了一种精英循环的局面,持续新陈代谢以及向心凝结。隋唐以来的中国历代王朝的政治全赖科举制度得以安顿。

隋文帝兴建举世闻名的连接长江和黄河的大运河,夷汉之间互相通婚、同朝做官、平等享受权利已无太多障碍,出于本人血统和政治经历,他更加乐意促成民族间的大融合,隋文帝不仅为社会精英选拔提供了开放空间,也为中华民族的大融合开辟出了开放性的氛围。

"无名"的隋文帝对中华民族的融合发展趋向和统一战略文化发展的影响,实在没有多少历史人物可以与之相比。

四、盛唐气象与弱宋的战略荒颓

隋朝虽然影响巨大,但覆亡却同其勃兴一样急速。

开放、包容、向上和大气的社会风尚也孕育出了一个旷代的政治文化奇迹——女皇武则天。

武则天在执政的45年里,平定叛乱、巩固统一、发展科举、优选人才、重视农业、轻徭薄赋、注意纳谏等等,使唐太宗开创的"贞观之治"昌盛状态持续下来,顺延到了唐王朝的巅峰时代"开元盛世"。

唐代李氏皇族本有鲜卑贵族血统,其门风尤不像儒家正统所倡导的那样森严、正轨,武则天具有非凡的政治才干、气度与谋略,其治国能力和魄力要胜于唐高宗父子。

时间到了宋代,其政治事件的记载中,充满了战败、内耗以及淫逸的内容。一般来说,新建王朝的军事表现通常都有相当的活力,宋朝却是个例外。王朝成立不久与辽国进行了四次战争,结果无一胜绩。

近代考古出土的宋代兵器几乎无一例外地成了废铜烂铁,反倒是春秋时代有很多寒光宝剑重见天日。

赵匡胤自己导演的"黄袍加身",设计出了一种层层牵制的官吏任用体制。遇到战事,朝廷委派文官担任军队统帅,负责具体作战的将领临时任命,一旦战争结束,统帅交出军权,将领必须调离,缺乏职业素养。

宋朝设计募兵制的目的更多的不是为了对外征战,而在着眼灾荒年景,防止饥民作乱,战略雄心先天不足由此可见一斑。

岳飞、韩世忠等忠勇之士都饱受打击,乃至丧命,反倒是众多怯懦、无能、闻敌丧胆的败军之将,只要被宋朝君主认为忠心仍在,即便是战场上出现失误、逃遁行为,也能得到很大的宽容。由此,将士消极避战、临阵逃脱成了宋朝军事战略文化的一大史不绝书的"奇观"。

作为中国古代唯一一个不长期实行抑商政策的王朝,宋朝从发展市井商业中获得了巨大的收益,政府的工商税收数额通常比农业税收多出一倍。

缺乏了武力开辟通道的需求,以及商人地位的提高,使他们不再被科举考试、官僚精英集团排斥在外,社会高端阶层逐渐走向地主、商人、官僚三位一体,乃至利益驱使之下的军队也开始大肆经商,无心恋战。

苏杭锦绣之地山水、文化的阴柔之风更加淡漠了他们强势征讨、反击光复的想法,中华民族的尚武精神降至历史上新的低点。

宋仁宗时代中央内外属官多达 17000 多人,与唐朝贞观年间中央官员仅有 634 人形成了对比性的讽刺,而他们管辖的区域不过是唐代疆域的一小半,这不能不说是种战略文化的历史颓废。

第三节 三大文化战略汇聚

草原地域文化、黄河流域文化和长江流域文化的汇聚,全仰仗于成吉思汗,也造就了成吉思汗无坚不摧的大军。中国战略文化的发展走向了开放、兼容、务实的新阶段。

一、成吉思汗的文化凝聚

在成吉思汗的领导下蒙古族迅速崛起。

成吉思汗只字不识，但他认识到黄河流域的农耕文化与草原地域的游牧文化，只要实现完美结合，就是代表着世界最先进的水平，这是"硬道理"。为完成帝业，他千方百计从中原等地搜集造弓、造甲、造火炮、造云梯、造桥、造船的工匠（这些工匠的技术自然是世界一流的）。还命令木海、张荣等人筹建草原征战并不必需的炮兵、水兵等兵种，尤其是他还从金人那里学来了中原王朝的管制方法。战争的结果——从太平洋西海岸到匈牙利、波兰乃至多瑙河口，从北冰洋、亚得里亚海、阿拉伯沙漠到印度平原，再到黄河长江，莫不是蒙古骑兵的势力范围。

元朝时的中国也是当时世界上最开放、最繁华的地域，其对外影响范围、往来国家数量以及国际地位的认可度，都超过盛唐时期。开放、兼容、务实的战略文化又一次形成并发展。

二、郑和下西洋的沉思

郑和下西洋的壮举，同时也是明朝唯一一位具有开放精神的皇帝——明成祖朱棣的壮举。

朱元璋为防止逃往浙东沿海的张士诚、方国珍旧部的袭扰，遂下令实行海禁，此后的整个明朝，也只有他的篡权夺位的"逆子"朱棣，尝试过违禁"海禁"；而朱棣派郑和出海，某种意义上也是对朱元璋规定的太监"此辈勿赋以重任"的一种违背。

由于郑和在朝中政敌重重，加上皇上后来的心志屡变，最终恢复海禁，不仅郑和的宝船被水蚀风残，最终成灰，连郑和下西洋的官方档案资料，包括郑和用毕生心血总结的航海经验以及有关国防机密等珍贵史料，都被明朝后来的"忠臣"刘大夏视为"弊政"的证据统统销毁。因此，郑和历次远航的确切规模、到达地点和经过情形都已无法知晓,只有从郑和随员的一些记述(如马欢《瀛涯胜览》、费信《星槎胜览》等等)中略可揣摩一二。

明朝得以享国 270 多年,更多不在于内部的进取,而是外敌的不强。由于内守的、自束手脚的观念深入脏腑,形成机制,代代相传,无法自拔,1664 年,关外崛起多时却从未想过能把明王朝消灭掉的满洲人,突然间被吴三桂邀请入关,在目睹大明王朝腐烂不堪的惊异中,轻而易举地完成了中国政权的交替。

三、康乾盛世与睡狮

清代承接明制,建立了更为严格的中央集权体制。为了预防逃往海外的明朝旧部"反清复明",清代出台了更为严格的锁国海禁政策,严格规定"片板不得下海,违禁者死",社会风气的禁锢状态达到了中国历史上的巅峰。

康熙、雍正、乾隆三帝,从 1662 年到 1795 年,中国社会发展再次出现繁荣昌盛的景象,时间维持之长,甚至超过了西汉和盛唐时代。

在这 130 多年中,清王朝平定内乱,击溃或逼退外敌,实现国家统一,并开拓出了仅次于元王朝时的疆域,领土之大,相当于从明王朝承袭下来的四倍。

自信与骄傲的乾隆皇帝退位不久就爆发白莲教起义,大清自此风雨飘摇。和珅家中抄出了相当于国库 12 年总收入的巨额财富。丧失忧患意识的歌舞升平使得大清帝国的"体内血液循环已经停止,犹如冬眠的动物一般"。发迹时间相当于乾隆后期的拿破仑,则把中国称为"东亚睡狮"。

第四节　"中国出了个毛泽东"

对于中国战略谋略理论与实践的作用,毛泽东地位显然特别显赫。

我们赞美支撑东方战略文化大厦根基的《孙子兵法》。与始终处于幕僚和参谋地位的孙武所不同的是,毛泽东长期处在统帅地位,智慧与权力并具,因而更能游刃有余地实现思想理论和战略指导的相融与共生,凝聚成丰富的光辉著作并得以传世。

作为军事巨人,毛泽东的实战业绩在世界上也是无人能及的。20世纪20—40年代,中国的十年土地革命战争、八年抗日战争和三年解放战争,时间之长,规模之大,战斗之激烈,在世界战争史上是罕见的,毛泽东不仅指挥人民军队取得了伟大的胜利,还为后世留下了1万余件、600多万字的军事著述和电文,这些著述蕴含的军事哲学思想和战略战术,被公认是当代军事科学和战争艺术的巅峰成就。

从井冈山时期的"十六字诀"到主动撤离延安,从石家庄空城计到炮击金门,毛泽东的军事指挥从来都是充满了战略弹性与灵活性。

在当今世界的头号军事强国美国的军事史上,只有两场没有取得胜利的战争——朝鲜战争和越南战争,而这两次失败一定意义上都是败在了毛泽东手里。

对于在艰难和困苦中迅速成长的毛泽东和中国共产党人而言,他们天生具有开放精神。

毛泽东主张敢于怀疑、敢于超越。1958年3月,毛泽东在谈到创新时指出,马克思主义本身也是创造出来的,对于经典著作要尊重,但不要迷信,一有迷信,就把我们的脑子压住了,不敢跳出圈子想问题,那很危险。

正如澳大利亚前总理弗雷泽所言:"新兴的中国就是他(毛泽东)永久的纪念碑。"

第二章

中国的国防力量

改革开放为中国经济赢得了巨大的发展机遇,然而经济全球化的一些弊端也在日益凸显。近年来世界经济形势前景难测,各国的政治经济博弈正在拉开序幕,经济危机频繁爆发,我国经济安全的不稳定性加大,同时也成为国内社会矛盾逐渐激化的催化剂。另外,随着中国国际地位的日益提高,我国成为恐怖主义的聚焦点、受到其他地区矛盾冲突影响的可能性也日渐加大。古人云,居安思危,认真地思考我们的困境,是永不能丢弃的思想意识。

如果一个国家没有足以保卫民族生存发展的国防,没有一支崇尚武事、励兵精武的军队,打赢未来高技术战争就没有基础,民族的独立和国家的安全就没有保证。中华人民共和国国防力量主要是由中国人民解放军、中国人民武装警察部队、民兵和预备役人员"三结合"武装力量组成,同时,还包括开发和积蓄的国防潜力。国防潜力是一个国家国防实力的重要组成部分,是国家制订军事战略和作战方针的重要依据。

第一节　了解武装,触摸体制
——中国的武装力量体制

中国人民解放军是中国共产党缔造和领导的人民军队,是中国武装力量的主体。中国人民解放军由现役部队和预备役部队组成。现役部队是国家的常备军,由陆军、海军、空军和第二炮兵组成,主要担负防卫作战任务，必要时可以依照法律规定协助维护社会秩序。它的组织体制，按基本组织结构分为总部体制、军兵种体制、军区（战区）体制。

中国人民解放军的总部体制，由中央军事委员会领导下的总参谋部、总政治部、总后勤部、总装备部构成。中央军事委员会通过四总部对各军区、各军兵种实施领导指挥。国防部的具体工作由四总部分别办理。

总参谋部是全国武装力量军事工作的领导机关，负责组织领导全国武装力量的军事建设和组织指挥全国武装力量的军事行动，设有作战、情报、训练、军务、动员等业务部门。

总政治部是全军政治工作的领导机关，负责管理全军党的工作，组织进行政治工作，设有组织、干部、宣传、保卫等部门。

总后勤部负责组织领导全军的后勤建设和后勤保障工作，设有财务、军需、卫生、军事交通运输、物资油料、基建营房、审计等部门。

总装备部负责组织领导全军的武器装备建设工作，设有综合计划、军兵种装备、陆军装备科研订购、通用装备保障、电子信息基础、装备技术合作等部门。

中国人民解放军军兵种体制，由陆军、海军、空军三个军种和第二炮兵一个独立兵种组成。

中国人民解放军的军区（战区）体制，是根据国家的行政区划、地理位置和战略战役方向、作战任务等设置的军事组织，下辖若干陆军集团军、各兵种部队、后勤保障部队和省军区（卫戍区、警备区）。其主要职能是组织协调本区内陆军、海军、空军部队的联合作战行动和演习；直接领导所属陆军部队的组织建设、军事训练、行政管理、政治工作、后勤和装备保障等；领导本区的民兵、兵役、动员、人民防空和战场建设等工作。

一、中国人民解放军

(一)陆军各兵种任务及武器装备

中国人民解放军建立于 1927 年 8 月 1 日,起初仅由陆军组成。

1. 陆军各兵种任务

中国人民解放军陆军主要担负陆地作战任务,领导机关职能由四总部代行,沈阳、北京、兰州、济南、南京、广州、成都七个军区直接领导所属陆军部队。陆军由步兵、装甲兵、炮兵、防空兵、陆军航空兵、工程兵、防化兵、通信兵等兵种及电子对抗兵、侦察兵、测绘兵等专业兵种组成。

步兵徒步或乘装甲输送车、步兵战车实施机动和作战,由山地步兵、摩托化步兵、机械化步兵(装甲步兵)组成。

装甲兵(坦克兵)是以坦克及其他装甲车、保障车辆为基本装备,遂行地面突击任务。

炮兵是以各种压制火炮、反坦克火炮、反坦克导弹和战役战术导弹为基本装备,遂行地面火力突击任务。

防空兵是以高射炮、地空导弹武器系统为基本装备,遂行对空作战任务。

陆军航空兵是装备攻击直升机、运输直升机和其他专用直升机及轻型固定翼飞机,遂行空中机动和支援地面作战任务。

工程兵担负着工程保障任务,由工兵、舟桥、建筑、伪装、野战给水工程、工程维护等专业部(分)队组成。

防化兵担负着防化保障任务,由防化、喷火、发烟等部(分)队组成。

通信兵担负着军事通信任务,由通信、通信工程、通信技术保障、航空兵导航和军邮勤务等专业部(分)队组成。

陆军按其担负的任务还划分为野战机动部队、海防部队、边防部队、警卫警备部队等。野战机动部队的编制序列一般是:集团军、师(旅)、团、营、连、排、班。海防部队、边防部队和警卫警备部队,根据担负的作战任务和地理条件,确定编组方式。

2.陆军武器装备

陆军的武器装备以 7.62 毫米枪族、新一代主战坦克、火炮、反坦克武器等为代表,其高新技术性能有的已经接近或达到世界先进水平。陆军的重型作战装备,已经基本实现了由骡马化、摩托化到机械化的跨越,形成了立体机动作战的装备体系和比较配套的支援和保障体系,独立作战的能力得到了进一步的增强,这就为今后遂行诸军兵种联合作战任务创造了有机的条件。

经过 50 多年的建设和发展,我国陆军部队已经发展成为一支诸兵种合成的军种,80 年代以后,编组了装备有先进水平的坦克、装甲车、火炮、武装直升机和导弹的陆军集团军,使其成为一支具有强大火力、突击力和高度机动能力的合成军队。

今天,我国陆军是一支无论世界上哪个国家都不敢小瞧的强大武装力量,实力位居世界前列。

(二)海军各兵种任务及武器装备

中国人民解放军海军成立于 1949 年 4 月 23 日,主要任务是独立或协同陆军、空军防御敌人从海上的入侵,保卫领海主权,维护海洋权益。

1.海军各兵种任务

海军由潜艇部队、水面舰艇部队、航空兵、岸防兵和陆战队等兵种及专业部(分)队组成。海军下辖北海、东海、南海三个舰队和海军航空兵部。舰队下辖基地,水警区、舰艇支队、舰艇大队等。

潜艇部队编有常规动力潜艇部队和核动力潜艇部队,具有水下攻击和一定的核反击能力。担负战略核反击任务的核动力潜艇部队,直接由中央军委指挥。

水面舰艇部队编有战斗舰艇部队和勤务舰船部队,具有在海上进行反舰、反潜、防空、水雷战和对岸攻击等作战能力。

海军航空兵编有轰炸航空兵、歼击轰炸航空兵、强击航空兵、歼击航空兵、反潜航空兵、侦察航空兵部队和警戒、电子对抗、运输、救护、空中加油等保障部(分)队,具有侦察、警戒、反舰、反潜、防空等作战能力,其编制序列为:航空兵部,舰队航空兵,航空兵师、团。

海军岸防兵编有岸舰导弹部队和海岸炮兵部队,具有海岸防御作战能力。

海军陆战队编有陆战步兵、炮兵、装甲兵、工程兵及侦察、防化、通信等部(分)队,是实施两栖作战的快速突击力量。

2.海军的武器装备

潜艇部队,装备有多种型号的常规动力潜艇和核动力潜艇。艇上的武器装备有鱼雷、水雷、飞航式导弹、弹道导弹等。

水面舰艇部队,装备有多种型号的导弹驱逐舰、护卫舰、导弹艇、鱼雷艇、护卫艇、猎潜艇、布雷舰、扫雷舰艇、登陆舰艇、气垫船及各种专业勤务舰船。这些舰种各异、大小不同的舰艇各有优长,各有不同的用途,遂行不同的作战任务。

海军航空兵,装备的飞机和空军航空兵基本相同。有多种型号的歼击机、轰炸机、强击机、水上飞机、反潜机等。此外,还有各种运输机、直升机和其他特种飞机。

海岸导弹部队,装备有海鹰和鹰击系列多种型号的岸舰导弹。岸炮部队装备有双管130毫米的自动化火炮。

海军陆战队,装备有自动化的步兵武器、反坦克导弹、防空导弹、各种火炮、火箭炮,还配有舟桥、冲锋舟、气垫船、水陆两用坦克、装甲输送车及其他特种装备和作战器材。

经过50多年的建设和发展,我国海军部队已经成为一支兵种齐全、常规和尖端武器兼备,具有立体攻防能力,能有效保卫国家领海的战斗力量。

(三)空军各兵种任务及武器装备

中国人民解放军空军成立于1949年11月11日,主要任务是组织国土防空、保卫国家领空和重要目标的空中安全;组织相对独立的空中进攻作战;在联合战役中,独立或协同陆军、海军和第二炮兵部队作战,抗击敌人从空中入侵,或从空中对敌实施打击。

1. 空军各兵种任务

空军实行空防合一的体制,由航空兵、地空导弹兵、高射炮兵、空降兵以及通信、雷达、电子对抗、防化、技术侦察等专业部(分)队组成。空军下辖沈阳、北京、兰州、济南、南京、广州、成都七个军区空军,在重要方向和重要目标区设有军或相当于军的基地。

航空兵由歼击、强击、轰炸、侦察、运输航空兵及保障部(分)队组成,通常按师、团、大队、中队体制编成。航空兵师一般下辖 2 至 3 个航空兵团和驻地场站,航空兵团是基本战术单位。

地空导弹兵、高射炮兵通常按师(旅)、团、营、连体制编成。

空降兵按军、师、团、营、连体制编成。

2. 空军的武器装备

航空兵装备的飞机有多种型号的歼击机、轰炸机、强击机、侦察机、运输机等。此外,还有空中加油机、电子干扰机等专业飞机。

地空导弹兵装备有红旗系列导弹和引进的第三代 C-300 地空导弹。我国自行研制的第三代地空导弹,即将装备部队。

高射炮兵的武器主要装备 57 毫米高炮系统,配有雷达自动寻找目标,自动装填设备,能全天候作战。

空降兵的武器装备主要有步兵轻武器,包括机枪、冲锋枪、自动步枪,侦察分队还有微型微声冲锋枪;炮兵武器,包括 82 毫米、100 毫米迫击炮,82 毫米、105 毫米无后坐力炮,高射机枪和双 25 毫米高炮,107 毫米火箭炮和 122 榴弹炮;特种装备有轻型雷达干扰机,超短波侦听机、无线电干扰机、各型降落伞等。

雷达兵的武器装备主要有多种型号的超视距、超远程、中远程、中近程警戒雷达。另外,还有航管雷达和测高雷达。

经过 50 多年的建设和发展,我国空军部队已经具备了执行空中突击、空中支援、空中运输、航空侦察和防空等任务的能力,成为一支既能独立完成国土防空任务,又能协同陆、海军作战的战斗力量。

(四)第二炮兵部队任务

中国人民解放军第二炮兵部队组建于 1966 年 7 月 1 日,由地地战略核导弹部队、战役战术常规导弹部队及相应保障部(分)队组成。

地地战略导弹部队是一支具有一定规模和实战能力的主要核威慑和战略核反击力量。它由近程(射程在 1000 千米以内)、中程(射程在 1000~3000 千米)、远程(射程在 3000~8000 千米)和洲际(射程在 8000 千米以上)导弹部队、工程部队、作战保障、装备技术保障和后勤保障部队组成。

战役战术常规导弹部队装备常规战役战术导弹武器系统,遂行常规导弹火力突击任务。

第二炮兵是中央军委直接掌握使用的战略部队,其主要任务是遏制敌人对中国使用核武器,在敌人对中国发动核袭击时,遵照统帅部的命令,独立地或联合其他军种的战略核部队对敌人实施有效的自卫反击,打击敌人的重要战略目标。

目前,第二炮兵已建成了一批不同型号和不同发射方式的作战阵地、多种型号导弹武器装备系统、配套齐全的合成兵种,具有一定规模、快速机动和准确打击能力的主要战略核反击作战力量,在保卫社会安全、维护世界和平中发挥着重要作用。

【链接】

中国二炮成长历程

● 中国政府郑重声明:

中国在任何时候、任何情况下,都不会首先使用核武器,不对无核武器国家和无核武器地区使用核武器。但是,如果遭到核袭击,将毫不犹豫地实施核反击,进行有限而有效的核报复。

● 1966 年 10 月 19 日,周恩来总理在导弹与原子弹"结合"前的工作会议上庄严宣告:中国核爆炸成功后,有人嘲笑我们有弹无枪,无非是说我们光有原子弹,没有运载工具,我们要用导弹把原子弹打出去,用行动来回答舆论的挑战!

● 1966 年 10 月 27 日,中国第一枚带有核弹头的东风—2 号导弹从甘肃双子城基地发射,在新疆罗布泊核试验场上空预定高度准确实现核爆炸。中国从此有了可用于实战的导弹核武器。1966年12月26日,东风—3号中程战略导弹在甘肃酒泉基地发射成功。1967年6月17日,中国第一颗氢弹爆炸成功。中国从此拥有威力更强大的热核武器。

● 1969年3月2日,中苏在珍宝岛发生武装冲突。恼羞成怒的苏联领导层准备动用在远东地区可携带几百万吨当量的核弹头的中程导弹,对中国的军事政治等重要目标实施"外科手术式核打击"。核阴云笼罩中华大地。毛泽东向全国发出"要准备打仗"的号召,第二炮兵很快进入临战状态,展示了中国坚决反击的决心,使苏联领导人最终放弃了对中国实施核打击的企图。

● 1970年1月30日,东风-4号远程战略导弹在甘肃酒泉基地发射成功。4月24日,由东风-4衍生的长征-1号运载火箭将中国第一颗人造卫星东方红-1号射入太空。

● 1980年5月18日,中国第一枚洲际战略导弹东风-5号自甘肃酒泉基地向南太平洋海区发射成功。中国从此具备了洲际核打击能力。

● 1984年10月1日,中国第二炮兵在国庆35周年阅兵中首次公开亮相。当12辆巨型牵引车载着中国中、远程和洲际战略导弹缓缓驶过天安门广场时,整个世界为之震惊。美联社报道说:"中国战略导弹部队首次展示了它的实力,它显示出中国有相当高的制造水平,它的出现,足以防御任何形式的战争。"英国《泰晤士报》也称:"中国今天第一次将它的导弹家族展现在世界面前,足以证明它有覆盖地球每一个角落的能力和自信。"

● 1985年5月20日,东风-21号中程固体战略导弹发射成功,标志着中国导弹技术又有了新的突破。1986年9月,中央军委主席邓小平宣布:"今天中国有实力来保卫祖国了,一旦受到外国的核袭击,我们能对该国作出核反击。"

● 1989年9月,中国提前五年建成了完整的核武器打击系统,它可以高效率地遂行战略核反击任务。

● 1995 年夏,第二炮兵数万名官兵经过十多年浴血奋战修建的"长城工程"胜利竣工。一批批不同型号、不同发射方式、不同样式的,能打、能防、能储存、能指挥、能生活的战略导弹阵地,出现在中国大地上。

● 1999 年 8 月 2 日,新华社宣布:中国在本国境内成功地进行了一次新型远程地地导弹发射试验。10 月 1 日,东风-31 号洲际战略导弹在天安门广场首次公开亮相。和 15 年前的国庆 35 周年阅兵相比,中国新一代战略导弹重量和体积变小了,而弹头威力、反应时间、命中精度和机动性能却大大提高了,这标志着二炮部队的整体作战能力实现了历史性跨越。

(五)中国人民解放军预备役部队

中国人民解放军预备役部队组建于 1983 年,是以现役军人为骨干、预备役人员为基础,按规定的体制编制组成的部队。预备役部队实行统一编制,师、旅、团授予番号、军旗,执行人民解放军的条令、条例,列入人民解放军序列,平时归省军区(卫戍区、警备区)建制领导,战时动员后归指定的现役部队指挥或单独遂行作战任务;平时按照规定进行训练,必要时可以依照法律规定协助维护社会秩序,战时根据国家发布的动员令转为现役部队。

(六)中国人民解放军驻香港、澳门部队

中国人民解放军驻香港、澳门部队隶属于中央军委。驻香港部队由陆军、海军和空军等部队组成。驻澳门部队主要由陆军部队组成,在机关编有少量的海、空军人员。

二、中国人民武装警察部队

中国人民武装警察部队组建于 1982 年 6 月 19 日,由内卫部队和黄金、森林、水电、交通部队组成,列入武警部队序列的还有公安边防、消防、警卫部队。内卫部队由各总队和机动师组成。武警部队根据人民解放军的建军思想、宗旨、原则,按照其条令、条例和有关规章

制度,结合武警部队特点进行建设,执行《中华人民共和国兵役法》,享受人民解放军的同等待遇。

武警部队属于国务院编制序列,由国务院、中央军委双重领导,实行统一领导管理与分级指挥相结合的体制。武警部队设总部、总队(师)、支队(团)三级领导机关。武警总部是武警部队的领导指挥机关,领导管理武警内卫部队和黄金、森林、水电、交通部队。在中国各级行政区划内,省级设武警总队,地区级设武警支队,县级设武警中队。在执行公安任务和相关业务建设方面,武警部队接受同级公安部门的领导和指挥。

武警部队的基本任务是:维护国家安全和社会稳定,保卫国家重要目标,保卫人民生命财产安全,战时协助人民解放军进行防卫作战。

中国人民武装警察部队的武器装备轻便、精良。以步兵轻武器为主,兼有少量重型武器和特种武器。中国人民武装警察部队有自己的服装式样、识别标志和军衔等级。

中国人民武装警察部队自重新组建以来,在巩固和加强人民民主专政、维护社会治安、维护国家主权和尊严、参加社会主义现代化建设等各项任务中,发挥了重要作用。

所以说,中国人民武装警察部队直接关系到国家和社会的稳定,关系着人民生命财产的安全和人民民主专政的巩固。

三、民兵

民兵是不脱离生产的群众武装组织,是人民解放军的后备力量,是进行现代条件下人民战争的基础。民兵工作在国务院、中央军委领导下,由总参谋部主管。

民兵在军事机关的指挥下,战时担负配合常备军作战、独立作战、为常备军作战提供战斗勤务保障以及补充兵员等任务,平时担负战备执勤、抢险救灾和维护社会秩序等任务。

按照《中华人民共和国兵役法》的规定,凡年满18岁至35岁符合服兵役条件的男性公民,除征集服现役者外,编入民兵组织服预备役。民兵分为基干民兵和普通民兵。28岁以下退出现役的士兵和经过军事训练的人员,以及选定参加军事训练的人员,编为基干民兵。其余18岁至35岁符合服预备役条件的男性公民,编为普通民兵。根据需要,也可吸收女性公民参加基干民兵。农村的乡镇、行政村,城市街道和具有一定规模的企业事业单位,是民兵的基本组建单位。基干民兵单独编组,在县级行政区内的民兵军事训练基地集中进行军事训练,目前编有应急分队和高炮、高机、便携式防空导弹、地炮、通信、防化、工兵、侦察等专业技术分队。民兵的武器装备完全国产化,并有一定的储备。反坦克和反空降的作战能力也有了很大的提高。

中华人民共和国成立后,我国民兵配合人民解放军、武警部队和公安部门,在保卫祖国尊严和领土完整、维护社会治安和稳定的斗争中,在抢险救灾和工农业生产中,发挥了生力军和突击队的作用,创造了辉煌的业绩。为使民兵在遇有情况时能够招之即来,中国政府建立了民兵战备制度,定期在民兵中开展以增强国防观念为目的的战备教育,有针对性地按战备预案进行演练,提高遂行任务的能力,民兵已经成为国家武装力量的组成部分。

在未来反侵略战争中,随着战争的现代化,需要更多的民兵在更广的范围、更大的规模上配合和支援军队作战。因此,我国民兵在未来战争中的战略地位仍然十分重要,仍然是反抗外来侵略,进行人民战争的重要武装组织形式和巨大的力量。

第二节 绿色戎装,欣欣向荣——质量建军

世界军事迅猛发展,以信息技术为核心的高新技术在军事领域广泛应用,战场向陆、海、空、天、电多维空间扩展,中、远程精确打击成为重要作战样式,战争形态正在朝信息化方向发展。世界主要国家普遍进行军事战略调整,加快以高新技术为基础的军队现代化建

设。因此,质量建军已成为各国军事领域发展的主要方向。

一、质量建军是时代大潮的呼唤

当今世界,原有国际地缘敏感及争议问题根源尚未消除,一些地区国家之间还存在着领土及海洋权益争端、民族宗教矛盾、资源争夺等方面问题,局部地区还存在着冷战时期遗留下的军事对峙,这些地区的局部冲突和战争会时常发生,严重破坏和影响国际安全与世界和平发展。同时,国际恐怖主义、分裂主义、极端主义势力对地区安全的危害短期内难以根除。大规模杀伤性武器扩散、跨国有组织犯罪、国际金融与经济危机、国际能源与环境安全、国际公共卫生安全等问题日益严峻。

强大国防是维护国家的安全和统一,以及全面建设小康社会的重要保障。为了有效应对复杂的国际安全局势,综合国力尤其是国防实力的提升迫在眉睫,要求我们必须结合未来高科技作战的实际战略需求打造出符合战争需求的高科技作战部队。

质量建军已成为时代大潮的呼唤,综合各大国军队建设情况,主要体现在以下几个方面:

(一)研制和发展高技术装备,争夺战场技术优势

各国瞄准未来战场特点,纷纷制定新的军事技术政策,加大军事科研投入,有重点地发展以信息技术为核心的先进军事技术和装备,争取占领未来战场的制高点。

(二)在调整军队规模的同时,注重对军力结构的调整

军力结构的调整,首先是调整军种比重。根据近期高技术局部战争的经验和未来战争的发展方向,加大向海、空军倾斜的力度,重点是发展海空协同力量。其次是改革部队编制体制,实现部队的小型化、多样化、合成化和一体化,如为了有效应付突发性地区危机和冲突,各国都非常重视快速反应部队的作用。

(三)建立精干的高度集中与高度自主相结合的指挥体制

由于信息技术的高速发展和在军事上的广泛应用,未来战争形

态将是具有高技术特征的信息化战争。因此,各国都把 C4I 系统(指挥、控制、通信、计算机、情报的英文单词缩写)的建设放在十分重要的位置。

各国的质量建军进程,除上述三个主要方面外,还体现在:积极更新作战理论和作战思想,重视对信息战的研究,探索适合信息战的未来军队新形式,以及强化教育训练,造就高素质人才等方面。

对此,我们可以从如下三个方面实现:其一,发展科学技术;其二,动员体制的完善;其三,积蓄国防潜力。

二、科技强军战略

科技强军战略,是我党我军几代领导人心血的凝结,是我军 80 余年波澜壮阔军事斗争伟大实践的总结,是我军建设发展的必然选择。

毛泽东军事思想阐释了科学技术是战争制胜的重要因素,指引了"科技强军"的探索之路。毛泽东在《论持久战》中深刻阐释了战争制胜的诸多因素,指出武器是战争的重要因素。毛泽东在长期的军事实践中,十分重视提高官兵的科技文化水平,因地制宜地创办军事学校,大胆吸纳和起用科技人才,适时创建科技含量高的军兵种,大力推动整体配套的现代国防工业建设,积极筹建完备的国防科研和军事教育体系,并亲自决策尖端技术武器的研制,成为我军科技强军实践伟大奠基人。

(一)科学技术是提高军队战斗力的"第一因素"

20 世纪 80 年代以来,邓小平根据科学技术在军事领域地位日益彰显的发展趋势,创造性地将"科学技术是第一生产力"的思想引申到军事领域,指出从一定意义上讲,科学技术也是重要的战斗力。他把科学技术在提高军队战斗力的地位,由"重要因素"提升为"主导因素"、"第一因素",第一次从理论上阐明了科学技术在军队建设中发挥的"推进剂"和"加速器"功能。邓小平特别重视军事高科技的发展,亲自领导制定了"863"高科技新技术发展计划,并根据我军实际,提出了加速实现我军现代化的若干重大课题,使我军建设走上了科技主导的发展道路。邓小平的新时期军队建设思想从根本上回答了科学技术在现代战争和我军建设中的地位和作用问题,奠定了科技强军战略的理论基础。

20世纪90年代以来的几场高科技战争表明,战争形态正从机械化向现代化转变。第一次海湾战争刚刚结束,江泽民就指出:"我们要大力发展我国的国防科技,这也是一个重要的战略问题。"基于对世界新军事变革发展趋势的正确判断,江泽民主持制定了"把未来军事斗争准备的重点,放在打赢可能发生的现代科技特别是高科技条件下的局部战争上"的新时期军事战略方针。1995年,江泽民和中央军委果断决策实施科技强军战略,强调我军建设要实现由数量规模型向质量效能型、由人力密集型向科技密集型转变。

(二)科学技术也是非常重要的战斗力和保障力

进入新世纪,胡锦涛运用科学发展观深入思考与研究国防与军队建设问题后指出:"科学技术是第一生产力,也是非常重要的战斗力和保障力","要进一步实施好科技强军战略,推动部队战斗力的生产提高"。科技强军战略的提出与实施,使我军现代化建设走上了快速发展的道路。

实施科技强军战略是加强军队质量建设的必由之路,核心内容就是把依靠科技进步提高部队战斗力摆在国防和军队建设的战略位置,从我国实际出发,坚持独立自主、自力更生,有所为有所不为,靠自主创新突破核心和关键技术,切实增强国家的军事科技实力,全面提高军队建设的科技含量。通过加强高新技术武器装备发展,改进现有武器装备,形成系统配套的武器装备体系;创新和改进训练体制、方式和手段,推动军事训练向更高层次发展,加速战斗力生成模式转变;建立科学的体制编制,提高科技创新能力和科学管理水平;实施人才战略工程,培养高素质新型军事人才,提高官兵的科技素质;依靠国家科技发展,提高军费使用的整体效益,走投入较少、效益较高的军队现代化建设道路。军事科技发展推动作战理论创新,作战理论创新引领战斗力提升,通过贯彻落实科技强军重大战略,努力提高军队的科技水平特别是科技创新能力,积极吸纳和运用最新科技成果,以形成我军独特的军事科技优势,从而引领我军战斗力的大幅提升。

1998 年成立总装备部,调整改革了武器装备管理体制,加强武器装备建设的集中统一领导,加快了我军武器装备现代化建设的步伐。大力加强诸军兵种建设,尤其是技术含量高的部队建设,使陆、海、空军和战略导弹部队的总体结构及比例更趋合理。全军部队自觉按照中央军委科技强军的战略决策,积极稳妥地进行编制体制的调整改革,坚持科研先行,紧跟世界高科技尤其是军事高科技的发展,努力把部队建设成为机构精干、指挥灵便、装备精良、训练有素、反应快速、效率很高、战斗力很强的精锐之师。

科技强军思想是我军 80 余年建军实践的理论升华,成为我军建设发展的重大战略指导思想。新时期新阶段,必须坚决贯彻科技强军战略,把推进中国特色军事变革的着力点,放到尊重科学规律、依靠科技进步和有效利用科技资源上,又好又快地建设现代化军事力量。

三、国防动员体制的完善

国防动员是实现军民结合、寓军于民的重要组织形式,是和平时期积蓄国力、巩固国防的战略性工程,是将动员潜力转化为支持保障打赢战争能力的基本途径,是国家把战争潜力转化为战争实力的转换器,是保障赢得战争胜利不可或缺的重要活动。

(一)国防动员的内容及目的

国防动员,又称战争动员,是指国家采取紧急措施,由平时状态转入战时状态,统一调动人力、物力、财力适应战争需求的一系列活动。这一活动具有三要素:战争动员的主体——国家;战争动员的对象——人力、物力、财力;战争动员的目的——适应战争需要,为战争服务。

国防动员通常包括武装力量动员、国民经济动员、交通运输动员、人民防空动员和政治动员等领域。动员按规模分为总动员和局部动员;动员按方式分为公开动员和秘密动员;动员按时机分为战争初期动员和持续动员。

决定实施动员的权限,属于国家最高权力机关,通常由国家元首或政府首脑发布动员令。中国国家和地方县级以上人民政府设有国防动员委员会。各级国防动员委员会下设有人民武装动员、国民经济动员、人民防空、交通战备、国防教育等办公室和综合协调机构,负责承办相关工作。国家国防动员委员会主任由国务院总理担任,副主任由国务院、中央军委的副职领导担任,委员由国家有关部委和解放军各总部的领导及所属办公室的领导担任。

动员属于战略问题,涉及国家的军事、政治、经济、文化教育、科学技术、外交等一切领域,关系到国家的安危,对战争的进程和结局有决定性影响。

国家在和平时期进行动员准备,将武装力量动员和国民经济动员、人民防空动员、交通动员以及国防教育纳入国家总体发展规划和计划。武装力量动员包括人民解放军现役部队和预备役部队、武警部队、民兵和预备役人员,以及相应的武器装备和后勤物资动员等,主要任务是平时做好兵员动员准备,在需要时征召预备役人员和适龄公民入伍,保障军队迅速扩编、改编和扩充其他武装组织,并组织参战支前,配合部队作战。国民经济动员包括工业动员、农业动员、科技动员、物资动员、商业贸易动员、财政金融动员等,主要任务是平时结合经济建设有组织、有计划地进行动员准备,战时根据需要调整经济资源配置,集中控制和调动国家的财力、物力,增加武器装备和其他军用物资的生产,保障战争需要。人民防空动员包括群众防护动员、人防专业队伍动员、人防工程物资技术保障动员、人防预警保障动员等,主要任务是动员社会力量进行防空设施建设,组建和训练防空专业队伍,开展人民防空宣传教育,组织人员疏散隐蔽,配合防空作战,消除空袭后果。交通动员包括交通运输和邮电通信动员,主要任务是平时组织交通、通信行业的专业保障队伍建设、国防基本设施建设、装备建设、战备物资储备、民用运力动员准备,战时组织交通、通信设施的抢修、抢建,组织部队机动、物资补给等方面的交通运输保障。

随着科学技术和武器装备的不断发展,战争规模和消耗的不断增大,动员也不断发展,主要表现在:动员的范围扩大;动员的速度加快,时间紧迫;动员的内容增多,数量加大;动员的准备加强;科技动员地位突出,技术动员增多。

近年来,军队和地方政府有关部门根据相关法规,联合组织实施了交通运输、联合防空袭等国防动员演练。中国正进一步健全国防动员法规,完善国防动员体制,积极推动国防动员建设不断向现代化方向发展。

（二）动员体制的发展

我国的国防动员体制是借鉴苏联国防动员体制、继承我党革命战斗动员经验、结合我国实际建立起来的,其形成和发展大体经历了五个发展阶段:1949—1955年为应急性探索时期,1956—1962年为仿苏全面建设时期,1962—1978年为非常发展时期,1978—1993年为恢复调整时期。

1994年国动员委员会成立以来,国防动员体制问题一直是军地关注的焦点。多年来,中央一再强调"改革和完善国防动员体制"。先是成立国动委秘书组,后又成立综合办公室,并在最初设立人武动员、经济动员、人民防空、交通战备四个专业办公室的基础上,增设了国防教育办公室,有些地方还增设了政治动员办、科技信息动员办、医疗卫生动员办。2004年,国家有关业务部门开始在部分省区进行动员指挥体制建设试点,试图从战时动员体制的构建上寻找改革的突破口,以战时需要来牵动平时建设。由此可见,动员体制调整改革至关重要。江泽民总书记曾多次指出,要进一步完善国防动员体制,重点解决现代技术特别是高技术条件下局部战争的快速动员问题。在新时期军事斗争准备中,加强国防动员工作,不仅对锻造全民的国防精神,增强我国综合国力具有重要意义,更可为开展高技术条件下的人民战争打下牢固基础。只有在加强军队建设的同时抓紧国防动员建设,才能在未来的反侵略战争和保卫祖国、统一祖国的战争中万众一心,集各方之力,扬国力之威,决战决胜。

四、积蓄国防潜力

国防潜力是一个国家寓于民间和社会中的在未来可通过战争动员,直接为战争服务的各种社会资源的总称。国防潜力包括:人力动员潜力、经济动员潜力、物资动员潜力、交通战备动员潜力和科技动员潜力。国防潜力不仅包括以上主要的部分,国土面积、民族传统、地域位置等等其实也是国防潜力的一部分。例如:第二次世界大战中苏联在武器技术、兵员素质等多个方面都不是德国的对手,但是凭借广阔的战略纵深,以及俄罗斯人天生的坚忍顽强,还有紧靠北极圈带来的寒冷气候最终打败德国;历史上的蒙古人依靠其民族的骑射尚武精神建立起世界上最大的帝国。这些都是国防潜力重要性的最好佐证。

国防潜力是一个国家国防实力的重要组成部分,是国家制订军事战略和作战方针的重要依据。国防潜力的开发和积蓄是和平时期国防建设的一个重要方面。在当今和平时期,世界各国都把国防战略的着眼点放在增长综合国力上,即不仅着眼于国防实力的建设,而且着眼于国防潜力的积蓄以及建立将潜力转化为实力的机制,不仅考虑到兵力、武器、军费等直接构成国防实力的"硬件",而且还考虑体制、法规等关系到能否有效发挥国防实力和潜力的"软件"。

一个国家经济强大,技术先进,社会生产力高,其国防潜力自然大。所以提高国家实力,发展经济和科技,是提高国家国防潜力的主要途径。同时国防潜力的提升又是一门需要细致研究的科学,需要从国家层面进行统筹,制订详细的预案和制度,同时在社会经济建设和社会生活的各个方面都将国防需要考虑在内,才能最大限度地增强国家的国防潜力。

研究探索国防动员"应战"与"应急"相结合的体制、制度和方式方法，把单一军事功能的国防动员体系发展为全方位的国家安全意义上的动员体系，以更好地发挥国防动员在和平时期的重要作用，是新世纪、新阶段国防动员领域理论与实践必须解决的重大课题。国防动员平时"应急"功能的拓展，首先应着眼战争力量和应急力量的一体化，促进国防动员潜力积蓄和应急力量建设的融合。因为从本质上看，战争力量和应急力量的构成基础都来源于国家的综合国力，都是社会人、财、物等资源经过相应的积蓄和准备后的应急调用。

促进国防动员潜力积蓄和应急力量建设的融合，应着力解决以下问题：

①国防后备力量建设与应急人力资源储备一体。其实质是着眼国家综合安全的需要，按照"一专多能、一队多用、平战结合"的要求，在后备力量建设中注重开发其平时"应急"的功能。要实现国防后备力量建设与应急人力资源储备的一体化，应根据他们各自不同的特点和任务，合理区分职能，相应加强建设重点，以保证国防后备力量战时和平时综合作用的发挥。

②国防战略物资与应急物资储备一体。战略物资储备是指国家在平时有计划建立的关系国计民生的重要物质资料的储存或积蓄，其目的是为了应对战争和其他意外情况，保障国民经济正常运行和国防需求，是国家为保障非常时期物资供应的一种重要方式，是与国家短期物资储备相对应的一种储备形式。为搞好物资储备的顶层设计，应该将国防战略物资与应急物资储备紧密结合起来。第一，要将储备的模式由"实力"型转变为"能力"型；第二，顺序确定规模；第三，军队物资储备和动员物资储备中要有适当的"应急"物资储备。

③国防动员应战管理体制与应急管理体制相互融合。实现国防动员应战管理体制与国防动员应急管理体制相互融合，可防止机构重复设置，提高效率，节约资源。

质量建军是一个长期而艰难的过程,这关系到我国军事实力与综合国力的提升,是维护国家安全统一和全面建设小康社会的重要保障,也是保证我国稳定和茁壮发展与人民安康幸福的重要因素,所以抓好科学技术、动员体制的完善以及国防潜力的积蓄工作迫在眉睫,这也是实现质量建军最为有效、直接的方式。

第四章

大学生军训的战略地位

国防潜力的特性,在平时是非军事化,是直接为社会经济发展服务的,而在战时则通过国家战争动员才转变为国家的战争资源。这就需要正确处理经济建设与国防建设的关系,在集中精力进行经济建设的同时,不忘国防建设,并把国防建设纳入国家经济发展战略,统筹规划,协调发展。

能不能做到在军事上转化为战斗力,在经济上转化为生产力,在科技上转化为创造力,关键在于一个国家全民族的思想道德素质、科学文化素质和身体素质的高低。不仅应该学习和掌握必要的国防知识和技能,而且需要提高全民族的自信心和自尊心,尤其是要具备爱国献身精神和高昂的民族气节,唯有如此,方能实现国防潜力与国防现实力量高效转变和综合国力的有效提升。

第一节 国防精神是"第一威慑力量"

国防精神,指的是一个国家公民抵御外辱、反抗侵略、维护国家独立和领土完整、维护国家尊严和安全的强烈意识,它是公民对保卫祖国、建设祖国的观念、意志、精神状态及心理活动的综合体现。

国防精神是一个民族的精神支柱,是支撑民族兴盛的脊梁。而在今天的中国,坚持国家利益至高无上,是国防精神的精髓所在。

一、国家利益至高无上

中华民族历史长河中,仁人志士们"执干戈以卫社稷"——从"精忠报国"到"位卑未敢忘忧国",从"匈奴未灭,何以家为"到"捐躯赴国难,视死忽如归",从"感时思报国,拔剑起蒿莱"到"一身报国有万死,双鬓向人无再青",无不充满报效国家的壮志和赤诚。"天柱已倾欲何之,英雄报国总相同"的文天祥,血战至死的舟山定海总兵葛云飞,誓与日舰同归于尽的海军将领邓世昌,宁死不屈的狼牙山五壮士,用自己的身躯堵住美军机枪枪口的黄继光……他们的英勇行为,也都受着国防精神与国防道德传统的深深影响。

国防精神作为人类一种重要的社会实践的产物,它犹如一座巨大的冰山,显露在水面上的只是卫国戍边的军事功能,而其深层次的作用正在水下渗透和扩散着——国家利益是一个民族发展的基石,国家利益至高无上的国防精神是中国屹立在世界之巅的支持,中华民族的国防安全与美好未来更需要这种精神力量的保障。同时,在社会主义现代化的精神建设方面,国防精神对民族精神的培育和光大也有着极强的推进作用。

坚持国家利益至高无上,弘扬新时期国防精神,我们义不容辞!

二、国防与教育

国防教育是每个国家教育事业的重要组成部分,是以增强国防观念和履行国防义务为目的、以教育为手段的一种活动,反映了国防与教育的有机联系,在国家发展中占有重要的战略地位。

美国早在1958年就通过了《国防教育法》,强调国防是"政府的首要职责",是"社会第一勤务",重视利用教育来增进国民的国防意识,大力向国民灌输"国家至上"、"民族自豪"和"社会责任感"等思想,并把与国家安全有关的知识渗透到各项教育的内容中,使国防教育成为一项重要的制度;美国政府在许多中小学开设了"核战常识"课程,邀请核专家、物理教授和国际问题专家主持"核战争"讲座。各州举办夏令营时,还组织儿童过军事生活,学习航海、航空航天知识,使青少年一代系统全面地了解现代军事科学技术知识。

1986年1月28日,在发射中爆炸的美国"挑战者"号航天飞机,除了承担例行的卫星发射试验任务外,还根据里根总统的建议,精心安排了教师从太空中向中学生授课,目的之一就是为了让青少年尽早接受与国防有关的现代科学技术教育,引发他们对现代国防的兴趣,以便造就一代年富力强、学有专长的国防建设人才。

法国是把全民国防精神作为国家的"第一威慑力量"来进行战略思考的。以色列把"发展国防力量,保障生存"放在第一位,注重对全民进行国防教育。大、中学生既有较高的科学文化知识,又年轻力壮,他们是国防兵员的主要来源。加强学生国防教育,能够提高他们的国防观念,培养国民养成国家生存的忧患意识。

1997年3月,全国人大八届五次会议通过的《国防法》明确规定"普及和加强国防教育是全社会的共同责任","国防教育贯彻全民参与、长期坚持、讲求实效的方针,实行经常教育与集中教育相结合、普及教育与重点教育相结合、理论教育与行为教育相结合的原则","学校的国防教育是全民国防教育的基础"。

历史经验表明,一个国家、一个民族的强弱兴衰与国民国防意识的强弱有密切的联系。国防教育是全民教育的一项重要内容,是当代大、中学生整个思想政治教育的重要组成部分。国防教育最有效的途径是军事训练。大学生通过军事训练,能够激发他们的爱国主义热情,增强建设祖国、保卫祖国的责任感,树立起居安思危、常备不懈、有备无患的国防观念。

第二节　打开天窗,遥看世界
——外国大学生军训状况

无论是和平环境、相对稳定还是战火不断的国家和地区,都十分重视对学生的国防教育和军事训练,并成为各国加强国防建设的一项重要措施。遥观世界形势,不同的国家都采取了很多方式做好学生的国防教育和军事训练工作。

一、美国学生军事训练

美国除制定了全民性的《国防教育法》以外,还专门针对青壮年制定了《普遍军训与兵役法》,要求公民在规定的年龄必须参加军训,履行兵役义务。对高等学校的学生军训,已经形成了一套完善的制度。在全国 350 所高等院校和 650 多所高级中学设有后备役军官训练团(简称后训团),由国防部统一领导。

美国在地方大专院校中设有各类后训团 531 个,其中陆军 315 个,空军 153 个,海军 63 个。其目的是使青年学生在完成规定学业的同时,接受必要的军事训练,达到少尉军官的任职要求。学生是自愿参加的,结业后授予后备役少尉军衔。军事训练通常为每周 3 至 4 小时,另加一次为期 6 周的集训(相当于我国的军事技能训练),后训团学制分为二年制和四年制两种。四年制军事训练总时间 480 小时。二年制为 350 小时左右。军事训练合格后,一部分服现役,一部分服预备役。

参加后训团训练的大学生,除由军队支付其参训时的学杂费外,还对参训的三、四年级学生实行奖学金和补贴制度,军方向军训成绩优秀,同意在毕业后至少服 4 年以上现役或 6 年以上后备役的学生提供奖学金。享受奖学金的学生,其全部学费、书籍费和实验费(一般大学每年约 6000~7000 美元)均由军方支付,此外,每学年还可得到 10 个月(除寒暑假外)每月 100 美元的津贴费和一期夏令营(约 500 美元)的补贴,奖学金分 4 年、3 年和 2 年三种,一个 4 年奖学金获得者,在整个就学期间可从军方得到 2 万至 4 万美元的补贴。

据统计,在美国现役部队中,有 30% 的将军和 40% 的校、尉级军官来自后训团毕业的大学生。因此,后训团享有"大学中的军官学校"的美称。

二、俄罗斯学生军事训练

俄罗斯在利用国民教育的优势为军队培养人才方面既保持了原苏联的一些做法,也进行了一些有益的尝试。

(一)办少年军校,为俄军培养初级军事人员

少年军校原是苏联卫国战争末期为安置烈士子弟而创建的,后来逐步发展成苏联军官学校的预科学校。苏联解体后,俄罗斯保留了少年军校,有的也称武备中学。截至 1997 年,俄罗斯共有少年军校 18 所。少年军校的招收对象是 14 至 16 岁、读完十年制普通中学的男性青少年。学校以科学文化教育为主,同时按照初级军事教育大纲对学生进行基本军事教育,学制 2 年。学生统一发制服,过军事化生活,毕业考试及格者可免试进入中、高等军事学校和专科军事学院。

(二)进行军事登记专业培训,为俄军培养适应士兵专业需要的青年

根据俄罗斯联邦政府的规定,年满 17 岁的男性公民,包括在初级职业和中等职业教育机构中的学生,按照政府确定的军事登记专业一览表选择专业后,接受士兵军事登记专业培训,培训内容列入职业教育大纲,经过士兵军事登记专业培训的学生,应征服役时,有权根据士兵军事专业的实际需求选择俄罗斯武装力量的军兵种以及其他军事单位和机关。

(三)在地方高等院校设置军事系,为俄军培训专业技术军官

按照俄罗斯政府确定的办法,在地方院校设置军事系通常适用于军民通用性较强的专业,如在财政学院设军财系,在医学院设军医系等。地方青年自考入军事系后,享受军人待遇,军龄从入学之日算起,毕业后由军队统一分配。

三、英国学生国防教育

英国国防部预备役局在全国十余所大学设立陆军军官训练团(共 16 个分队,2500 人)、海军训练中心和空军飞行中队(在 64 所大专院校中建立了 16 个训练中队)。各组织分别负责所在地区几所大学学生的军事训练和宣传工作,解答对军事有兴趣的学生所提的问题。

学生可自愿参加陆、海、空军组织的训练活动,训练时间安排在每周一至二个晚上或周末,假期集中训练一至二周。参训学生可领取参训费。其中部分参训学生已与国防部签订参军合同。根据合同,学生学习期间由国防部支付学费,并发给生活费,毕业后参军。如违约,学生将如数退还所有学费和生活费。

英国部分中学也组织学生进行少量的军训活动,假期组织夏令营参观部队,以引起中学生对部队的兴趣,影响他们今后选择参军的道路。各中学是否组织军训由校长根据情况自行决定,中学生是否参加军训也以个人自愿为原则。一些退役军人以志愿者的身份协助中学开展军训活动。

四、其他国家学生国防教育

印度通过国民学兵团对全国地方大、中学生进行军事训练。学兵团由国防部国民学兵团总监署领导。学生根据年龄、性别,分别编入高级组(18~26 岁)、初级班(13~18 岁)和女子组。通过训练使他们掌握一定的军事知识和技能。

波兰对学生军训极为重视。1973 年国家规定:凡是大学毕业的男生,都要到部队参加集中训练 1 年。上半年在后备役军官学校学习,下半年在部队代职。军事训练期满后授预备役中尉军衔,并规定以参加军训代替服兵役。

越南规定初中以上学生,每年都要进行军事训练。按规定,训练结束经严格考核合格者,视情授予预备役准尉或少尉军衔,个别授予现役少尉军衔,分配到部队技术兵种任职。

强大的后备力量既是建设跨世纪现代化国防的坚实基础,又是威慑和遏制战争的重要力量。做好了国防教育与军事训练工作就是做好了后备力量的建设工作,也就为富国强兵积蓄了足够的资本,对国防建设与质量建军具有重要的战略意义。

第三节 深入理解,教育先行——军训的战略地位

改革开放以来,我国对于在高校中开展军事训练活动经历了一个探索的过程。1985 年,全国部分高等院校、高级中学开始进行了军训试点,得到了社会的广泛赞同。后来国家下发文件,专门作出规定,从 2001 年起,结束学生军训试点,在全国各普通高等院校和高级中学逐步开展学生军训工作。

我国教育部、中宣部、财政部、文化部、中国人民解放军总参谋部、中国人民解放军总政治部、团中央七部门 2012 年 2 月 3 日联合下发《关于进一步加强高校实践育人工作的若干意见》,明确提出要将军事训练纳入高校必修课,列入教学计划,强调军训是实现人才培养目标不可缺少的重要环节。军事技能训练时间为 2～3 周,实际训练时间不得少于 14 天;并在训练课时、经费保障等方面作了硬性规定,从制度层面给予大学生军事训练以保证。

随着军队发展的需要,大学生有望成为兵员征集的主体。大学生培养工作不仅关乎国家的教育大计,更关乎国家的国防建设,事关国家和民族的根本利益。而已经成为国防生的在校大学生,也需要更多地参与军政训练,参加部队实践活动,尽早地实现从国防生到合格军人的转变。因此,培养国防观念、增强军事素质、掌握军事知识,应当从青年学生抓起,并以实际行动为建设一个强大的国防做出自己的努力。

一、我国周边安全形势不容乐观

(一)美国的综合性威胁

美国是当今世界唯一的超级大国,也是世界上最大的霸权主义国家。由于中美之间在社会制度、意识形态和价值观念等方面存在较大差异,因此美国不希望中国快速崛起。在中国东部,凭借美韩共

同防卫条约、美日共同防卫条约,以及其在韩日和太平洋地区的军事实力对中国进行遏制。在中国东南,为了控制太平洋和印度洋的连接通道,在西北太平洋地区构成了三道岛链防线:第一道防线是韩国、中国台湾、越南;第二道防线是日本、菲律宾、马来西亚、泰国;第三道防线是小笠原群岛、澳大利亚、新西兰。在中国西南,美国实施了联印制华政策。在中国西部,美国借反恐之机将军事实力渗透到了阿富汗,为插手中亚事务、遏制中国制造条件。

目前,美国常年在亚太地区保持10万左右的军力,将7艘航空母舰、核潜艇、"宙斯盾"战舰和战略轰炸机部署到亚太地区。随着在亚太地区频密的大规模军事演习,美国加快了其全球军事战略东移的步伐。美国为了实现一个单极世界、多极亚洲的态势,现在已经基本形成亚洲"雁形安全模式":第一梯队是美日、美韩同盟,进一步建立三边军事同盟。美国加强与澳大利亚、泰国和菲律宾等盟国的关系,构筑第二梯队。美国特别强调东盟作为地区多边主义支点的重要性,同时承诺将提高印度的国际地位,尤其是承诺赋予印度联合国安理会常任理事国的地位。美国与越南、印度尼西亚、印度的关系可能成为第三梯队。

(二)日本对我国安全的潜在威胁

中日关系一直来不太平稳,随着日本经济、军事力量进一步发展和政治野心的进一步膨胀,日本现实和潜在危险呈上升趋势。

战略上,日本将我国列为主要潜在对手,追随美国压制中国发展,寻求国防战略由"防御型"向"进攻型"转变。

政治上,日本积极谋求成为政治大国,意图成为联合国常任理事国。1937年日寇占领当时中国首都南京时,全日本举国欢腾,连妓女也庆祝并捐献军费。可是,直至现今日本政界和民间,仍有不少人对这段历史采取否定态度,不思悔改,甚至称这段历史"虚假"。名古屋市市长河村隆之在南京某些官员面前否认南京大屠杀,自称曾经从他父亲那里了解到"在中国受到了热情的接待",在谈及"南京大屠杀"时宣称"是不可能发生的"。

军事上,日本拥有巨大军事实力,具备成为军事大国的物质和科技基础,拥有制造核武器的科技水平和重要原料。

在领土问题上,日本一直在暗中加强对我国有争议岛屿和海域的控制和资源开发。2012年2月26日,据日本NHK报道:日本自民党提出宪法修正案,首次提出将日本自卫队定义为"日本自卫军",由首相直接领导。"自卫军"将承担"保卫领土领海"任务。3月2日日本政府公布39个无人岛名称,包括钓鱼岛附属岛屿。第二天,我国马上公布钓鱼岛及其70个附属岛屿的标准名称、汉语拼音、位置描述。中国外交部发言人洪磊表示:日方对钓鱼岛及其附属岛屿采取的任何单方面举措都是非法和无效的。无论日方对钓鱼岛附属岛屿命什么名,都丝毫改变不了这些岛屿属于中国的事实。

人们不禁要问:中日在关系正常化40周年的今天,钓鱼岛及附属岛屿领土冲突会爆发吗?

(三)印度对我国安全的严重威胁

近年来,中印之间加强了政治、经济、文化合作和边境问题的磋商,两国关系得到一定程度的改善,但印度对我国安全的影响依然存在。战略上,印度积极谋求地区霸权,视中国为主要战略对手和潜在威胁。军事上,印度在非法占领的中国藏南土地上建立了攻防兼备的防御体系,加紧针对中国的战场建设,并不断增加军费开支,加速更新武器装备。

世界上两个最大的新兴发展中国家在地缘利益上的直面碰撞博弈是显然的,双方都在尽力释放着自己的影响力。在南亚次大陆,中国和巴基斯坦是盟友,中方亦和斯里兰卡等印度洋沿岸国家有着密切关系。印度一直在宣泄着"中国威胁论",并称中国军事力量已经深入到印度洋。在东南亚,印度和美日相互应和,并和区域国家有着机制化的联合军演。尤其在美国提出重返亚洲战略之后,印度更是活跃起来。

南海岛屿争端牵涉中国核心利益,印度不仅不理会中方关切,甚至积极参与越南的油气招标,从其涉入南海油气田开发的情形看,意图是搅水南海,其动机是不纯的。

2012年2月20日,印度国防部长安东尼参加"阿鲁纳恰尔邦"(我国藏南地区)成立25周年庆祝活动时称,战略位置极其重要的"阿邦"是"印度领土不可分割的一部分"。他说,不必担心,"阿邦"很安全。印度正在加强东部边境地区的安全实力,同时促进边境地区的经济社会发展。"我要明确指出的是,我们的安全部队完全有能力保护我们的国家利益。"

中国对印度国防部长安东尼访问"阿鲁纳恰尔邦"、参加"阿鲁纳恰尔邦""建邦庆典活动"作出激烈反应,外交部发言人表示,印度应该避免采取任何可能使边界问题"复杂化"的行动,中国对中印边界问题包括东段争议区的立场是一贯和明确的。

(四)朝核危机对我国安全的直接影响

朝鲜半岛影响我国安全的问题主要集中在两个方面:朝鲜半岛南北双方的斗争和朝核问题,其中朝核问题若不能妥善解决,必将带来东亚核格局的改变,成为影响我国周边安全的严重威胁。首先它可能导致美国发动对朝鲜的战争,或者对朝鲜进行制裁。其次它可能成为开启东亚核武竞争的潘多拉魔盒。再次它可能导致日本全力寻求突破和平宪法,扩大军备,开启核武之门。

(五)台湾问题

2000年2月,中国国务院台湾事务办公室、国务院新闻办公室发表的《一个中国的原则与台湾问题》白皮书明确提出,在以下三种情况下中国政府只能被迫采取断然措施包括使用武力解决台湾问题:出现台湾被以任何名义从中国分割出去的重大事变;出现外国侵占台湾;台湾当局无限期地拒绝通过谈判和平解决两岸统一问题。

2011年9月21日,美国政府宣布了总额58.52亿美元的向台湾出售武器计划。这已经是奥巴马政府第二次对台军售。美国对于台湾问题的干涉以及岛内"台独"势力的猖獗,是对两岸关系的重大挑战。

中国大陆地区必须加强国防力量,以此来应对未来可能发生的危机,捍卫中国领土主权的完整统一。

(六)南海诸国对我南沙群岛的现实侵占

南沙群岛自古以来是中国的固有领土。

据史籍记载,中国早在公元前 2 世纪的汉武帝时代,通过航海实践发现了南沙群岛。唐宋以来,中国人民已在南沙群岛生活和从事捕捞等生产活动。宋代,中国将南沙群岛命名为万里石塘;在此之前的汉代,泛称包括南沙群岛在内的南海诸岛为崎头;在此之后至清代,又有万里长沙、千里石塘、石塘等名称。明清时代,中国政府明确将南沙群岛划归广东琼州府(今海南省)管辖。

19 世纪中国国势衰微以后,英国、美国、德国、法国和日本垂涎南沙群岛,曾多次派舰调查勘测,企图侵占;但未能得逞。1933 年,南沙群岛被当时统治越南的法国殖民当局侵占,并非法划归巴地省管辖。第二次世界大战期间,日军于 1939 年 3 月侵占南沙群岛。1945 年日本投降后,中国政府于 1946 年派员接收了南沙群岛,并立碑纪念和派兵驻守。1947 年又重新命名东沙、西沙、中沙、南沙 4 个群岛及各岛、礁、沙、滩的名称,并再度划归广东省管辖。

中华人民共和国成立后,1951 年 8 月 15 日,周恩来发表《关于美英对日和约草案及旧金山会议声明》指出:西沙群岛、南沙群岛和东沙群岛、中沙群岛一样,"向为中国领土"。此后至今,针对外国对南沙群岛主权的侵犯,中国政府一直不断发表声明,重申中国对南沙群岛拥有不可侵犯和无可争辩的主权。1958 年 9 月 4 日,中国政府发表声明,宣布领海宽度为 12 海里,并明确指出,这项规定适用于中国的一切领土,包括南沙群岛以及其他属于中国的岛屿。1959 年 3 月,广东省海南行政区在西沙群岛永兴岛设立了"西、南、中沙群岛办事处"。从 1984 年起,中国科学院对南沙群岛进行了为期 3 年的科学考察。1987 年上半年,"实验 2 号"、"实验 3 号"两艘考察船重点考察了曾母暗沙盆地,并对东北部 10 个礁进行登礁考察,在 59 个观察点进行水文、气象、生物等 22 个项目的综合考察。1987 年下半年至1988 年 2 月,我国在南沙永署礁上人工修筑岛礁,建立了海洋观测站。1988年4月海南省成立后,南沙、西沙和中沙三群岛划归海南省管辖,仍在永兴岛设"西沙、中沙、南沙工委办事处"。1992年2月25日,中国人大常委会通过《中华人民共和国领海及毗连区法》,重申南沙群岛等岛屿及其海域是中国领土和领海。

中国人民海军行使着保卫中国主权的职责。1987年,人民海军多舰种合成编队曾在曾母暗沙海区列阵阅兵。1988年3月14日,人民海军到南沙群岛九章群礁海域巡逻,并在赤爪礁建立观察点,遭到越南入侵舰船的寻衅攻击,人民海军坚决予以还击,捍卫了祖国的尊严。同时,多年来,中国台湾当局一直派军队驻守在南沙群岛的最大岛屿太平岛上。

可是,从20世纪60年代开始特别是70年代迄今,我国南沙群岛露出水面的岛礁以及海域被周边国家侵占和分割,资源遭到大量掠夺。2002年,美国声称在南海西南部发现了大油田,储量达2亿至4亿桶。巨大的经济价值,掀起了一股在瓜分的岛屿上开发石油的狂澜,催生着周边国家纷纷行动插手,南沙问题顿时形势严峻起来。越南、菲律宾、马来西亚、文莱和印度尼西亚,加上中国和中国台湾,形成6国7方在南沙群岛对峙和角逐局面。

南沙面积最大的太平岛约0.443平方公里,并拥有南沙群岛仅有的天然淡水,成为南沙群岛中最具战略价值的岛屿,由中国台湾占有。

越南目前控制南沙群岛的28个岛屿、沙洲和礁滩,宣称拥有全部南沙群岛的主权。

马来西亚占有4个礁,宣称拥有范围为南沙群岛北纬8°以南范围的海域与岛礁。

菲律宾目前实际控制9个岛屿、沙洲和礁,在中业岛上建有一条跑道长1500米、宽90米的机场。

有关国家纷纷与美、日、俄、法等诸国联合对南海油气资源进行疯狂的掠夺性开发,一方面促使南沙问题争议多边化、国际化、复杂化,另一方面与美国达成协议,使美国军舰有权进入这些国家港口和基地,借美国完成在东南亚军事基地的作战和后勤保障体系建设。除美国外,日本、印度也积极加强在南海地区的军事活动。

越南外交部 2012 年 2 月 24 日发表声明,要求中国"立即停止威胁越南对南海西沙群岛和南沙群岛领土主权的一切行动"。

可以看出,我国面临不容乐观的安全形势,在迅速提高我国经济实力与军事实力的前提下,加强国防后备力量建设是当前我国安全形势下的迫切需求,因而采取合理的方式抓好大学生军训是加强我国国防后备力量的有力措施。

二、大学生军训的战略意义

清朝晚期,中国读书人深陷于四书五经的泥淖中。国家军事人才严重不足,军事理论家、军事将领相对匮乏,整个国家的军事实力处于停滞不前的状态,由此也造成了国家的屈辱岁月。而新时期的中国,大力进行社会主义现代化建设,必须要保证一个相对和平的建设环境,对内要保持社会稳定,对外则要维护国家安全。因此新时期下加强国防力量的建设刻不容缓。

当代大学生是国家的栋梁之才,是国家昌盛、繁荣、富强的根本保证。地方高校大学生进行军训,是《宪法》《兵役法》和《中华人民共和国国防教育法》所规定的内容。大学生军训的战略意义,列下:

(一)维系国家安全与发展的需要

为了保证安全和发展,国家要有强大的国防实力,更需要有大批优秀的国防人才。国防教育是巩固和加强国防、保证国家长治久安和实现国家发展战略目标的一项重要战略措施。

(二)增强综合国力的需要

国防力量是综合国力的有机组成部分。一定的经济、军事实力只有与国民崇高的爱国主义,以及把国家安危系于一身的精神结合起来,才能发挥出巨大的威力。

(三)法律赋予的神圣义务和职责

公民必须依法履行对国家的义务。《兵役法》第 43 条规定:"高等院校的学生在就学期间,必须接受基本的军事训练。根据国防建设的需要,对适合担任军官职务的学生,再进行短期集中训练,考核合格的,经军事机关批准,服军官预备役。"2001年颁布的《中华人民共和国国防教育法》用一章共五条的条款对学校开展国防教育作了明确的规定。在高校开设军事理论课,接受基本军事训练是让符合法定年龄而无条件服现役的公民接受国防教育和依法服兵役的一种形式,是法律赋予每个大学生的光荣义务和历史使命。

(四)加速国防现代化和落实战时兵员动员的重要措施

建设一支强大的现代化、正规化的革命军队,其标志是武器装备现代化。在现代战争中,人的因素不仅包括人的勇敢、觉悟和牺牲精神,还包括人的智慧和才能,包括人对科学技术的掌握和运用。

大学生具有文化程度高、接受能力强、知识更新速度快等特点,对大学生开展国防教育,开设军事理论课和军事训练,挑选一部分专业对口,适合担任军官职务的大学生,再集中一段时间进行专业训练,就可服军官预备役,或充实到部队去弥补我军院校培养专业技术人才的不足。

(五)培养合格人才的好形式

国防教育是一门综合性的科学:它集德、智、体、美教育于一身。对大学生开展国防教育可以促进大学生的全面发展和成才。

对高等院校学生进行军事训练,是党中央、中央军委从加强国防后备力量建设出发作出的战略决策。通过军训使他们牢固树立国防观念,掌握一定的军事知识和技能,就能为我军实行战时快速动员,储备基层指挥军官、技术军官和后备兵员打下坚实的基础。我国高等院校数量众多,通过对这些学生实行军事教育,可以使我国寓兵于民、寓兵于校,从而促进我国的国防后备力量建设。

【链接】

爱军尚武意识是民魂、国魂、军魂

● 曾经强盛一时的古罗马帝国最终逐渐分裂和衰落,很重要的一个原因就是由于长期的和平环境,国民的尚武意识淡薄了,甚至把当兵打仗这样事关国家命运的大事也交给了外籍雇佣兵。

● 拿破仑曾致力于培养法国官兵勇武善战的精神,使法国一度称霸于欧洲,但后来的拿破仑三世却把国民的尚武精神弄得精光,国防松弛,军队战斗力下降。这样一来,法军在1870年的普法战争中一败涂地。

● 第二次世界大战前,正当纳粹德国加紧扩军备战,频频对邻近小国伸出魔掌的时候,法国政府却一味地执行"绥靖政策",自以为是欧洲最大的陆军强国,并且拥有"坚不可摧"的马其诺防线,疏于军事训练,在战争的危险日益临近的时候,国防费仍得不到满足,兵工厂因为武器长期不定型没有活干,法军的装备迟迟得不到更新,甚至连军官的手枪也不够,直到遭到全面进攻的第二天,才开始考虑到意大利订购手枪,其结果可想而知,法国在短短6个星期里就让德国给灭掉了。

● 1990年8月2日凌晨2时,伊拉克军队由坦克和装甲车开路,长驱直入南面的邻居科威特,只用了35个小时就占领了科威特全境。这么快被占领的一个主要原因,是科威特国民的尚武意识差,毫无准备。

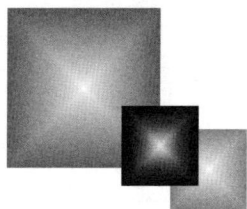

中　篇
军训科目与军事技能培养

第五章

军人的金科玉律——三大条令

"凡军,制必先定。"军内条令在美国被称为军内"圣经",在俄罗斯被称为"军中之舵"。条令,是中央军委以简明条文的形式发布给全军的命令,是军队战斗、训练、工作、生活的法规和准则。

第一节　三大条令:军中法典

在我军的众多条令中,覆盖最全面、使用最经常、影响最广泛的条令要算《中国人民解放军内务条令》、《中国人民解放军纪律条令》和《中国人民解放军队列条令》(以下分别简称《内务条令》、《纪律条令》、《队列条令》)。它是我军颁布最早、颁布次数最多的条令,全军官兵都亲切地称其为"三大条令"、"共同条令",是全军必须执行的共同条令,是全体军人必须共同遵守的法典。

一、三大条令的形成

1930 年,我军颁布了第一部纪律条令,至今已颁布 15 部;1936 年颁布第一部内务条令,至今已颁布 11 部;1951 年颁布第一部队列条令,至今已颁布 8 部。在整个革命战争时期,我军没有队列条令,使用的是民国 28 年的《步兵操典》。我军于 1950 年开始制定第一部队列条令,与此同时,重新制定内务条令和纪律条令,并于 1951 年 2 月 1 日由总参谋部发布命令,将三部条令《草案》颁布全军试行。至此,我军才有了共同条令的称谓,形成了共同条令的完整体系和章、节、条、款的统一体例。现行的共同条令是 2010 年 5 月 4 日经过中央军委常务会议通过,由中华人民共和国中央军事委员会主席胡锦涛于同年 6 月 3 日签署命令,将重新修订的中国人民解放军《内务条令》、《纪律条令》和《队列条令》发布全军部队贯彻施行,具有极大的权威性。

二、三大条令的作用

三大条令通过法规的形式,把统一的、行之有效的管理制度和方法固定下来,作为军队的行为准则。三大条令是从严治军、依法治军的法规;是有效维护军队高度稳定和集中统一的有力保障;是科学性、现实性和权威性统一的有效规定。在全新的历史时期,用条令规范军队的一切行动,使之适应军队建设新形式的要求显得更加重要。治军先治典,共同条令的修改施行是适应新时期我军革命化、现代化、正规化建设和军事斗争准备需要的重要措施。只有全面认真贯彻执行条令,才能维护良好的上下级关系、军内外关系;才能严格履行职责,搞好行政管理;才能培养优良的作风,增强纪律性,巩固和提高军队的战斗力。

《普通高等学校军事课教学大纲》对大学生军训的内容做了明确规定:了解中国人民解放军三大条令的主要内容,掌握队列动作的基本要领,养成良好的军人作风,增强组织纪律观念,培养集体主义精神等等。对于我们新时期大学生,通过认真学习内务条令,可以培养良好的生活作风和军人举止;通过纪律条令的学习可以加强对下级与上级、自由与纪律、民主与法制、集体与个人之间相对关系的理解,加强法制意识,强化校规校纪意识,具有积极进取、献身精神;通过严格的军事训练,可以加强规范意识。

第二节　井然有序:《内务条令》

《内务条令》是中央军委制定、发布的军事法规,是关于规定军人职责及相互关系、军容礼节、生活制度和管理规则的法规，是全军进行行政管理教育的依据。现行《内务条令》，根据我军内务建设的需要，主要在以下五个方面做出了必要的规范：一是使参加这支军队的每个人都清楚自己的使命和职责，即明确为谁当兵，为谁打仗；二是建立反映军队性质且明确、协调的内部关系；三是建立并维护反映军队履行使命特殊要求的军人一般行为准则；四是建立适合军队特点的工作和生活制度；五是建立保证部队正常运转的日常管理规则和日常勤务。

《内务条令》共有 21 章。第一章总则；第二章军人宣誓；第三章军人职责；第四章内部关系；第五章礼节；第六章军人着装；第七章军容风纪；第八章与军外人员的交往；第九章作息；第十章日常制度；第十一章值班；第十二章警卫；第十三章零散人员管理；第十四章日常战略和紧急集合；第十五章后勤日常管理；第十六章装备日常管理；第十七章营区管理；第十八章野营管理；第十九章常见事故防范；第二十章国旗、军旗、军徽的使用和国歌、军歌的奏唱；第二十一章附则。

一、《内务条令》实施的重要性

内务条令促使军队养成规范的生活习惯，是军队进行正规化建设的重要基础，是巩固和提高战斗力的重要保证。

（一）加强部队正规化建设的基本依据

正规化，是我军革命化、现代化、正规化建设总目标的重要组成部分。正规化的核心，就是用以条令条例为主体的法规制度规范军队建设和管理的各个方面，建立起适应武器装备现代化水平、符合现代战争规律的组织结构和运行机制，以巩固和提高军队的战斗力。在跨越世纪的新时期，江泽民同志多次指出，"我们要建设现代化的革命军队，不能不强调正规化，这是现代化建设的客观要求"。正规化建设的内容涵盖军队建设的方方面面。但就管理工作而言，最主要的是培养正规的军人和建立正规的秩序。这既是管理工作的基本问题，也是内务建设乃至整个军队工作的基本问题。《内务条令》，作为军委发布的共同条令,不仅为全体军人的日常行为提供统一的准则,而且为军队日常管理活动的组织提供依据和标准,为建立正规的秩序提供必要的保证,其所规范的内容包括了我军内部活动和军人日常行为的基本方面。依靠这种规范,才能根据军队的本质属性和履行使命的需要,培养正规的军人和建立正规的秩序,从而保证军队高度的集中统一,保证军队形成一个能高效运转、具有很强战斗力的有机整体。可以说,离开了内务条令的规范,军队内务建设就无章可循,军队的正规化建设也就失去了基础。也正是从这个意义上说,内务条令是加强军队正规化建设不可替代的重要依据。

(二)坚持人民军队根本性质的有力保证

内务建设是军队的基础性建设,关系着军队的性质和建设的发展方向。《内务条令》作为军队阶级属性的反映,作为我军的基础性法规,其作用不仅在于要为军人的行为提供规范,更为部队日常管理的各项活动提供具体的依据,更重要还在于为坚持我国人民军队的性质,坚持军队管理乃至军队建设的正确方向提供有力的保证。《内务条令》明确了我军的性质、宗旨、任务,阐明了我军内务建设的指导思想和原则,规范了我军建立在政治平等基础之上的内部关系以及具有我军特色的管理制度。与军队其他专项法规相比,《内务条令》更为集中地反映了我军这支人民军队所特有的性质,更为全面地反映了我军建设和管理所遵循的基本方针、原则和制度。可以说,贯彻执行内务条令,不仅决定着我军内务建设和管理教育工作的正确方向,而且对坚持我军性质、宗旨,保证军队整个建设正确方向起着有力的保证作用。

二、《内务条令》节选

第一章:总则。本章是整个条令的纲领,集中阐述了我军的性质和任务。指出我军的性质是:"中国人民解放军是中国共产党缔造和领导的,用马克思列宁主义、毛泽东思想和邓小平理论武装起来的人民军队,是中华人民共和国的武装力量,是人民民主专政的坚强柱石,担负着巩固国防,抵抗侵略,保卫祖国,保卫人民的和平劳动,参加国家建设事业的任务。"

它还规定我军内务建设的原则:

①中国人民解放军的内务建设,必须坚持依法治军、从严治军。严格遵守国家法律、法规,严格按照军队的条令、条例统一内务建设和规范军人行为,实施科学管理,建立正规秩序,增强军队的组织性、计划性、准确性、纪律性,保持军队的高度集中统一和安全稳定。

②中国人民解放军的内务建设,必须坚持安全发展理念。严格安全教育与训练,加强安全建设,完善安全管理机制,预防各类事故,突出防范重大安全问题,保证人员和装备、财产安全,保证部队战备、训练等各项工作顺利进行。

③中国人民解放军的内务建设,必须坚持继承和发扬优良传统。在管理教育工作中应当做到:服从命令,听从指挥;官兵一致,尊干爱兵;发扬民主,依靠群众;严格要求,赏罚严明;说服教育,启发自觉;公道正派,不分亲疏;艰苦朴素,廉洁奉公;干部带头,以身作则;团结紧张,严肃活泼;拥政爱民,军民团结。在继承和发扬优良传统的基础上,应当根据国家和军队建设的发展以及履行新世纪新阶段我军历史使命的需要,探索新特点,充实新内容,创造新方法。

第二、三章:军人宣誓,军人职责。中国人民解放军士兵的基本职责是:

①服从命令,听从指挥,英勇顽强,坚决完成任务;

②刻苦训练,熟练掌握并爱护武器装备;

③努力学习政治,不断提高思想觉悟;

④严守纪律,服从管理,尊重领导,团结同志,爱护集体荣誉;

⑤艰苦奋斗,厉行节约,爱护公物;

⑥积极学习科学文化,提高文化素质;

⑦积极参加体育训练,锻炼身体,增强体质;

⑧遵守安全规定,保守军事秘密。

第五章:礼节。

1.军队礼节应遵守如下规定:

①军人必须有礼节,体现军人的文明素养,促进军队内部的团结友爱和互相尊重。

②军人敬礼分为举手礼、注目礼和举枪礼。着军服戴军帽或者不戴军帽,通常行举手礼。携带武器装备不便行举手礼时,可以行注目礼。举枪礼仅限于执行阅兵和仪仗任务时使用。

③军人之间通常称职务,或者姓加职务,或者职务加同志。首长和上级对部属和下级以及同级间的称呼,可以称姓名或者姓名加同志;下级对上级,可以称首长或者首长加同志。在公共场所和不知道对方职务时,可以称军衔加同志或者同志。

军人听到首长和上级呼唤自己时,应当立即答"到"。回答首长问话时,应当自行立正。领受首长口述命令、指示后,应当回答"是"。

2.军人在下列时机和场合应遵守如下礼节:

①每日第一次遇见首长或者上级时,应当敬礼,首长、上级应当还礼;

②军人进见首长时,在进入首长室内前,应当喊"报告"或者敲门,得到允许后方可以进入并向首长敬礼;进入同级或者其他人员室内前,应当敲门,经允许后方可以进入;

③同级因事接触时通常互相敬礼;

④在室内,首长或者上级来到时,应当自行起立;

⑤营门卫兵对出入营门的分队、首长和上级应当敬礼,分队带队指挥员、首长和上级应当还礼;

⑥卫兵交接班时,应当互相敬礼;

⑦军人受上级首长接见时,应当向首长敬礼,问候"首长好";

⑧上级首长到下级单位检查工作离开时,送行人员应当敬礼。

第六章:军人着装。

1.军人着装的基本要求是:

①军人应当按照规定配套穿着军服、佩戴标志服饰,做到着装整

洁庄重、军容严整、规范统一。

军人退出现役后,参加国家和军队组织的重大纪念、庆典活动,通常着便服,也可以按照活动组织单位的要求,统一着退役时的军服,佩带国家和军队统一颁发的徽章。

②季节换装的时间和着装要求,通常由警备工作领导机构统一规定;驻地无警备工作领导机构的,由师(旅)以上单位首长确定。

③军服以及标志服饰不得变卖,不得仿制,不得擅自拆改或者借(送)给非军人。军人退出现役时,应当将标志服饰上交。

2.军人仪容应遵守如下规定:

①着军服在室外应当戴军帽;戴大檐帽(卷檐帽)、作训帽时,帽檐前缘与眉同高;戴贝雷帽时,帽徽位于左眼上方,帽口下缘距眉约1.5厘米;戴冬帽时,护脑下缘距眉约1.5厘米;水兵帽稍向右倾,帽墙下缘距右眉约1.5厘米,距左约3厘米;军官大檐帽饰带应当并拢,并保持水平;士兵大檐帽风带不用时应当拉紧并保持水平;大檐帽(卷檐帽)、水兵帽松紧带不使用时,不得露于帽外。

②除授衔仪式、授枪仪式等重要活动和卫兵执勤外,着军服进入室内通常脱帽;因其他特殊情况不适宜脱帽时,由在场最高首长临时规定。

③着军服时应当穿军鞋;在实验室、重要洞库等特殊场所,可以统一穿具有防尘、防静电等功能的工作用鞋;不得赤脚穿鞋。

④着军服时应当按照规定扣好衣扣,不得挽袖(着作训服时除外),不得披衣、敞怀、卷裤腿。

⑤军服内着毛衣、绒衣、绒背心、棉衣时,下摆不得外露;着衬衣(内衣)时,下摆扎于裤内。

⑥军人非因公外出应当着便服;军级以上机关、院校、医院、科研和文艺、体育单位的军官、文职干部下班后通常着便服;女军人怀孕期间和给养员外出采购时,可以着便服。

⑦不得将军服外衣与便服外衣混穿。

⑧不得将摘下标志服饰的军服作便服穿着。

⑨不得着印有不文明图案、文字的便服。

⑩不得着仿制的军服。

⑪军人头发应当整洁。男军人不得留长发、大鬓角和胡须，蓄发（戴假发）不得露于帽外，帽墙下发长不得超过 1.5 厘米；女军人发辫不得过肩，女士兵不得烫发。

⑫军人不得文身。着军服时，不得化妆，不得留长指甲和染指甲，不得围非制式围巾，不得在外露的腰带上系挂移动电话、钥匙和饰物等，不得戴耳环、项链、领饰、戒指等首饰。除工作需要和眼疾外，不得戴有色眼镜。

3.军人的举止应注意以下方面：

①军人必须举止端正，谈吐文明，精神振作，姿态良好。不得袖手、背手和将手插入衣袋，不得边走边吸烟、吃东西、扇扇子，不得搭肩挽臂。

②军人参加集会、晚会，必须按照规定的时间和顺序入场，按照指定的位置就座，遵守会场秩序，不得迟到早退。散会时，依次退场。

③军人外出，必须遵守公共秩序和交通规则，遵守社会公德，举止文明，自觉维护军队的声誉。不得聚集街头、嬉笑打闹和喧哗，不得携带违禁物品。乘坐公共汽(电)车、火车时，主动给老人、幼童、孕妇和伤、病、残人员让座。与他人发生纠纷时，应当依法处理。

④军人遇到人民群众生命财产受到严重威胁时，应当见义勇为，积极救助。

⑤军人不得赌博、打架斗殴，不得参加迷信活动。

⑥军人不得酗酒，不得酒后驾驶机动车辆或者操作武器装备。

⑦军人不得参加宗教组织和宗教活动，不得围观和参与社会游行、示威、静坐等活动，不得传抄、张贴、私藏非法印刷品，不得组织和参与串联、集体上访。

⑧军人不得购买、传看渲染色情、暴力、迷信和低级庸俗的书刊和音像制品。

⑨军人在公共场所和其他禁止吸烟的场所不得吸烟。

⑩文艺工作者扮演我军官兵，以及军人给报纸、杂志等提供军人

肖像,着军服主持电视节目、参加电视访谈,必须严格执行军容风纪的规定,维护军队和军人形象。

⑪军人不得摆摊设点、叫买叫卖,不得以军人的名义、肖像做商业广告。

第九章:作息。

1. 起床

听到起床号(信号)后,全连人员立即起床(连值班员应当提前10分钟起床),按照规定着装,迅速做好出操准备。

2. 早操

听到出操号(信号)后,各班、排迅速集合,检查着装和携带的武器装备,跑步带到连集合场,向连值班员报告。连值班员整理队伍,清查人数,向连首长报告,由连首长或者连值班员带队出操。

结合早操每周进行1至2次着装、仪容和个人卫生的检查,每次不超过10分钟。

3. 整理内务和洗漱

早操后,整理内务、清扫室内外和洗漱,时间不超过30分钟。班值日员协助检查并整理本班的内务卫生。连值班员检查全连的内务卫生。

连首长每周组织1次全连内务卫生检查。

4. 开饭

按照规定时间准时开饭。开饭时间通常不超过30分钟。

听到开饭号(信号)后,以班、排或者连为单位带到食堂门前,由连值班员整队,按照连值班员宣布的次序依次进入食堂。

就餐时保持肃静,餐毕自行离开。

5. 操课

操课前,根据课目内容做好准备。听到操课号(信号)后,连(排、班或者训练编组)迅速集合整队,清查人数,检查着装和装备、器材,带到课堂(训练场、作业场)。

操课中,按照计划要求周密组织,认真听讲,精心操作,遵守课堂

（训练场、作业场）纪律，严防事故。

操课结束后，检查装备，清理现场，集合整队，进行讲评。

操课往返途中应当队列整齐，歌声嘹亮。

6. 午睡（午休）

听到午睡号（信号）后，除执勤人员外均应当卧床休息，保持肃静，不得进行其他活动，连值班员检查全连人员午睡情况。午休时间由个人支配，但不得私自外出，不得影响他人休息。

7. 课外活动

晚饭后的课外活动时间，每周除个人支配 2 至 3 次外（人员不得随意外出），其余由连队安排。

8. 点名

连队通常每日点名，休息日和节假日必须点名。点名由 1 名连首长实施。每次点名不得超过 15 分钟。

点名的内容通常包括清点人员、生活讲评、宣布次日工作或者传达命令、指示等。

点名前，连队首长应当商定内容；由连值班员发出点名信号并迅速集合全连人员，整队，清查人数，整理着装，向连首长报告。

唱名清点人员时，可以清点全体人员，也可以清点部分人员。

9. 就寝

连值班员在熄灯号（信号）前 10 分钟，发出准备就寝信号，督促全体人员做好就寝准备。就寝人员应当放置好衣物装具，听到熄灯号（信号）立即熄灯就寝，保持肃静。

休息日和节假日的前 1 日可以推迟就寝，时间通常不超过 1 小时。

第十章：日常制度。

①行政会议制度。连队的会议主要有班务会、排务会、连务会、连军人大会。

②请示报告制度。对本单位无权决定或者无力解决的问题应当及时向上级请示。请示应当一事一报，条理清晰，表述准确，逐级进行。下级应当主动向上级报告情况。

③联队内务设置制度。连队内务设置应当利于战备,方便生活,因地制宜,整齐划一,符合卫生要求。

④登记统计制度。

⑤请假销假制度。

⑥查铺查哨制度。

⑦军官留营住宿制度。

⑧点验制度。

⑨交接制度。

⑩接待制度。

⑪证件和印章管理制度。

⑫保密制度。

第十五章:后勤日常管理。

本章规定了军人个人卫生的内容、要求和卫生保健制度,明确了室内室外环境卫生标准和卫生清扫、检查制度。

①新兵编入部队前,必须包括理发、洗澡、换衣在内的卫生整顿和体格检查、病史登记、心理测试;进行卫生防病知识教育以及预防接种。

②经常进行健康教育,培养官兵良好的卫生习惯,做到饭前便后洗手,不吃(喝)不洁净的食物(水),不暴饮暴食;勤洗澡,勤理发,勤剪指甲,勤洗晒衣服被褥;不随地吐痰和便溺,不乱扔果皮、烟头、纸屑等废弃物;保持室内和公共场所的清洁卫生。提倡戒烟。

③深入开展爱国卫生活动,整治环境卫生,搞好卫生设施建设和管理,防止疾病发生和蔓延。室内外卫生应当划区分工负责,每日清扫,每周进行大扫除。

室内保持整齐清洁,空气新鲜,无蜘蛛网,无污迹,无烟头,无积尘。及时消灭蚊子、苍蝇、老鼠、蟑螂。

三、学习《内务条令》,强化养成教育

(一)加强对《内务条令》的学习,端正对条令的认识

学习中应强化条令意识,重点弄懂执行该条令的目的、意义和要

求,明确贯彻执行条令的重要现实意义,明确执行严格的内务条令和良好的内务作风是我们保持旺盛斗志和坚强战斗力的不竭源泉,切实从思想和实践中提高贯彻执行《内务条令》的自觉性。

(二)理论联系实际,严格按照条令办事,以条令为准绳

执行《内务条令》不仅在思想上要重视,在行动上更要重视。《内务条令》内容丰富,体系完整,关联规定较多,这就要求我们不仅要全面掌握内务条令基本内容,更要领会其精神实质。对于分散的条令内容,不能片面地学习,而要用联系的、系统的方法去学习掌握,并把其主要精神认真贯彻到内务建设的实际中去。

(三)贯彻落实条令,强化行为养成教育

建立正规化的工作、学习、生活秩序贯穿内务条令的始终,是实践整部内务条令的主线。明确这条主线,学习贯彻内务条令,融会贯通,把握要领,吃透精神,把内务条令贯彻到养成教育中。列宁曾精辟地指出:"只有那些已经深入文化、深入日常生活和成为习惯的东西,才能称作已达到的成就。"不断加强养成教育,达到"人要精神,物要整洁,说话要和气,办事要公道"的高要求。

⭐ 小贴士

黄埔军校学生生活公约

身为陆军军官学校的学生要坚持不说谎、不欺骗、不偷盗的荣誉信条,也不纵容他人违反。立志成为允文允武、德才兼备的军事领导人才。具备领导管理、解决问题、语言沟通及持续学校四大能力。具有信守国家、责任荣誉、牺牲团结、勇气自信的核心价值。发挥亲爱精诚校训,确定我是最好的认知。贯彻尊师重道、存诚务实。

第三节　赏罚分明:《纪律条令》

《纪律条令》是我军纪律和奖惩的基本法规,是全体军人的行为准则,是维护纪律、实施奖惩的基本依据,具有全军一体遵行的法律效力。中央军委颁布《纪律条令》,目的就在于使我军切实适应高技术条件下作战的需要和国家建立社会主义市场经济体制的新情况,进一步加强纪律建设,更好地发挥奖惩的作用,促进我军的革命化、现代化、正规化建设,巩固提高部队的战斗力。学习贯彻《纪律条令》,应当从这一根本目的出发,全面熟悉条令内容,准确理解和把握条令精神,严格执行条令规定。

现行的《纪律条令》于 1997 年 10 月 7 日由中央军委发布实施,根据 2002 年 3 月 23 日《中央军委关于修改〈中国人民解放军纪律条令〉的决定》修订。《纪律条令》共有 7 章 96 条。另外还有 8 个附录。

第一部分为"总则"。总则是条令基本精神和原则的高度概括,是条令的总纲,其内容具有很重的分量和深刻的含义。总则中主要包括了七个方面的内容:一是制定《纪律条令》的目的和依据;二是《纪律条令》在我军纪律建设、奖惩工作中的法律地位和适用范围;三是我军纪律的基本内容和要求;四是我军纪律的性质与作用;五是维护巩固纪律必须坚持的方针、原则和应当采取的措施及手段;六是奖励和处分与维护纪律的关系;七是全体军人在维护纪律中应尽的义务及责任。

第二部分为"奖励"。这是《纪律条令》的主体部分,在该条令中占有重要地位,其内容主要有五个方面:一是奖励的目的和应当坚持的基本原则;二是奖励的项目;三是个人奖励的条件;四是单位奖励的条件;五是实施奖励的权限;六是实施奖励的程序和要求;七是纪念章。

第三部分为"处分"。这也是《纪律条令》的主体部分,就篇幅来讲,在该条令中所占比重最大,其内容也是七个方面:一是处分的目的和应当坚持的原则;二是处分的项目;三是处分的条件;四是实施处分的权限;五是实施处分的程序和处分的执行。

第四部分为"维护纪律的特殊措施"。主要包括：一是行政看管；二是士官留用察看；三是其他措施。

第五部分为"控告和申诉"。

第六部分为"首长责任和纪律监察"。

第七部分为"附则"。包括八个附则：一是三大纪律、八项注意；二是个人奖励登记(报告)表；三是单位奖励登记(报告)表；四是处分登记(报告)表；五是行政看管审批表；六是行政看管登记表；七是士官留用察看审批表；八是控告、申诉登记表。

一、《纪律条令》实施的重要意义

《纪律条令》的内容和其在军事法体系中的重要地位，决定了它在我军建设和完成各项任务中都具有重要作用。

(一)纪律条令是我军维护纪律、实施奖惩的基本依据

《纪律条令》明确规定了我军纪律的内容、性质，维护纪律的基本原则、基本手段和特殊措施，以及各级首长和全体军人在维护纪律中的责任与义务，规范了奖惩的目的、原则、项目、条件、权限及实施程序等。这些规定，充分体现了该条令是我军统一的纪律，是对全军官兵实施处分和单位实施奖励的统一法规这一特点。我军有些法规和法规性文件，虽然也从某些方面规定了军人必须遵守的某些纪律(如外事纪律、财经纪律等)和某些奖惩内容(如训练法规、装备管理法规中有关奖惩的规定)，但这些都是以纪律条令为依据的。《纪律条令》明确规定，除中央军委对我军纪律和奖惩另行做出的规定外，军队其他任何单位和个人都不能规定与纪律条令相悖的内容。这清楚地说明，《纪律条令》在维护纪律和实施奖惩方面具有极大的权威性、约束力，是我军维护纪律、实施奖惩必须遵循的基本依据。

(二)纪律条令是维护军队高度集中统一的武器

我军是执行政治任务的武装集团，是人民民主专政的坚强柱石，担负着巩固国防，抵抗侵略，捍卫人民共和国和社会主义制度，保卫人民和平劳动的根本职能。高度的稳定和集中统一，是履行我军根

本职能的基本条件。长期的和平环境容易使军人的纪律观念淡化，军队容易松散，特别在新的历史条件下，无论是国际国内的斗争风云，还是我军自身建设的需要，都要求大力加强纪律建设，保证我军在政治上永远合格。而《纪律条令》规定的纪律内容，具有很大的强制性，它是统一全军意志和行动的准则；《纪律条令》规定的各种维护纪律的手段，具有很强的约束力，它是保持稳定、防止松散、严明军纪的强有力武器。《纪律条令》规定的奖惩条件具有鲜明的导向作用，它是引导官兵积极进取、扶正祛邪的路标。实践表明，只有按照《纪律条令》的规定，对严守纪律、认真履行职责的给予奖励；对违抗命令、破坏纪律的现象坚决查处；对有倾向性问题和纪律严重涣散的单位认真进行整顿，严肃军纪，严明赏罚，才能维护军队高度的稳定和集中统一。《纪律条令》在维护、巩固我军纪律，保证我军高度稳定和集中统一上，有着不可替代的作用。

（三）纪律条令是加强我军"三化"建设的重要保障

"三化"是我军建设的总任务、总目标。加强我军的革命化建设，即保证党对军队的绝对领导，保持我军的无产阶级性质，保持我军高度的集中统一和稳定，保证我军一切行动听从党中央、中央军委指挥，是我军纪律的核心内容，是《纪律条令》中规定的一条基本纪律。加强我军的现代化建设，提高我军现代化条件特别是高技术条件下的作战能力，要求我军必须具有更加严格的组织纪律，以确保现代化装备的科学管理，确保训练任务的完成，确保各军兵种、各部队之间作战时密切协同。而所有这些，都是《纪律条令》特有的功能。加强我军的正规化建设，更离不开严密的组织和严格的纪律。毛泽东同志提出的"五统四性"的著名论断，就包括"统一纪律"和加强纪律建设的内容。因此，严格执行纪律条令，加强纪律建设，既是我军正规化建设的一项重要内容，也是加强正规化建设的重要保障。

二、《纪律条令》节选

第一章：总则。本章着重阐述了我军纪律产生的技术、目的和基本内容,指出:"中国人民解放军的纪律,是建立在政治自觉基础上的严格的纪律,是军队战斗力的重要因素,是坚持人民军队的性质、宗旨,团结自觉,战胜敌人和完成一切任务的保证。""维护和巩固纪律,必须以毛泽东军事思想、邓小平新时期军队建设思想为指针,贯彻落实整治合格、军事过硬、作风优良、纪律严明、保障有力的总要求,继承和发扬听党指挥、服务人民、英勇善战的优良传统,坚持官兵一致、上下一致、严格管理、严格要求,说服教育、启发自觉,公正无私、赏罚严明的原则。"

第二章:奖励。本章明确了奖励的目的和原则、奖励的项目、奖励的条件、奖励的权限和奖励的实施。

1.奖励的目的在于维护纪律,鼓励先进,调动官兵的积极性、创造性,发扬爱国主义、共产主义和革命英雄主义精神,保证作战、训练和其他各项任务的完成。

2.奖励应当坚持下列原则:

①严格标准,按绩施奖;

②发扬民主,贯彻群众路线;

③以精神奖励为主,物质奖励为辅。

3.奖励的项目具体包括:

①嘉奖;

②三等功;

③二等功;

④一等功;

⑤荣誉称号。

前款规定的奖励项目,依次以嘉奖为最低奖励,荣誉称号为最高奖励。

4.对获得三等功、二等功、一等功奖励的个人,分别授予三等功、二等功、一等功奖章。对获得荣誉称号奖励的个人,由军区以及其他相当等级的单位批准的,授予二级英雄模范勋章;由中央军事委员会批准的,授予一级英雄模范勋章。

5.对获得三等功、二等功、一等功奖励的单位颁发奖状,对获得荣誉称号奖励的单位授予奖旗。

第三章:处分。

1.处分的目的和原则

①处分的目的在于严明纪律,教育违纪者和部队,加强集中统一,巩固和提高部队战斗力。

②处分应当坚持下列原则:依据事实,惩戒恰当;惩前毖后,治病救人;纪律面前人人平等。

2.处分的项目

①对士兵的处分项目:警告;严重警告;记过;记大过;降职或者降衔;撤职;除名;开除军籍。

前款规定的处分项目,依次以警告为最轻处分,开除军籍为最重处分。

降职不适用于副班长;降衔不适用于列兵、下士;对上士、三级军士长实施降衔的同时降低士官等级;降职或者降衔通常只降一职或者一衔;除名不适用于士官。

②对军官、文职干部的处分项目:警告;严重警告;记过;记大过;降职(级)或者降衔(级);撤职;开除军籍。

前款规定的处分项目,依次以警告为最轻处分,开除军籍为最重处分。降职(级),即降低职务等级(专业技术等级);降衔(级),即降低军官军衔(文职干部级别)。

降职(级)不适用于排级和专业技术十四级军官、办事员级和专业技术十四级文职干部;降衔(级)不适用于少尉军官和九级文职干部。降职(级)、降衔(级)通常只降一职(级)或者一衔(级)。对被撤职的军官、文职干部,至少降低一职(级)待遇;对被撤职的排级和专业技术十四级军官、办事员级和专业技术十四级文职干部,不适用于降职(级)待遇。

第四章:特殊措施。本章规定在各种特殊情况下发生问题的处理原则和方法,以及所负的责任。

第五章:控告和申述。本章明确了控告和申述的目的,军人实施控告和申述的条件、程序和形式,保证军人控告、申述权利的要求和控告军外人员的注意事项。

第六章:首长责任和纪律监察。

三、学习《纪律条令》,严明组织纪律

(一)加强教育,增强执行纪律的自觉性

我军的纪律是铁的纪律,有很大的强制性,同时又是自觉的纪律,这是我军纪律的特色。因此,必须加强教育,提高部队战士的思想觉悟,启发自觉执行纪律的特色。毛泽东同志早在 1930 年谈到我军管理方法时就明确指出:说服教育重于惩罚,干部必须懂得,革命要靠自觉,不能强迫命令,战士是最懂道理的,只要把道理讲清,他们就会自觉地遵守纪律,勇往直前,所向无敌。因此要经常对官兵进行纪律教育,尤其是要进行"三大纪律、八项注意"的教育和近年来新制定的纪律教育,使人明确我军纪律的内容。要采取多种形式增强纪律教育的效果,区别不同对象,依据不同情况,采取不同方法,切实使官兵懂得纪律是党和人民的整体利益所在,是军事斗争的客观需要,是个人成长进步的必要保证,从而强化纪律观念,增强执行纪律的自觉性。

(二)熟悉内容,掌握奖惩的程序和方法

《纪律条令》是我军维护纪律和实施奖惩的法规,它不仅规范了军人的行为模式,而且规范了军人行为的法律后果,具有保障国家法律、法规和军队条令、条例得以贯彻的功能,因此基层管理者必须熟悉条令的内容,熟悉奖惩的有关规定,熟悉维护纪律的措施,清晰掌握奖惩的程序和方法,确保奖惩的规范性和准确性非常重要。通常奖励的程序是:由领导或群众提出受奖单位和人员,组织群众评议,党支部集体讨论决定,首长实施宣布和登记存档;处分的程序是:查清错误事实、区分责任、党支部讨论决定、处分决定与本人见面、首长实施宣布和登记存档。

(三)赏罚严明,保证纪律的贯彻落实

纪律素以"铁"性展现,纪律的特征就是严肃性、强制性、不可动摇性。要使纪律真正得到执行,成为大家自觉遵守的准则,不仅要严肃军纪,更重要的是要能正确实施奖惩,做到赏罚严明。因此,在实施奖惩时,要严格按照条令办事,以条令为准绳,以事实为根据,及时恰当,公道正派,坚持原则,不徇私情,真正做到该奖则奖、该惩则惩,任何人都不得另立标准,不得随意增减奖惩项目,以维护奖惩的严肃性,保证纪律条令的贯彻落实。

★ 小贴士

黄埔军校前四期入学宣誓辞

一期:尽忠革命职务。服从本党命令。实行三民主义。无间始终死生。遵守五权宪法。只知奋斗牺牲。努力人类平等。不计成败利钝。

二期:谨遵校训,亲爱精诚。服从党纲,五权三民。履行遗嘱,国民革命。继承先烈,奋斗牺牲。发扬光大,赴义蹈仁。言出身随,誓底功成。

三期:遵守总理共同奋斗之遗嘱,本校亲爱精诚之校训,追随校长、党代表与本党各同志,于广东统一以后,更努力于全国之统一,以完成国民革命之工作。不爱钱,不怕死,不闹意气,实行主义,恪守党纲,永矢勿渝,死而后已。

四期:不爱钱,不偷生。统一意志,亲爱精诚,遵守遗嘱,立定脚跟。为主义而奋斗;为主义而牺牲。继续先烈生命,发扬黄埔精神。以达国民革命之目的;以求世界革命之完成。

第四节　方圆之间:《队列条令》

《队列条令》是规范全军队列动作、队列队形、队列指挥的军事法规,是全军官兵必须共同遵循的行为规范。新中国成立以来,我军先后颁发了9次《队列条令》,现行的《队列条令》是于1997年9月25日经中央军委常务会议通过,于同年10月7日发布施行的。在军队的建设发展中,《队列条令》有着十分重要的地位和作用。

《队列条令》作为我军的共同条令之一,主要规范了全体军人和部队(分队)队列活动的有关内容。共11章71条4个附录。第一章总则,包括制定本条令的目的、本条令适用的范围、本条令的作用与意义、首长机关的责任、队列纪律;第二章队列指挥,包括队列指挥的位置、队列指挥的方法,队列指挥的要求;第三章队列队形,包括队列基本队形,列队的间距,班、排、连、营、团各级的队形及军兵种分队、部队的队形要求;第四章单个军人的队列动作;第五章班、排、连、营、团的队列动作;第六章分队乘坐汽车、火车、舰(船)艇和飞机的要求;第七章敬礼,包括敬礼的种类、敬礼礼毕的动作及单个军人敬礼,分队、部队敬礼;第八章国旗的掌持、升降和军旗的掌持、授予与迎送;第九章阅兵,包括阅兵的权限、阅兵的形式、阅兵的程序、师以上部队阅兵、其他部队和院校阅兵、海上阅兵和码头阅兵;第十章晋升(授予)军衔、授枪和纪念仪式;第十一章附则,包括本条令的参照执行范围,本条令的解释权和本条令的生效时间及附录。附录包括四个方面:一是队列口令的分类、下达的基本要领和呼号的节奏;二是队列指挥位置示例;三是标兵旗的规格;四是符号。

一、《队列条令》实施的重要意义

《队列条令》总则第三条强调:"本条令是中国人民解放军队列生活的准则和队列训练的基本依据。全体军人必须严格执行本条令,加强队列训练,培养良好的军姿、严整的军容、过硬的作风、严格的纪律和协调一致的动作,促进军队正规化建设,巩固和提高战斗力。"这一规定,明确了《队列条令》在军队建设中的地位和作用。通过贯彻《队列条令》,进行严格的队列训练,一方面规范全军的队列动作、队列队形、队列指挥;另一方面培养军人良好的军姿、严整的军容、过硬的作风和严格的纪律,以及协调一致的动作。同时,对维护我军文明之师、威武之师的形象,对加强部队正规化建设,巩固和提高部队战斗力有着十分重要的作用。《队列条令》的作用主要体现在以下几个方面:第一,《队列条令》是规范我军队列动作、队列队形、队列指挥,建立严格正规队列生活的依据和准则;第二,依据《队列条令》加强队列训练,对培养军人优良的作风和严格的组织纪律性,增强部队的战斗力具有重要的意义;第三,贯彻执行《队列条令》,保持高度整齐划一和严格正规的队列生活,是加强部队正规化建设的重要内容。

　　《队列条令》的实施是培养部队高度组织观念的重要措施,严格的队列训练可以使部队养成令行禁止的优良作风,也可以形成坚毅的吃苦精神。严格的队列训练能使部队养成军容严整、讲礼貌、讲纪律、讲团结和团结、紧张、严肃、活泼的良好作风。队列训练还有助于增强官兵的体质和培养坚忍不拔的毅力。

　　二、《队列条令》节选

　　第一章:总则。本章阐明了队列训练的意义、目的和要求,同时明确了队列纪律。

　　①坚决执行命令,做到令行禁止;

　　②姿态端正,军容严整,精神振作,严肃认真;

　　③按照规定的位置列队,集中精力听指挥,动作迅速、准确、协调一致;

　　④保持队列整齐,出列、入列应当报告并经允许。

　　第二章:队列指挥

　　1.队列指挥位置

　　指挥位置应当便于指挥和通视全体。通常是:停止间,在队列中央前;行进间,纵队时在左侧中央前,必要时在中央前,横队、并列纵队时在左侧前或者左侧,必要时在右侧前(右侧)或者左(右)侧后。

2.队列指挥方法

队列指挥通常用口令。行进间,动令除向左转走和齐步、正步互换时落在左脚,其他均落在右脚。变换指挥位置,通常用跑步(5步以内用齐步),进到预定的位置后,成立正姿势下达口令。纵队行进时,可以在行进间下达口令。

3.队列指挥要求

①指挥位置正确;

②姿态端正,精神振作,动作准确;

③口令准确、清楚、洪亮;

④清点人数,检查着装,认真验枪;

⑤严格要求,维护队列纪律。

第三章:队列队形。

队列的基本队形为横队、纵队、并列纵队。需要时,可以调整为其他队形。

第四章:单个军人的队列动作(见本书第六章)。

第五章:班、排、连、营、团的队列动作(见本书第六章)。

第七章:敬礼(见本书第六章)。

第八章:国旗的掌持、升降和军旗的掌持、授予与迎送。

国旗由一名掌旗员掌持,两名护旗兵护旗,护旗兵位于掌旗员两侧。

升旗时,掌旗员将旗交给护旗兵,由两名护旗兵协力将国旗套(挂)在旗杆绳上并系紧,掌旗员将国旗抛展开的同时,由护旗兵协力将旗升至旗杆顶。降旗时,由护旗兵解开旗杆绳并将旗降下,掌旗员接扛于肩。

升、降国旗时,掌旗员应面向国旗行举手礼。军旗由部队首长指派一名掌旗员掌持,两名护旗兵护旗。护旗兵携自动步枪(冲锋枪)成挂枪姿势,位于掌旗员两侧。

第九章:阅兵。

阅兵,分为阅兵式和分列式。通常进行两项,根据需要,也可以只进行一项。

附录:主要规定了队列口令下达的要领;仪仗队举枪礼的动作要领;半自动步枪、自动步枪的架枪要领;标兵旗的规格;队列术语和团以下主管人员等的队列符号等。

三、学习《队列条令》,贯彻集体主义

(一)深入教育,提高思想意识

深入进行《队列条令》的教育,有助于提高学生对队列条令内容和要求的认识,明确队列训练的目的、意义,增强部队执行《队列条令》的自觉性。队列训练是培养部队高度组织观念的重要措施,严格的队列训练,可以使部队养成令行禁止的好作风。

(二)贯彻条令,严格训练

条令是法典,每个参加训练的军人必须遵守。队列训练要严格,严格就是严肃、认真,一丝不苟地照条令规定的动作、队形去做,达到条令要求的标准。

(三)训养统一,将训练精神贯彻到生活中

在训练操场上要按照条令规范的动作要领严格训练,在日常生活中也要严格要求,养成良好的习惯,做到训练养成一致。同时要把操场上队列训练的动作贯彻到日常生活中去。把立正稍息作为军人平时的基本姿态,以准确的队列动作培养自己的组织观念,以基本的敬礼动作培养自己有教养、讲礼貌的良好习惯,以班、排、连整齐统一的动作培养部队整齐划一、令行禁止的集体主义观念,通过严格的训练和平时的养成,培养士兵贯彻条令的自觉性。

第六章

军姿是怎样炼成的——队列训练

大学生通过队列训练,既可以亲身感受和体验现代军人整齐划一和严格正规的队列生活,更能培养良好的身姿,纠正和克服诸如挺腹、含胸、歪头、斜肩等毛病,培养严整的仪容和穿戴整洁的良好习惯,建立良好的组织纪律观念、集体观念和讲求规范及雷厉风行的工作作风。

第一节　队列训练的基本动作

一、单个军人动作

(一)立正、跨立、稍息

1.立正

立正是军人的基本姿势,是队列动作的基础。军人在宣誓、接受命令、进见首长和向首长报告、回答首长问话、升降国旗和军旗、奏国歌和军歌等严肃庄重的时机和场合,均应按口令或自行立正。

口令:"立正"。

动作要领:听到"立正"的口令,两脚跟靠拢并齐,两脚尖向外分开约60°;两腿挺直,小腹微收,自然挺胸;上体正直,微向前倾;两肩要平,稍向后张;两臂下垂,自然伸直,手指并拢自然微屈,拇指尖贴于食指的第二节,中指贴于裤缝;头要正,颈要直,口要闭,下颌微收,两眼向前平视。

2.跨立

跨立主要用于军体操、执勤和舰艇站立等场合,可与立正互换。

口令:"跨立"。

动作要领:听到"跨立"的口令,左脚向左跨出约一脚之长,两腿挺直,上体保持立正姿势,身体重心落于两脚之间。两手后背,左手拇指和中指紧握右手腕,拇指根部与外腰带下沿(内腰带上沿)同高;右手成半握拳状,右手拇指贴于食指指尖和第一关节处,手心向后。携枪时不背手。

3.稍息

稍息是队列动作中一种休息和调整姿势的动作。

口令:"稍息"。

动作要领:听到"稍息"的口令,左脚顺脚尖方向伸出约全脚的三分之二,两腿自然伸直,上体保持立正姿势,身体重心大部分落于右脚。携枪(筒、炮)时,携带的方法不变,其余动作同徒手。稍息过久,可自行换脚。

(二)停止间转法

停止间转法是停止间(原地)变换方向的方法。分为向右转、向左转、向后转,需要时也可半面向右(左)转。

1.向右(左)转

口令:"向右(左)——转"。

动作要领:听到"向右(左)转"的口令,以右(左)脚跟为轴,右脚和左(右)脚掌前部同时用力,使身体和脚协调一致向右(左)转90°,体重落在右(左)脚,左(右)脚取捷径迅速靠拢右(左)脚,成立正姿势。转动和靠脚时,两腿挺直,上体保持立正姿势。

2.向后转

口令:"向后——转"。

动作要领:听到"向后转"的口令,按向右转的要领向后转180°。转动时,动作要快,两腿挺直,上体保持立正姿势。

3.半面向右(左)转

口令:"半面向右(左)——转"。

动作要领:听到"半面向右(左)转"的口令,按向右(左)转的要领转45°。转动时,要注意掌握好转动的角度,不要过大或过小。

(三)行进与立定

行进的基本步法分为齐步、正步和跑步,辅助步法分为便步、踏步和移步。

1.齐步与立定

齐步是军人行进的常用步法,一般用于队列的整齐行进。

口令:"齐步——走";"立——定"。

动作要领:当听到"齐步走"的口令,左脚向正前方迈出约75厘米,按照先脚跟后脚掌的顺序着地,同时身体重心前移,右脚照此法动作;上体正直,微向前倾;手指轻轻握拢,拇指贴于食指第二节;两臂前后自然摆动,向前摆臂时,肘部弯曲,小臂自然向里合,手心

图 6-1　摆臂

向内稍向下拇指根部对正衣扣线,并与最下方衣扣同高(着夏季作训服时与第四衣扣同高;着冬季作训服时,与第五衣扣同高),离身体约25厘米;向后摆臂时,手臂自然伸直,手腕前侧距裤缝线约30厘米(见图6-1)。行进速度每分钟116~122步。

听到"立定"的口令,左脚再向前大半步着地(约50厘米,脚尖向外约30°),两腿挺直,右脚取捷径迅速靠拢左脚,成立正姿势。

齐步行进要求姿态端正,臂腿协调,摆臂自然大方,定型定位,步速、步幅准确。

2.正步与立定

正步主要用于分列式和其他礼节性场合。

口令:"正步——走";"立——定"。

动作要领:听到"正步走"的口令,左脚向正前方踢出约 75 厘米(腿要绷直,脚尖下压脚掌与地面平行,离地面约 25 厘米),适当用力使全脚掌着地,同时身体重心前移,右脚照此法动作;上体正直微向前倾;手指轻轻握拢,拇指伸直贴于食指第二节;向前摆臂时,肘部弯曲,小臂略成水平,手心向内稍向下,手腕下沿摆到高于最下方衣扣约 10 厘米处(着夏季作训服时,约与第三衣扣同高;着冬季作训服时,约与第四衣扣同高)离身体约 10 厘米;向后摆臂时(左手心向右,右手心向左),手腕前侧距裤缝线约 30 厘米。行进速度每分钟 110～116 步。

听到"立定"口令,左脚再向前大半步着地(脚尖向外约 30°),两腿挺直,右脚取捷径迅速靠拢左脚,成立正姿势。

3.跑步与立定

跑步主要用于快速行进。

口令:"跑步——走";"立——定"。

动作要领:听到"跑步"的预令时,两手迅速握拳(四指蜷握,拇指贴于食指第一关节和中指第二关节上),提到腰际,约与腰带同高,拳心向内,肘部稍向里合。听到"走"的动令后,上体微向前倾,两腿微弯,同时左脚利用右脚掌的蹬力跃出约 85 厘米,前脚掌先着地,身体重心前移,右脚照此法动作;上体保持正直,两臂前后自然摆动,向前摆臂时,大臂略直,肘部贴于腰际,小臂略平,稍向里合,两拳内侧各距衣扣线约 5 厘米;向后摆臂时,拳贴于腰际。行进速度每分钟 170～180 步。

听到"立定"的口令,再跑两步,然后左脚向前大半步(两拳收于腰际,停止摆动)着地,右脚靠拢左脚,同时将手放下,成立正姿势。

跑步的第一步一定要跃出去,前脚掌着地,在整个跑步过程中,都不能全脚掌着地;立定时,要注意靠腿和放臂的一致性。

4.踏步与立定

踏步分齐步踏步与跑步踏步两种,主要用于调整步伐,以保持队形的整齐。

停止间口令:"踏步——走";"立——定"。

行进间口令:"踏步";"立——定"。

动作要领:停止间听到"踏步走",或行进间听到"踏步"的口令时,两脚在原地上下起落(抬起时,脚尖自然下垂,离地面约 15 厘米;落下时,前脚掌先着地),上体保持正直,两臂按齐步或跑步摆臂的要领摆动。

听到"立定"的口令,左脚再踏一步,左臂在前,右脚靠拢左脚,原地成立正姿势。跑步的踏步,继续踏两步,再立定。

踏步是原地的动作,应注意不要来回移动位置;上体要保持正直,不要左右扭动。

持枪(炮)立定时,在右脚靠拢左脚后,迅速将托底钣(座钣)轻轻着地。其余要领同徒手。

5.便步

便步用于行军、操练后恢复体力及其他场合。

口令:"便步——走"。

动作要领:用适当的步速、步幅行进,两臂自然摆动,上体保持良好姿态。

6.移步

移步用于调整队列位置(限于 5 步以内应用)。

(1)右(左)跨步

口令:"右(左)跨×步——走"。

动作要领:上体保持正直,每跨一步并脚一次,其步幅约与肩同宽,跨到指定步数停止。

(2)向前或后退

口令:"向前×步——走";"后退×步——走"。

动作要领:向前移步时,应按单数步要领进行(双数步变为单数步)。向前一步时用正步,不摆臂;向前三至五步时,按照齐步的动作要领进行。向后退步时,从左脚开始,每退一步靠脚一次,不摆臂,退到指定步数停止。

(四)步法变换

步法变换通常在步法交替转换过程中运用,是步法转换过程中的衔接。

步法变换,均从左脚开始。

动作要领:齐步、正步互换,听到口令,右脚继续走一步,即换正步或者齐步行进。

齐步换跑步,听到预令,两手迅速握拳提到腰际,两臂前后自然摆动;听到动令,即换跑步行进。

齐步换踏步,听到口令,即换踏步。

跑步换齐步,听到口令,继续跑两步,然后换齐步行进。

跑步换踏步,听到口令,继续跑两步,然后换踏步。

踏步换齐步或者跑步,听到"前进"的口令,继续踏两步,再换齐步或者跑步行进。

(五)行进间转法

1.齐步、跑步向右(左)转

口令:"向右(左)转——走"。

动作要领:听到"向右(左)转——走"的口令,左(右)脚向前半步(跑步时,继续跑两步,再向前半步),脚尖向右(左)约45°。身体向右(左)转90°时,左(右)脚不转动,同时出右(左)脚按原步法向新方向行进。

2.齐步、跑步向后转

口令:"向后转——走"。

动作要领:听到"向后转——走"的口令,左脚向右脚前迈出约半步(跑步时,继续跑两步,再向前半步),脚尖向右约45°,以两脚的前脚掌为轴,向后转180°,出左脚按原步法向新方向行进。

转动时,保持行进的节奏,两臂自然摆动,不得外张;两腿自然挺直,上体保持正直。

(六)蹲下、起立

口令:"蹲下";"起立"。

动作要领:听到"蹲下"的口令,右脚后退半步,前脚掌着地,臀部坐在右脚跟上(膝盖不着地),两腿分开约 60°,手指自然并拢放在两膝上,上体保持正直。蹲下过久,可自行换脚。

持枪时,右手移握护木,左手指自然并拢,放在左膝上。

听到"起立"的口令,全身协力迅速起立,成立正姿势。或者成持枪、肩枪立正姿势。

(七)脱帽、戴帽

1.脱帽

口令:"脱帽"。

动作要领:听到口令,双手迅速抬起捏帽檐或帽前端两侧,将帽取下,取捷径置于左小臂上,帽徽向前,掌心向上,四指扶帽檐(无檐帽扶前端中央处),拇指至于帽檐内侧弯曲抵紧帽墙,小臂略成水平,右手放下。

需要夹帽时,双手捏帽檐或帽前端两侧,将帽取下,取捷径夹于左腋下,左臂自然伸直,左手握帽墙,左手拇指弯曲握于手指内帽圈接线处,帽徽向前,帽顶向左。

2.戴帽

口令:"戴帽"。

动作要领:听到口令,双手捏帽檐或帽前端两侧,取捷径将帽迅速戴正。

脱、戴帽时,头要保持正直,不得晃动;双手的上抬和下放应从正前方上下运动。

(八)操枪

操枪是指士兵携带枪支的动作和方法。就 81 式自动步枪、冲锋枪和半自动步枪而言,通常分为持枪、肩枪、挂枪、背枪、提枪、提端枪互换和枪放下。

1.持枪、肩枪互换

口令:"肩枪";"持枪"。

动作要领:听到"肩枪"的口令后,右手将枪向前送出,枪口与肩同高,枪面向上,左手接握护木(枪托贴于右胯),右手移握枪颈,左手反抓护木,两手协力将枪倒置于胸前,弹匣向右,右手移握背带(拇指由内顶住),两手协力将枪送上右肩,成肩枪立正姿势。

听到"持枪"的口令后,右手(虎口向下)移握护木,将背带从肩头脱下(右臂略直,枪身45度,枪面向上),左手接握准星座附近,枪身垂直,枪面向后,右手移握准星座附近(左手在上),左手将背带挑起拉直,由右手拇指在内压住,余指并拢在外将枪握住,托底钣在右脚外侧全部(81式自动步枪托前踵)着地,托后踵同脚尖并齐,左手放下成持枪立正姿势。

95式自动步枪通常不持枪。

2.肩枪、挂枪互换

口令:"挂枪";"肩枪"。

动作要领:听到"挂枪"的口令时,右手移握护木(95式自动步枪移握护盖),右臂前伸将枪口转向前,左手掌心向下在右肩前握背带;两手协力将背带从头上套过,落在左肩,使枪身在胸前成45度;右手移握枪颈(枪托折叠时,握复进机盖后端),左手放下(阅兵等时机左手可握护木),成挂枪立正姿势。

听到"肩枪"的口令时,右手移握护木(95式自动步枪移握提把),左手移握背带;两手协力将背带从头上套过,落在右肩,枪口向下,枪身垂直;右手移握背带(拇指由内顶住),左手放下,成肩枪立正姿势。

3.肩枪、背枪互换

口令:"背枪";"肩枪"。

动作要领:听到"背枪"的口令,左手在右肩前握背带,右手掌心向后移握准星座,两手协力将枪上提,左手将背带从头上套过,落在左肩;两手放下,成背枪立正姿势。

听到"肩枪"的口令,右手掌心向后握准星座;左手在左肩前握背带,两手协力将背带从头上套过,落在右肩;右手移握背带(拇指由内顶住),左手放下,成肩枪立正姿势。

4. 挂枪、背枪互换

口令:"背枪";"挂枪"。

动作要领:听到"背枪"的口令,右手握准星座,稍向上提,左手在左肩前握背带;两手协力将枪转到背后;两手放下,成背枪立正姿势。

听到"挂枪"的口令,右手掌心向前移握准星座,稍向上提,左手在右肋前握背带;两手协力将枪转到胸前;右手移握枪颈(枪托折叠时,握复进机盖后端),左手放下或者握护木,成挂枪立正姿势。

5. 提枪、枪放下

口令:"提枪";"枪放下"。

动作要领:听到"提枪"的口令,右手将枪提到右肩前,枪身垂直,距身体约 10 厘米,枪面向后,手约同肩高,大臂轻贴右肋,同时左手握护木;右手移握握把,右臂伸直;将枪轻贴身体右侧,枪身要正,并与衣扣线平行;右大臂轻贴右肋,左手迅速放下,成提枪立正姿势。

听到"枪放下"的口令,左手迅速握护木,右手移握准星座附近;左手放下的同时,右手将枪放下,使托前踵轻轻着地,成持枪立正姿势。

6. 提枪、端枪互换

口令:"端枪";"提枪"。

动作要领:行进时,听到"端枪"的口令,继续向前 3 步,于左脚着地时,右手将枪移至右肩前,同时左手接握护木(准星同肩高);右脚再向前 1 步的同时,右手移握枪颈;于左脚着地时,两手将枪导向前,枪面向上,左手掌心转向右,枪颈紧贴右胯,右肘与两肩成一线,刺刀尖约与下颌同高,并在右肩的正前方。

听到"提枪"的口令,继续向前 3 步,于左脚着地时,左手收至右胸前,右手向前下方推枪;右脚再向前 1 步,右手移握握把;于左脚着地时,将枪收至提枪位置,左手放下。

(九)敬礼

敬礼分为举手礼、注目礼和举枪礼。

1. 敬礼

(1)举手礼

口令:"敬礼"。

动作要领:听到"敬礼"的口令,上体正直,右手取捷径迅速抬起五指并拢自然伸直,中指微接帽檐右角前2厘米处(戴无檐或不戴军帽时,微接太阳穴,与眉同高),手心向下,微向外张(约20°)手腕不得弯曲,右大臂略平,与两肩略成一线,同时注视受礼者。

(2)注目礼

口令:"敬礼"。

动作要领:行注目礼时,面向受礼者成立正姿势,同时注视受礼者,并目迎目送(右、左转头角度不超过45°)。

单个军人在距受礼者5～7步处,行举手礼或者注目礼。

徒手或者背枪时,停止间,应当面向受礼者立正,行举手礼,待受礼者还礼后礼毕;行进间(跑步时换齐步),转头向受礼者行举手礼(手不随头转动),并继续行进,左臂仍自然摆动,待受礼者还礼后礼毕。

(3)举枪礼(用于阅兵式或者执行仪仗任务)

口令:"向右看——敬礼"。

动作要领:右手将枪提到胸前,枪身垂直并正对衣扣线,枪面向后,离身体约10厘米,枪口(半自动步枪准星护圈)与眼同高,大臂轻贴右肋;同时左手接握标尺上方(持半自动步枪时虎口对准枪面并与标尺上沿取齐)小臂略平,大臂轻贴左肋;同时转头向右,注视受礼者并目迎目送(右、左转头角度不超过45°)。

2. 礼毕

口令:"礼毕"。

动作要领:行举手礼者,将手放下;行注目礼者,将头转正;行举枪礼者,将头转正,两手协力分枪,右手将枪放下,使托前踵(半自动步枪托底钣)轻轻着地,同时左手放下,成持枪立正姿势。

二、班排连的队形动作

队列的基本队形为横队（见图
6-2）、纵队、并列纵队。需要时，可
以调整为其他队形。队列人员之
间的间隔（两肘之间）通常约 10 厘
米，距离（前一名脚跟至后一名脚
尖）约 75 厘米。需要时，可以调整
队列人员之间的间隔和距离。

图 6-2　横队

（一）集合、离散

1.集合

集合，是使单个军人、分队、部
队按照规范队形聚集起来的一种队列动作。集合时，教官应当先发出
预告或者信号，如"全连（或者×排）注意"，然后，站在预定队形的中央
前，面向预定队形成立正姿势，下达"成××队——集合"的口令。所属
人员听到预告或者信号，原地面向教官成立正姿势；听到口令，跑步到
指定位置面向教官集合（在教官后侧的人员，应当从教官右侧绕过），自
行对正、看齐，成立正姿势。

（1）班集合

口令："成班横队（二列横队）——集合"。

要领：基准兵迅速到班长左前方适当位置，成立正姿势；其他士
兵以基准兵为准，依次向左排列，自行看齐。

成班二列横队时，单数士兵在前，双数士兵在后。

口令："成班纵队（二路纵队）——集合"。

要领：基准兵迅速到班长前方适当位置，成立正姿势；其他士兵
以基准兵为准，依次向后排列，自行对正。

成班二路纵队时，单数士兵在左，双数士兵在右。

（2）排集合

口令："成排横队——集合"。

要领:基准班在教官前方适当位置,成班横队迅速站好;其他班成班横队,以基准班为准,依次向后排列,自行对正、看齐。

口令:"成排纵队——集合"。

要领:基准班在教官右前方适当位置,成班纵队迅速站好;其他班成班纵队,以基准班为准,依次向右排列,自行对正、看齐。

(3)连集合

口令:"成连横队——集合"。

要领:队列内的连教官或者基准排,在教官左前方适当位置,成横队迅速站好;各排和连部成横队,以连教官或者基准排为准,依次向左排列,自行对正、看齐。

口令:"成连纵队——集合"。

要领:队列内的连教官或者基准排,在教官前方适当位置,成纵队迅速站好;各排和连部成纵队,以连教官或者基准排为准,依次向后排列,自行对正、看齐。

口令:"成连并列纵队——集合"。

要领:队列内的连教官或者基准排,在教官左前方适当位置,成纵队迅速站好;各排和连部成纵队,以连教官或者基准排为准,依次向左排列,自行对正、看齐。

2.离散

离散,是使列队的单个军人、分队、部队各自离开原队列位置的一种队列动作。

(1)离散

口令:"各营(连、排、班)带开(带回)"。

要领:队列中的各营(连、排、班)教官带领本队迅速离开原列队位置。

(2)解散

口令:"解散"。

要领:队列人员迅速离开原列队位置。

（二）整齐、报数

1. 整齐

整齐，是使列队人员按规定时间间隔、距离，保持行、列齐整的一种队列动作。整齐分为向右（左）看齐、向中看齐。

（1）向右（左）看齐

口令："向右（左）看——齐"；"向前——看"。

动作要领：听到"向右（左）看齐"的口令，基准兵不动，其他士兵迅速向右（左）转头，眼睛看右（左）邻士兵的腮部，前四名能通视基准兵，自第五名起以能通视本人以右（左）第三人为度。后列人员，先向前对正，后向右（左）看齐。

听到"向前——看"的口令，迅速将头转正，恢复立正姿势。

（2）向中看齐

口令："以×××（或第×名）为准，向中看——齐"；"向前——看"。

动作要领：当教官指定以"×××为准，（或以第×名为准）"时，基准兵答"到"，同时左手握拳高举，大臂前伸与肩略平，小臂垂直举起，拳心向右；听到"向中看——齐"的口令，其他士兵按照向左（右）看齐的要领实施。

听到"向前——看"的口令，基准兵迅速将手放下，其他战士迅速将头转正，恢复立正姿势。

一路纵队看齐时，可以下达"向前——对正"的口令。基准兵不动，其他士兵迅速向前对正。

2. 报数

口令："报数"。

动作要领：听到口令，横队从右至左（纵队由前向后）依次以短促洪亮的声音转头（纵队向左转头）报数，最后一名不转头。

（三）出列、入列

单个军人出、入列通常用跑步（5 步以内用齐步，1 步用正步）或者按照连长（排长、班长）指定步法执行。

口令："×××（或第×名），出列"；"入列"。

动作要领:当听到"×××(或者第×名)"的口令,被呼点者应当答"到",听到"出列"的口令,应当答"是",然后取捷径到连长(排长、班长)右侧前适当位置或指定位置,面向连长(排长、班长)成立正姿势。

听到"入列"的口令时,出列人员应答"是",然后按照出列的相反程序入列,自行看齐。

(四)行进、停止

横队行进以右翼为基准,纵队行进以排头为基准。

口令:"×步——走";"立——定"。

动作要领:连长(排长、班长)应当下达"×步——走"的口令。听到口令,基准兵向正前方前进,其他士兵向基准翼标齐,保持规定的间隔行进。纵队行进时,向基准兵对正,保持规定的距离行进。

连长(排长、班长)下达"立——定"的口令时,按照立定的要领实施,停止后,听到"稍息"的口令,先自行对正或看齐,再稍息。

(五)方向变换

方向变换,是改变队列面对的方向一种队列动作。

停止间口令:"左(右)转弯,齐步——走";"左(右)后转弯,齐步——走";"向后——走";"齐步——走"(当需要向后转走时,应当下"向后——转"的口令,待方向变换后再下"齐步——走"的口令)。

行进间口令:"左(右)转弯——走";"左(右)后转弯——走"。

动作要领:横队方向变换时,轴翼士兵踏步,并逐渐向左(右)转动;外翼第一名士兵用大步行进并同相邻士兵动作协调,逐步变换方向(愈接近轴翼者,其步幅愈小),其他士兵用眼睛的余光向外翼取齐,并保持规定的间隔和排面整齐,转到90°或者180°时踏步并取齐,听口令前进或者停止。

纵队方向转变,基准兵在左(右)转弯时,按照单个军人行进间转法(停止间,左转弯走时,左脚先向前1步)的要领实施,在左(右)后转弯时,用小步边行进边变换方向,转到90°或者180°后,照直前进;其他士兵逐次进到基准兵的转弯处,转向新方向跟进。

停止间,通常是左(右)转弯,或者左(右)后转弯,必要时可以向后转。

第二节 队列训练铸就军人风采

一、军姿连连看

军姿不仅仅是一种身体的姿态,更重要的是从中展示出来的力量、自信与精神。我国的武装力量由中国人民解放军现役部队和预备役部队、中国人民武装警察部队和民兵组成,在 2009 年建国 60 周年阅兵式上,有 14 个徒步方队、30 个装备方队、12 个空中梯队依次通过天安门广场接受检阅。铿锵有力的回答、整齐划一的步伐、排山倒海的气势、雷霆万钧的力量是阅兵留给大家最深的记忆。徒步方队的 352 名战士就像 352 个音符,谱写着华彩乐章。这里选取部分徒步方队图片做一分享,以共同感受飒爽军姿带来的魅力。[①]

走在最前面的是陆海空三军仪仗队(见图 6-3)。军旗是荣誉的象征,是胜利的标志,陆海空三军仪仗队担负着护卫军旗的光荣职责。这支被中央军委授予军旅标兵荣誉称号的部队代表国家执行了 3000 多次仪仗司礼任务,向世界展示了中国军队的风采与共和国的荣耀。

第二、五、八个通过天安门广场接受检阅的分别是由石家庄机械化步兵学院组建的陆军学员方队(见图 6-4)、大连舰艇学院组建的海军学员方队(见图 6-5)和空军航空大学组建的飞行学员方队(见图 6-6)。我国军队院校历经了 80 多年建设,形成了独具一格、行之有效的新型教育格局,一大批受过高等教育的新型军事人才为军队建设的中间力量。学员方队接受检阅体现了党和国家对军事人才培养、军事现代化建设的高度重视,这些和我们一样稚气未脱的青年学员,用汗水和毅力践行着对祖国的忠诚。

---

① 以上图片节选自腾讯网"中国传奇"——新中国成立 60 周年专题报道:分列式,http://news.qq.com/zt/2009/jianguo60/,2009 年 10 月 1 日。

图 6-3　三军仪仗队

图 6-4　陆军学员方队

图 6-5　海军学员方队

图 6-6　空军学员方队

　　由海军潜艇学院组成的水兵方队（见图 6-7）是最年轻的受阅方队，平均年龄仅 18 周岁，他们用行动向祖国 60 岁华诞献上青春的祝福。姿态轻盈，潇洒自如的那一抹白色在蓝天的映衬下格外炫彩夺目。

图 6-7 水兵方队

图 6-8 是接受检阅的特种兵方队,这是特种兵第一次在国庆首都阅兵中亮相。我军特种作战力量正逐步实现由传统侦察部队向新型特种作战部队的历史性转变,面对新的形势和任务,特种部队严格教育训练,全面提高战斗力,成为经得起任何考验的拳头和尖刀部队。

图 6-8 特种兵方队

　　英姿飒爽的三军女兵方队(见图 6-9)分别来自第四军医大学、北京军区海军和空军部队,是共和国武装力量的光荣一员,在保卫祖国的事业中,在抢险救灾的队伍里,在高山海岛的第一线处处都有她们的身影,中国女兵在人民军队的历史上书写着炫丽的篇章。

图 6-9　三军女兵方队

　　预备役方队(见图 6-10)由北京预备役高炮师组成。预备役部队以现役军人为骨干、预备役官兵为基础组成,我国预备役部队建设发展实现了与现役部队建设紧密结合,优势互补,相互促进,发展成为由陆、海、空和第二炮兵预备役部队组成的重要后备力量。大学生军训就是我国预备役部队军官培养的重要途径。

图 6-10 预备役方队

女民兵方队(见图 6-11)是国庆 60 周年阅兵式最后一个通过天安门广场的徒步方队,是受阅方队中一道亮丽的风景线。在这个受阅方队中,有国家公务人员、企业职工、社会青年和在校大学生,她们用火热的青春书写着对祖国的热爱与忠诚。阅兵词"中华儿女多奇志,不爱红装爱武装"是女民兵的真实写照。

图 6-11 女民兵方队

许多国家在国庆日都举行盛大阅兵式。阅兵式不仅是国防力量、综合国力的展示，同时也传递着一个国家的姿态和愿望。我国国防力量的发展是国家坚持和平与发展的依靠力量，青年学子是国家未来建设的主力军，军训期间开展的军姿、队列训练就是要锤炼同学们的意志，培养同学们的集体主义观念，每位学子亦当以忠诚和服从的信念武装自己，为今后在国家的现代化建设大潮中奉献青春和热血奠定基础。

二、军人为啥不一样

平时生活中，我们经常会有这样的感觉，军人就是不一样，军人总是给人一种很特别的感觉，就算是退伍军人也总是或多或少留存着某种特有的气质，比如高昂挺拔、斩钉截铁、铿锵有力、守时守纪、穿戴整洁等等。许多大学生对军营和军人充满向往，大学生军训正好提供了体验军营生活和修炼军人气质的机会。

（一）国旗班的故事[①]

国旗班给人们留下了深刻印象，护卫国旗时的飒爽英姿，铿锵有力的步伐，都被人们津津乐道，而光辉的背后是鲜为人知的故事。

从一名普通军人成长为一名合格升旗手、护旗兵，需要从生理到心理上经受紧张艰苦的磨炼过程。天安门国旗护卫队的战士是每年从总队上万名新兵中，经过三个月军事训练后严格挑选出来的。来到中队后，还需要强化训练四个月，考核过关后才能成为一名真正的国旗护卫队队员。在此期间，要过好几道关，每过一道关都要流几个月的汗，脱几层皮，掉几斤肉。

1. 站功

站功，是国旗哨兵的基本功，不少新兵刚入队时，站不了半个小时，就头晕眼花，昏倒在地。要达到站得直、站得稳、站得久的要求，

---

① 国旗班的故事，来自百度百科——国旗班，http://baike.baidu.com/view/614938.htm，2012年4月15日。

平时训练一般要站三到四个小时。战士们腰间插上木制的"十字架",领口别上大头针,一站就是大半天;顶着大风练站稳,迎着太阳练不眨眼,甚至抓来蚂蚁放在脸上爬来爬去,练耐力、练毅力。为了练就良好的形体,从升旗手到护旗兵,睡觉时不用枕头,而是平躺在硬板床上,有时还在双腿内侧夹上两块10厘米宽的木板,用背包带把双腿捆起来,保持腰杆笔挺、头正颈直。

2.走功

走功,最能展示国旗护卫队的风采。32人组成的护旗方队,要横成行,纵成列,步幅一致,摆臂一致,目光一致。从金水桥到国旗杆下138步,每步都要走得威武雄壮,铿锵有力,走出军威、国威来。为过好这一关,官兵们白天绑沙袋练踢腿,用尺子量步幅,用秒表卡步速,一踢就是成百次、上千次;晚上,夜深人静的时候,又拉到广场上一遍遍地实地演练。每逢刮风、下雨、降雪天,练了一遍又一遍,保证刮风走得直,下雨走得慢,降雪走得稳,动作不走样、不变形。

3.持枪功

持枪功,最能体现国旗卫士的威武和祖国的尊严。护旗兵用的是镀铬礼宾枪,夏天手出汗容易滑脱,冬季冰冷的手握不住枪。为了达到操枪一个声音、一条直线,他们就在枪托下吊上砖头练臂力,腋下夹上石子练定位,直到手掌拍肿了,虎口震裂了,右肩磕紫了,才能闯过这道关。

4.眼功

眼功,是国旗卫士内在神韵与外在仪表的双重体现。只要你看到国旗护卫队每一个战士执勤时的眼神,你就会对"炯炯有神"这个成语有更深切的理解。为了具备这样一双眼睛,官兵们在风沙弥漫的环境里磨炼沙打不眯眼的本领,在人困马乏的夜色中保持全神贯注。

5.展旗、收旗功

展旗、收旗功,是展示有中国特色升旗仪式的"专利"。国旗挂上旗杆升动时,旗手迅速将17平方米的国旗,向空中甩出个扇形,此为

"展旗";当国旗降至杆底的一刹那,旗手迅速将国旗收拢成一个锥形,此为"收旗"。一展一收,如行云流水,是力与美的杰作。为了让"展旗"的动作洒脱有力,旗手们每天练展臂,手臂肿胀,吃饭时连筷子都拿不起来。"收旗"时为了准确无误用手臂将飘荡不定的国旗握住,旗手便堆起一堆沙子,每天坚持手掌用力往沙堆里插,往复无数次,常常练到手指流血。

(二)60周年国庆大阅兵的故事①

2009年10月1日,中华人民共和国建国60周年庆典盛大的阅兵仪式在首都北京天安门广场举行,宏大的场面,整齐划一的步伐,排山倒海的气势,先进的国防武器等都让我们激动不已,让我们深切感受到国家的强大,焕发了人们的自豪感和自信心。大阅兵背后的故事同样让人回味。

1. 陆军步兵方队

陆军步兵方队由陆军摩化步兵第193师的352名官兵组成。他们是徒步方队中唯一的步兵方队,将代表中国陆军步兵部队,展现中国陆军步兵的风采。为了顺利完这一任务,193师把身高从170至180厘米提高到了178至184厘米,还研究增加了脸长、脚长、背厚等测量内容。有的一个连队甚至一个营才挑选出一名队员,可谓百里挑一。一路过关斩将的士官李冲在阅兵日记里写道:"成为一名参阅队员真不容易,比选美的标准还要高。"

方队成立伊始,在沙城某部院内开展全封闭式训练。时值寒冬腊月,室外平均气温零下20℃,官兵们每天要训练10个小时以上。为了把动作做标准,训练时队员不穿棉衣、棉鞋,不戴棉帽、棉手套,官兵们"练时一身汗、停下一身冰",每名队员都有手、脸、脚冻伤的经历,但大家轻伤不下火线,咬牙坚持。

---

① 60周年国庆大阅兵的故事,节选自腾讯网"中国传奇"——新中国成立60周年专题报道:媒体盘点国庆60周年阅兵方队之最 http://news.qq.com/a/20091001/003857.htm,2009年10月1日。

　　提起阅兵训练的艰苦,方队长王贺权无比感慨地说:"官兵们整整走过了一个春夏秋冬。"一位队员这样形容寒暑的挑战——冬天一出汗,衣服里外全部湿透,北风一吹,冷到骨髓里;夏天用不了多久就晒得只有牙齿是白的,脚下每天都像"铁板烧"……

　　"今天训练不刻苦,明天就会当替补",这已成为队员们的共识。进驻阅兵村以后,高强度训练每日达十一二个小时,气温通常在35℃以上,训练场地表温度超过50℃。但为了适应正式受阅的要求,每名队员必须佩戴凯芙拉头盔,穿长袖迷彩受阅服和作战靴,身着装具挂枪训练,头顶晒、身上捂、脚下烤。休息时,官兵一坐下,第一件事就是脱下马靴倒汗水。尽管如此,参阅队员没有一人喊累,没有一人退缩。他们心中只有一个信念:宁可脱掉几层皮,拼命也要走整齐。

　　方队三中队中队长高仲斌说:"参加阅兵训练以来,所有队员人均每天至少流汗两公斤。"

　　2.徒步方队最帅男队员

　　在武警方队,刘赫铭是绝对的偶像级人物,他不仅人长得帅,而且队列动作潇洒大气。但很少有人知道这位帅气的小伙子入伍前是一名小有名气的男模。

　　2003年高中毕业后,赫铭在当模特的姐姐的培训鼓励下,参加了河南省模特选秀。凭借自身的天资和努力,他一举夺得了男模组第二名的好成绩。之后,一个偶然的机会,他被一家模特公司一眼相中。进入公司后,他开始接受严格正规的模特训练。经过自己的潜心钻研和虚心求教,他的"猫步"走得越来越美观。2004年6月,他参加一个由河南省电视台与一家公司举办的模特大赛,以落落大方、标准到位的表演折服了主持人、评委和现场观众,无可争议地拔得头筹。从此,赫铭走上了正式签约的职业男模之路,在全国各地参加活动近千场次,获得大小奖项10余个。2007年9月,公司经理正式聘请他为专业教练,保底月薪3000元,外加每小时300元的执教费。一次他带模特参加军训,军人直线加方块的阳刚之美深深地吸引了他,经过深思熟虑,他下定决心要做一名真正的军营男子汉。2007

年底,他说服亲人和朋友,谢绝经理的挽留,毅然走上了从军路。

入伍以后的情况,远不像刘赫铭想的那么简单和轻松。要把已经定型定位的"猫步"改成刚健有力的齐步、正步,谈何容易? 但有志者事竟成,苦心人天不负。凭着一种对军营的执著,他硬是啃下了这块"硬骨头",很快就成为所在部队的训练标兵。

阅兵训练任务下达后,刘赫铭当即就写了请战书。结果他被荣幸地挑选到武警方队的第一排面。他在阅兵日记中这样写道:"我昔日在 T 型台上表演得很好,今朝在阅兵台前更要表演得无可挑剔,我要和战友们一道以实际行动奉献一场精彩的阅兵盛典!"

他是这样写的,也是这样做的。他和战友们一起战风霜,斗酷暑,刻苦训练、严格要求。在他们共同努力下,方队训练水平直线上升,在徒步方队组织的考核中训练成绩一直名列前茅。

3.女博士唐甜:"走路"不比考博容易

重庆姑娘唐甜是三军女兵方队一中队队员,流行病学与统计学专业博士生。1983 年 5 月出生,2001 年 9 月入伍,全体受阅官兵中最高学历的人。

对于这位 26 岁的姑娘来说,"走路"的难度堪比考博。"刚来的那些日子,我用尽全力、发疯似的做动作,还是拖了全排的后腿。"头不正、腰不挺、眼神不好、手形不对……"没想到单一项军姿的要求就如此多! 浑身关节像散了架一样,好累好累啊……"爱哭的唐甜常常一边训练一边悄悄抹泪。

虽然她是三军女兵方队年龄最大、学历最高的一名队员,可她谦虚好学又不服输,主动向年龄小、队列好的队友请教。队友们也乐于将自己的训练心得体会与"博士姐姐"交流。唐甜十分有心,休息时间查阅了大量《运动创伤学》、《军事医学心理学》等与队列训练有关的书籍,结合队列训练中人体骨骼、肌肉的运动特点,帮队友们预防训练伤。

唐甜说:"阅兵一次,收获终身。阅兵训练,给我的人生补上了一课。为了奉献国庆阅兵的精彩盛典,展示三军女兵方队的英姿飒爽,我与队友们已经做好一切准备。"

　　4."军姿王"陈密西:拉肚子也不动窝

　　组建阅兵方队时,陈密西正在外执勤。但他是最后一个知道消息,却第一个把申请书交给党支部的队员。

　　入队第一天起,陈密西就给自己约法三章:不管训练有多苦,都要坚持到底;不管压力有多大,都要乐观面对;只要别人能做到的,自己一定要做到,还要做得更好。他坚持每天绑上沙袋负重练踢腿,迎风练瞪眼,经过不懈努力,成了方队公认的"军姿王"和训练标兵。

　　基础训练阶段,军姿训练是重中之重。一天,全体队员像钢钉一样"铆"在地上,时间一分一秒地过,一小时,两小时,三小时,时间还剩最后 35 分钟。

　　"陈密西,怎么了? 脸色这么难看!"排面教练关心地问道。陈密西脸上抽搐了几下,尴尬一笑不回答,眼睛炯炯有神,只是表情看起来十分做作,在教练的再三追问下,他小声说:"教练,不好意思,闹肚子,拉裤子了。"

　　有人问陈密西:"你真是傻帽,肚子痛就打报告啊!"密西笑了一笑说:"我满脑子想的是坚持到最后,没想到还是出'洋相'了。"

　　陈密西平时爱说爱笑、性格活泼,浑身像有使不完的劲,但一站到队列里,就收起那灿烂的笑容,显得全神贯注、十分刚毅。特别是进驻阅兵村后,随着训练强度的不断加大和气温的不断上升,一直患有静脉曲张的他始终"铆"在训练场上,即便是一瘸一拐,也还是强迫自己咬牙坚持。疖疮复发的那段时间,像针扎一样痛,但他强忍着。两腿夹不紧,他就让别人用背包绳将双腿捆住,当背包绳解开后,他的双腿僵直得已经不能打弯了,只好让队友架着他走下训练场。他的训练热情和顽强和斗志,感染了身边的其他队员。

　　一天,他的右大腿根部突然长了一个拳头般大小的硬块。这对于一心只想训练的他来说,根本没有放在心上,没过几天,这个大硬块就红肿发炎了。陈密西看在眼里急在心里,找医生简单处理后,不顾队友劝阻又回到了训练场。但这一次却没能那么幸运,伤口二次感染,里面淤积了大量的血脓,痛得他连腿都迈不动了。他被迫住院,医生看完伤口后严肃地对他说:"如果不及时手术,溃烂只会越来越大。"

手术后的小陈休息了两天,便忍不住了,趁医护人员不注意,悄悄地练起了踢腿。后被医生严格看护才罢休。他经常对队友说:"人,任何时候都要有一股不服输劲儿,敢于跟困难斗争你就会变得顽强,跟病痛较劲你就会变得坚强。"

第三节　队列训练与大学生精气神的养成

一、队列训练与大学生吃苦精神的培养

吃不了苦,从精神层面来讲就是缺少"吃苦精神"。吃苦精神是中华民族的传统美德,是我们在任何时候都不能丢弃的优良传统;吃苦精神是一个人能够自立、自强的基本条件之一;吃苦精神是面对困难和挫折时可以使用的、最为称手的法宝,是我们在任何时代都应当具备的珍贵品质。一个敢于吃苦、勇于吃苦、肯于吃苦的人是内心强大、坚忍不拔的。

俗话说:吃得苦中苦,方为人上人。现代的大学生对"人上人"的追求自然存在,但是仅仅追求"人上人"的结果,忽视了过程中的刻苦与付出是不可取,也是空洞乏力的。高楼大厦平地起,一个成功的未来要构建在扎实的基础和充实的过程之上。学校组织开展军训,就是要培养同学们吃苦耐劳,不惧艰辛的品质,就是要让同学们在现实中体验付出后获得成功的精神体验。队列训练在常人看来非常简单,无非是站立、转体、行走,在生活中司空见惯,但是要真正按要求掌握并出色地完成这些动作,是要有智慧和艰苦付出的。

96 米,这是天安门东西两个华表间的距离,128 步、1 分 6 秒,这是徒步方队正步走过这个距离的步数与时间要求。为了这 96 米,每个国庆阅兵方队要重复着走上万公里,相当于杭州到北京走了 5 个

来回。北京军区"红一师"的前身是中国工农红军第一方面军第一师,是由毛泽东于 1933 年 6 月在江西永丰县藤田镇亲手创建的英雄部队。在阅兵村,"红一师"组建的步兵方队提出"训练无捷径、标准无二样、成绩无止境"的要求,在地表温度超过 45℃的严酷环境中,连续训练数小时,每名队员都要练就"迎着太阳 60 秒不眨眼,2 小时不动,4 小时不倒,正步连续踢腿 200 次,端腿 10 分钟不变形,连贯正步 200 米无误差"的硬功。方队中连续涌现出一大批"踢腿王"、"端腿王"、"步幅王"等。

其实,参加国庆阅兵的很多人都是大学生的同龄人,在进驻阅兵村之前,同样没有队列训练的基础,是军人的纪律教会他们服从,是肩上的责任让他们敢于担当,是对通过天安门接受全国人民检阅的自豪与渴望鼓舞他们不惧困苦。

孟子曾说过:"天降大任于斯人也,必先苦其心志,劳其筋骨,饿其体肤,空乏其身,行弗乱其所为,所以动心忍性,曾益其所不能。"肩负着祖国繁荣富强,和平崛起历史使命的当代大学生,要时刻把握时代潮流,争做时代强音,用务实、肯干、吃得苦中苦的精神价值,将个人理想与国家理想结合起来,在实现个人价值的同时,为国家的稳定与发展作出自己的贡献。

二、队列训练与大学生集体意识的培养

对集体的认同来自远古时代人类集体生活的经验,远古时期,恶劣的自然环境迫使人类必须集体生活与行动,离开集体意味着个体的死亡。这种生活体验深深烙在人类的大脑中,慢慢变成一种集体无意识,深入人类的潜意识。集体意识可以说是人类与生俱来的本能,但是,作为集体意识相对应的个体意识更容易显现和表露出来。在哲学上,个体意识和集体意识的前在性问题一直备受关注。19 世纪英国作家笛福的《鲁宾逊漂流记》就是力图通过鲁宾逊的传奇故事来证明个体意识的前在性,不过,如果没有"星期五"的协助,鲁宾逊未必能在阔别 28 年后回到英国,这恰巧证明了集体意识的前在性。

现代社会是一个高科技和快节奏的社会,知识越来越丰富,社会分工越来越充分,随之而来的是社会对人的协作、配合的要求也越来越高。但与此同时,当下的大学生们往往被社会认为"自我意识明显"、"集体意识淡薄"、"团结协作能力欠缺"。这种社会需要与社会评价间的不协调现象是真实存在,还是无中生有?每位大学生都应当认真思考。从时代要求来看,社会活动中相互依赖和合作的空间不断增强,个人英雄主义在褪色,正如一堆散沙,只有加入水和水泥,才能锻造出比花岗岩还坚韧的混合体,因此增强集体意识有利于大学生走向社会后的角色转换;从社会价值与道德层面来看,接受高等教育的大学生理所应当起到引导和领军的作用,而不是做社会潮流的追赶者,集体意识的树立是整体道德水准提升的重要内容。

军训是一次集体生活的体验与训练,其中队列训练更是以其严格的要求、规范的动作、整齐的步伐演绎着个体与集体间的紧密关系。在国庆阅兵的时候,每个人都为步调一致、整齐划一的分列式赞叹不已,集体魅力的展现源于每个个体对集体意识的归属,对集体利益的服从。试想,凌乱蜿蜒的分列式队伍,不仅丧失美感,而且丢失的是信心与军魂。队列队形不仅是对学生身体姿势和空间知觉的基本训练,同时也是一项严格的集体活动。"两人成行,三人成列",不仅是在行进时的简单要求,更主要的是队列纪律与意识的形成与树立。

集体主义概念最早是斯大林 1934 年 7 月同英国作家威尔斯的谈话中明确提出的。斯大林认为,个人和集体之间没有而且不应当不可调和地对立,个人与集体是相互结合、彼此统一的。经历过军训的同学认为"军训是集体主义精神的熔炉"。军训有着最集中、最统一、最紧张、最严格的集体活动,在这些集体活动中,学员就是普通的战士,就是连、排、班的一员,集体的荣誉高于一切。在现实生活中,个人的意愿与集体的要求存在错位甚至矛盾普遍存在,尊重自我意愿也是正常的内心活动,但是,极端的个人主义或是自由思想必然导致集体无纪律意识,组织松垮,团队混乱,这是非常危险的。队列训练,乃至整个军训就是要破除个人主义优先原则,并逐步确立集体利益和荣誉高于一切的意识,在具体的军训中主要表现为听从命令,服从指挥。

集体意识是一种价值取向、一种强大的精神动力,是在长期的集体生活中逐渐确立的,即将到来的大学生活是军训的延续,也是军训成效的检验。集体意识的培养需要更多的实践与体验,军训的时间虽然很短,但军训给予同学们感受和体验集体意识的最大空间,每当自己的连队被通报嘉奖的时候,所有成员都会为之自豪,为之感动,为之鼓舞,这就是集体的力量,这就是集体荣誉带给同学们精神上的无限愉悦。

三、队列训练与大学生规范意识的形成

在我们的生活中,规范有很多种,包括社会规范、习俗规范、道德规范、宗教规范、纪律规范、法律规范等。规范意识,是指发自内心的、以规范为自己行动准绳的意识,比如说遵守校规、遵守法律、遵守社会公德、遵守游戏规范的意识。规范意识是现代社会每个公民都必须具备的一种意识。规范意识有三个层次:

第一,是要了解关于规范的知识。比如说,不偷不盗、爱国守法、明礼诚信、团结友善、勤俭自强、敬业奉献、爱护环境、讲究卫生、遵守学校纪律、尊敬师长等等。再比如说,队列训练过程中,学员要知道关于队列动作的一些基本要领,只有知道了这些关于队列动作的规范要求,才知道如何去做。

第二,是要有遵守规范的愿望和习惯。常识告诉我们,仅有规范知识是不够的,更重要的是要有遵守规范的愿望和习惯。谁都知道考试作弊是不应该的,是不诚信、不道德、违反校规校纪的行为,没有哪所学校鼓励学生考试作弊。但是,为什么考试作弊事件还会屡屡发生呢?这就是因为有人没有养成一个遵守考试规范的良好习惯。因此,重要的不是知道规范,而是愿意和习惯于遵守规范。这尤其表现在没有强制性力量阻止违反规范的时候,也自觉予以遵守。监考

老师不严格,甚至考场没有监考人员,怎么办?是老老实实考试,还是为了通过考试或是取得高分而抄袭作弊?如果没有遵守规范的愿望和习惯,在没有监考人员的情况下,抄袭作弊不是没有可能。而在一念之间,你可能就铸成大错,后悔莫及。

第三,是要将遵守规范内化为人的内在需要。在这种境界中,遵循规范已成为人的第二天性,外在规范成为人的内在素质。从规范向素质的转变,对于个人来说,意味着规范不再仅仅是一种外在强制,而是在某种意义上使人获得了真正的自由。按孔子的话来说,这就是"从心所欲不逾矩"。中国入世首席谈判代表龙永图曾经讲过这么一件事:"我有个中国同事在联合国任职,他的孩子从小在瑞士长大。有一次大家在日内瓦湖上划船,我们代表团有个成员喝完可乐以后,顺手就把可乐瓶扔到湖里了,这在国内司空见惯。可是这个在瑞士长大的小孩当时脸色都白了,告诉了他的母亲,好像扔可乐瓶的人犯了很大罪恶似的。"为什么瑞士小孩在意中国人的不文明行为?一句话,习性使然,是他们自小在本国培养的习性使然。他们打内心里就知道,不能随手扔垃圾、不能污染环境。

队列训练中,我们感受最深的是严格的纪律规范。纪律规范是现代化社会适应社会组织分化和职业分工的精细化而出现的行业规范。纪律规范是指一定团体和部门制定的,要求其成员遵守业已确立的秩序、执行命令和执行职责的一种社会规范。各社会团体、企业和单位都有其独特的纪律规范,并且是以与团体成员利益相关的精神上或物质上的奖罚来维持和实施的,对人的行为有较强的外控制力。

队列纪律规定:"队列人员要坚决服从命令,做到令行禁止;姿态端正,军容严整,精神振作,严肃认真,动作迅速、准确、协调一致;同时要求保持队列整齐,出、入列要报告并经允许。"在新中国成立60周年国庆首都阅兵时,13个徒手方队和30个机械化方队的万余名官兵,肃立在东长安街,方队的横线、纵线、斜线、夹角线、刺刀线、线线笔直,犹如刀切一般。站立近两个小时,没有一个人做一点不应做的细小动作,参加受阅的万余名官兵能做到这些,除去刻苦训练的基本功外,队列纪律占了重要的因素,没有严格的队列纪律来约束就不可能做到如此完美。

　　大学生参加军事训练,通过队列训练可以培养和提升规范意识。参加过军训的同学对于队列训练严明纪律有着深刻体验。比如说在队列训练中,要求精力高度集中,并严格按照教官的口令准确地做动作,一举一动,一言一行,都必须听从教官的指挥。教官没有命令不能动,有了命令不能不动;每个队列动作都要按照标准化的要求展开,不能有自由发挥的余地;站军姿的时候,即使感觉到腿脚发麻肌肉酸痛,也必须保持军姿纹丝不动;教官点到某人的名字或者序号时要立即答"到",得到指示后要答"是",听到"集合"的口令,要迅速到指定的地点集合,动作要迅速并保持肃静;听到教官下达"齐步走"的口令后,队列中的所有人员必须行进,并且动作要整齐一致、排面整齐;在队列中也不能随便讲话;呼喊番号时声音要洪亮、短促、有力等。这些往往是参加军训的大学生们最难忘的一些经历。也正是通过这样严格、反复的练习,同学们自由散漫现象就会逐渐克服和消除,就会增强组织纪律观念,提高自我规范、自我约束、自我管理的能力和雷厉风行的紧张作风。

第七章

战争中的小杀器——轻武器射击

　　自有人类社会以来,战争便如影随形,战争是解决纠纷的一种最高、最暴力的手段,通常也是最快捷最有效的办法。战争的起因多种多样,而结果也不一而同。古代部落之间的战争,既是民族融合的过程也是民族大迁徙的直接原因,既造成了民众的颠沛流离又促使了新生政权的诞生。汉武帝赫赫武功,对外横扫沙场,"犯我强汉者,随远必诛"让无数中国人热血沸腾;美国用一场战争奠定了自己"世界一哥"的地位,用正确的战略成为世界警察,放眼全球无国能及。

　　要赢得战争的胜利,基本的工具——武器必不可少。当今武器种类名目繁多,虽然轻武器不再是决定战争胜负的主要筹码,但仍是单兵的主战武器,在战场上发挥重要的作用,号称战争中的"小杀器"。

第一节　轻武器的前世今生

　　轻武器范围广泛,内涵丰富,主要包括手枪、冲锋枪、步枪、机枪等各种枪械,地雷、手榴弹、火箭筒和喷火器等较大范围的杀伤利器,还有匕首、刺刀等冷兵器。轻武器的主要装备对象是步兵,同时也广泛装备于其他军种和兵种。其主要作战用途是杀伤有生力量,毁伤轻型装甲车辆,破坏其他武器装备和军事设施。轻武器作为人类战争史上最古老的武器装备,曾是国家生存和对外扩张的主要依靠力量。

一、轻武器的概念及内容

《中国军事百科全书》上关于"轻武器"词条的简短定义是："轻武器通常指枪械及其他各种由单兵或班组携行战斗的武器。"中国现代的轻武器主要包括枪械、手榴弹、枪榴弹、榴弹发射器、火箭发射器和无坐力发射器，此外还有轻型燃烧武器和单兵导弹等。

毫无疑问，轻武器的主体是枪械。一个国家枪械（尤其是步枪）的发展水平，可以看做其轻武器发展水平的标志。枪械通常包括手枪、冲锋枪、步枪、机枪和特种枪（霰弹枪、防暴枪、救生枪、信号枪）等。

手榴弹的基本弹种是杀伤手榴弹，另外还有反坦克、燃烧、烟幕等弹种。枪榴弹主要有杀伤、破甲、烟幕、燃烧和照明等类型。

榴弹发射器可分为枪械型和迫击炮型两大类。枪械型又有结合在步枪枪管下面的枪挂式榴弹发射器、步枪式肩射榴弹发射器（也称榴弹枪）和机枪式架射自动榴弹发射器（也称榴弹机枪）之分；迫击炮型可抵地发射，主要包括掷弹筒和弹射榴弹发射器。

火箭发射器包括各类火箭筒、枪发大威力攻坚火箭弹和其他小型火箭发射装置。无坐力发射器有后喷火药燃气式和平衡抛射式两种。

轻型燃烧武器包括便携式喷火器及其他一些专用燃烧器材。单兵导弹为一种单兵可以携行使用的导弹，主要用于反坦克或防低空飞行目标作战。

二、轻武器的成长经历

轻武器的发展，有一个从量变到质变的过程。从一开始大刀长矛等冷兵器到以火药激发为动力的火铳，从原始的火绳枪到后来的全自动枪械，从单一的枪械装备到武装到牙齿的智能单兵作战系统，无不体现着人类在轻武器研发中倾注的心血。

(一)枪械的发明历程

火枪的出现和演变,是火器的一大进步。火器的产生源于至迟 9 世纪初中国发明的火药。宋末元初,亦即 1259 年,中国制成的以黑火药发射子窠的竹管突火枪,被认为是世界上最早的身管射击火器(见图 7-1)。

图 7-1　最早的身管射击火器——突火枪

但是,轻武器的飞跃式发展,却是在欧洲。14 世纪出现了火门枪,15 世纪的火绳枪是火门枪的第一次升级,15 世纪末期的线膛枪是火门枪的第二次升级,并首创枪管内壁的膛线。19 世纪初期,英国人发明了击发枪;1812 年法国出现了定装式枪弹,这是现代子弹的雏形,它将弹头、发射药和纸弹壳连成一体,便于射手灵活装填,同时还能在跑动或卧、跪姿射击中重新装填子弹。

1871 年,德国首先装备了采用金属弹壳枪弹的机柄式步枪,发射定装式枪弹,由射手操纵枪机机柄,实现开锁、退壳、装弹和闭锁,这即是现在真正意义上的非自动来福步枪。19 世纪中后期,欧美的一些国家为了提高枪械的射速和增大杀伤威力,除了研制各种连发枪外,还研制了各种型号的多管枪。

在这长达 600 余年的发展过程中,枪械本身由前装到后装,由滑膛到线膛,由非自动到自动,经历了多次重大的变革。19 世纪中叶以前,枪械的发展主要集中在提高点火方法的方便性和可靠性方面,19 世纪末开始在提高射速方面有了突破性的进展。同时,枪械的品种由少到多,重量逐渐减轻,口径由大到小,射程由近及远,射速也逐渐提高,才发展到今天这样的水平。

(二)单兵装备的发展历程

变幻不定的战场需要和飞速发展的研发能力,催生了越来越多的单兵武器。

远古时代人们幻想的"神弹子"和"掌手雷",由于火药的发明,枪械和手榴弹的出现,而变为现实。面对敌集群步兵的快速冲击,提高发射速度,一直是早期枪械发展的重大课题。19世纪末期,后装枪和金属弹壳定装枪弹已经成熟,使得自动武器难题基本得到解决。

20世纪初,堑壕战的兴起,使一度受到冷遇的手榴弹再度受到重视;为了伴随步兵班战斗,笨重的机枪演进出了轻机枪;要求在近距离内发挥强大火力的阵地争夺战催生了冲锋枪;飞机和坦克在战场上的运用,使坦克机枪、航空机枪、高射机枪、反坦克枪、无坐力发射器、火箭发射器和单兵导弹等相继发展起来。

20世纪中叶核武器的诞生,步兵摩托化、装甲化的实现,大大促进了步兵的战场运动速度和防护能力的提高,对枪械的要求,由突出威力转变为在保证必要威力的条件下,突出机动性和持续作战能力,6毫米以下的小口径突击步枪随之发展成为世界潮流。

轻武器在战术需求推动下的发展,反过来也对军队编成、战术运用,甚至军事理论产生了重大影响。17世纪中叶出现刺刀,滑膛枪手有了格斗自卫的武器,17世纪末长矛手便从欧洲军队中消失了,冷兵器退居到次要地位。17世纪以前敌对双方交战距离经常很近,手榴弹曾风行一时,许多军队中都编制有专门的“榴弹兵”。自动武器于19世纪末的出现,对战场态势和战术的影响尤为明显,各国军队不得不抛弃兵员密集的“纵队战术”,采用“散开战术”。

三、轻武器的主要特点和作用

(一)轻武器的主要特点

其主要特点是:重量轻,体积小,多数能单独使用,可由单兵或战斗小组携行;使用方便,开火迅速,火力猛烈;环境适应能力强,可以在恶劣的条件下作战,人能到达的地方轻武器就能到达,特别适应于敌后斗争使用;品种齐全,可以按任务要求进行装备,杀伤人员,击毁装甲,防卫低空,纵火焚烧,施放烟幕、毒气等均可使用轻武器;结构简单,易于制造,成本低廉,适于大量生产,大量装备。

(二)轻武器的主要作用

其主要作用是:进攻战斗中实施近距离火力突击和支援近距离步兵突击;防御战斗中在较远距离上狙击或压制进攻之敌,在近距离内遏止和粉碎敌步兵的冲击;特种环境中(丛林、山岳、城镇等)作战使用;在反装甲的梯次火力配系中,步兵使用的火箭发射器、无坐力发射器以及破甲枪榴弹和反坦克手榴弹是近距离的火力骨干;毁伤低空飞行目标(直升机、低空飞行的飞机等),杀伤降落中的伞兵;是游击作战、警戒、巡逻、侦察和自卫的必备武器。

四、轻武器的发展趋势

21世纪初,轻武器装备研究发展的指导思想是通过提高步兵武器装备的整体技术水平和训练水平来保障其总体作战能力[1]。轻武器的发展尤其强调协调配套和综合性能的提高,而不是孤立地提高某件武器的性能指标。如美国轻武器的发展,即遵循"系统化"的原则,一是按照作战体系的基本任务来发展轻武器,二是按照单兵作战一体化的思路来整合研发单兵装备。

为进一步适应现代战争需要,轻武器的发展趋势大体如下:

(一)提高火力,精确打击

在越南战争中,美军已经利用直升机进行蛙跳战术;在海湾战争、伊拉克和阿富汗等战场,美军的悍马和步兵战车是战场上的重要装备。未来的战斗,步兵和攻击目标都是在战场上高速机动、快速进攻和转移,新一代装甲战车速度快、火力猛、威力大、防护力强,严重威胁步兵的生存和安全。因此,作为应对危机主装备的步兵武器,必须大力提高对装甲目标的穿甲和破甲能力,尤其是需要研制先进的火控系统和瞄准系统,提高灵活机动能力,实现致命的精确打击。

(二)武器轻便,机动性强

高机动性是作战的基本条件和重要组成部分,未来战场的空间

---

[1] 赵宇,孙传军:《未来轻武器发展趋势与探讨》,《国防科学技术》,2008年第10期。

将大大增加,夜袭百里甚至千里已成为家常便饭,战争双方都力求通过争空间和抢时间来夺得战争主动权。高技术战争中,高强度的机动作战对轻武器提出新要求,要求轻武器能够适应机动作战的需要,力求轻装便携、性能优良。

1. 枪族化

步兵轻武器系列中,有多种性能各异的武器。为在战场上减少武器的故障,提高武器的通用性,增强后勤保障能力,避免因个别机件损坏而影响武器的使用,保证更多武器发挥火力,使武器大部分零部件可以互换是非常必要的。目前,中国人民解放军已经全面换装95 式枪族,包括突击步枪、班用机枪、狙击步枪等,实现零部件和弹药的通用。

2. 小口径

目前,解放军的作战武器,已经放弃原先 AK 及其仿制版的 56式和 81 式系列通用的 7.62 毫米枪弹,经过 7 年多的论证和研制,启用 95 式枪族的 5.80 毫米枪弹。小口径不仅具有精度高、杀伤效果好的优势,更重要的一点是在负重相同的情况下,士兵可以携带更多的弹药,增加持续的火力打击能力。

3. 无壳化

未来战场作战环境复杂,需要携带诸如药品、生化防具、通讯器材等,如能最大限度地降低单位弹药的重量,便能大大提高单兵的携弹量,保持步兵的火力持续性。

4. 无托化

在保证精确射击距离和破坏力的基础上,进一步缩小枪械结构,使之减轻重量、便于携带。在未来战争条件下,要经常进行大空间的调度,短小精悍的枪支,更易发挥优势。

(三)运用新材料,提高适应性

未来战争是空天一体化战场,战斗既可能发生在酷热的沙漠地、高寒的山区,又可能发生在热带雨林和广阔海洋,严酷的地理和气候条件对武器的设计和材料提出了种种要求。因此,枪械要在满足各种自然条件的基础上研制，要采用导热系数小、耐高温、耐腐蚀的高强度合成塑性材料，实现枪械零部件全塑化。

（四）强化单兵防护，打造未来士兵

目前，美、法和英等西方国家，已经研制出"未来士兵"，主要是在现有装备和技术基础上运用逻辑学和创新思维开发"未来士兵"概念，主要包括人体效能与人员训练、士兵防护、杀伤力、机动性和后勤保障、网络传感器和能量等（见图 7-2），法国的未来战士系统已经在阿富汗战场进行测试。

图 7-2 "未来战士"的数字化单兵系统

"未来士兵"的性质是一个综合作战平台,而不再是传统意义上的单兵。他配属的数字化装备大致有 5 种:一是综合头盔,具防弹功能,备单独夜视和与枪械瞄具配套功能,400 米内战场侦听功能,防核生化和激光致盲功能,以及战场对讲、微型摄像机和视觉听觉呼吸保护等功能;二是单兵计算机,仅香烟盒大小的体积却具有热像仪、测距机、敌我识别、语音数字图像通信、身体状态监测、化学探测仪及全球精准定位(0.3 米内)等诸多功能;三是理想单兵武器,士兵手中的轻武器已如同多功能轻型速射火炮,能在复杂气候与地形下导引发射;四是野战服装,具有软装甲般避弹性能,具有防火焰、防生化核、防红外侦察的隐形性能;五是微气候动力装置,不管战区在北极或赤道,士兵都不感到严寒与酷暑,以保持充沛的作战体能……此刻,这些装备不再是设想而是历历在目,它们大部分正在研制之中,本世纪初已经陆续装备部队。

第二节　眼花缭乱的轻装武器

现代军事装备中,轻武器的种类极为庞大,喜爱游戏和电影的同学,可以在游戏世界和影视空间中找到诸多各国装备的武器。如在《使命召唤》系列游戏中,近现代的经典名枪轮番登场,如美国 M9 和以色列沙漠之鹰手枪,美国汤姆森和德国 MP5 冲锋枪,德国 MP44 、美国 M16A1 和苏联 AK47 突击步枪,德国 MG42 和苏联 RPD 轻机枪,巴雷特.50 狙击步枪,甚至反器材枪、迫击炮和单兵导弹也悉数登场。而在影视作品中,各种特种枪械也让人叹为观止。

一、最后的保护伞——手枪

手枪,是每个男人的梦想,作为贴身武器,作为距离普通人群最近的枪械,在各个时代都是装备最广泛的枪种之一。手枪一般使用低威力的手枪子弹,有效杀伤距离约 50 米,通常为指挥员和特种兵随身携带,因其短小易携带的特点,非常适用于近战和自卫,一定意义上,手枪也是权力的绝对象征。

(一)西部牛仔的标准装备,精灵般的杀人利器

自从柯尔特发明左轮手枪后,手枪开始风靡全世界。他是西部牛仔的首选用枪,是精英狙击手的最后防线,是高级军官的权力象征,也是效率极高的杀人武器。手枪也有光辉的战史,第二次世界大战中,柯尔特 M1911A1 手枪创造的奇迹让人惊叹,以色列"沙漠之鹰"的大威力火力让人咂舌。而如今,手枪正朝着性能更加可靠、实用,外形更加美观的方向转变。

按照构造,手枪分为两大类。第一大类是自动手枪,包括单发和连发,大多为枪击后坐式或枪管后坐式,最显著的特征是供弹方式为枪匣供弹,我们所熟知的大部分手枪均为此类,如以色列"沙漠之鹰"、意大利伯莱塔等。第二大类是转轮手枪,又称左轮手枪,其手枪上有一个里面有数个弹膛的转鼓式弹仓,靠枪的联动装置带动弹仓到位然后进行击发,也有单动和双动之分。

随着使用要求的变化,手枪也在不断发展,主要的发展趋势是:重点发展双动手枪,大力发展进攻型手枪,用冲锋手枪和小口径冲锋枪取代手枪,手枪趋于系列化和弹药通用化。

(二)手枪——让美丽的身边充满恐惧

在影视作品中,我们经常可以看到许多美女杀手,在美色的掩护下,用精巧的手枪杀死目标,完成任务。这充分体现了手枪的特点:结构紧凑、使用方便、近距离威力强大。

按照手枪的用途,手枪可以分为自卫手枪、战斗手枪(大威力和冲锋手枪)和特种手枪(微型手枪和微声手枪);按照对象可分为军用手枪、警用手枪和运动手枪;按结构可分为自动手枪、左轮手枪和气动手枪(如运动手枪)。

手枪的主要性能特点如下:质量小,体积小,便于随身携带;枪管较短,适合于杀伤近距离内的有生目标;弹匣供弹,容弹量相对较小;多采用半自动(单发)射击;结构简单,操作方便(操作极为简便,零件少,易于保障和维护,如我国军用"五四式"手枪,全枪仅有 46 个零部

件）；填补战场空白，手枪是自卫利器，威力和射程有限，适合在室内、公共场所等近距离空间使用，能够起到短时间有效杀伤目标的效果，避免误伤。

(三)手枪之王

在手枪发展的历史中，经典名枪层出不穷，有的凭借着优异的性能引人注目，有的凭借卓越的战场表现傲视群雄，但是也有的手枪成名之路颇具戏剧性。

当今世界，最知名的手枪莫过于手枪之王：以色列"沙漠之鹰"。"沙漠之鹰"之所以享誉全球，不是因为它在战争中的贡献和军队中的配置，而是因为影视作品。1981 年，外形漂亮、威力巨大的"马格努姆之鹰"诞生，以色列军事工业集团公司进行了进一步改进，成就了"沙漠之鹰"，设计之初的目的，是用于靶枪和狩猎。1984 年，动作电影《龙年》中它初次登陆银幕；1993 年《最后的动作英雄》中，阿诺·施瓦辛格扮演的英雄与"沙漠之鹰"完美搭档，使外形硕大、造型怪异、威力巨大的"沙漠之鹰"迅速走红。其后，风靡一时的 CS 和《使命召唤》系列游戏，使这款不被军方看好的枪，成为人们心目中的手枪之王。

二、轻兵器之王——步枪

乔治·巴顿曾经说过："即使我们拥有了飞机大炮原子弹，我们仍然要拥有步枪，只有这样才能把狡猾的狐狸从窝里赶出来，逼迫他们在协议书上签字。"在进入高科技战争后，步枪的作用依然不可替代。

150 多年来，士兵的个人火器装备最主要的无疑是步枪，主要用于发射枪弹，杀伤暴露的有生目标，有效射程一般为 400 米，如图 7-3 所示。也可用刺刀、枪托格斗，还可发射枪榴弹，具有点面杀伤和反装甲能力。按自动化程度步枪可分为非自动、半自动和全自动三种，现代步枪多为自动步枪。非自动步枪指的是单发单装，有 600 余年的装备历史；半自动步枪是能自动退壳和送弹的单发步枪，于 19 世纪初研制,并在两次世界大战中广泛应用;全自动步枪是指能连续发射的步枪,自动装弹和退壳,连发能达650发/分钟。

提起步枪,人们心目中闪现最多的,一定是两种突击步枪的世界决斗,即铁血青年的美国 M16 突击步枪和王者之

图 7-3　中国自主研制的 95 式自动步枪

风的苏联 AK-47 突击步枪,两者争斗半个多世纪,战场上难分高下,终究 AK-47 凭借着简单、可靠、易维护和更为广泛的应用而略胜一筹。

【链接】

AK47 系列的传奇经历

AK47 是苏联著名枪械设计师米哈伊尔·季莫费耶维奇·卡拉什尼科夫成名之作。A 是俄语里自动步枪的第一个字母,K 则是卡拉什尼科夫名字的第一个字母,47 是出厂年份,意为"卡拉什尼科夫1947 年定型的自动步枪"。

AK47 突击步枪枪身短小、射程较短,适合较近距离的战斗。采用导气式自动原理,回转式闭锁枪机。7.62 毫米口径,发射 7.62×39 毫米 M1943 型中间型威力枪弹,容量 30 发子弹的弧形弹匣供弹,后备弹夹最多可带 90 发子弹,相当于 3 个弹夹。可选择半自动或全自动的发射方式。

1947 年被选定为苏联军队制式装备,1949 年最终定型,正式投入量产,伊热夫斯克军工厂负责生产。1951 年开始装备苏军。1953年改变了机匣的生产方法,变冲压工艺为机加工艺,随即开始大量装备。苏军摩托化步兵、空军和海军的警卫、勤务人员使用木制或塑料制固定枪托型,AKC47(英文 AKS47)采用可折叠金属枪托的型号。枪托折叠长 645 毫米。供空降兵、坦克兵和特种兵使用。

AK47 的枪机动作可靠,坚实耐用,故障率低,无论温度条件如何,射击性能都很好,尤其适合在风沙泥水中使用。即使连射时有灰尘等异物进入枪内时,机械结构仍能继续工作;同时 AK47 结构简单,分解容易。其主要缺点是:由于全自动射击时枪口上跳严重,枪机框后座时撞击机匣底,枪管较短导致瞄准基线较短,瞄具设计不理想等,影响了射击精度,300 米以外无法保证准确性,连射精度更低,其实只能满足以遭遇战为主的较近距离战斗的要求,而且重量较大。

AK47 是被广泛使用的步枪,据估计生产量高达 1.5 亿支,装备了世界上 30 多个国家的军队,有的还进行了仿制或特许生产。苏联将 AK47 系列步枪及其制造技术输出到世界各地。由于 AK47 及其改进型令人惊诧的可靠性,以及结构简单、坚实耐用、物美价廉、使用灵便等特点,许多第三世界国家甚至西方国家的军队或反政府武装都广泛使用,某些地区的冲突各方也非常乐意使用。自它诞生以来的 60 多年里,已经杀死了数百万人,而且这个数字还以每年 25 万的数量不断刷新着纪录。卡拉什尼科夫则因 AK 系列步枪在世界范围内的广泛使用而被誉为"世界枪王"(见图 7-4)。

图 7-4　杀人利器 AK47

其实步枪也有多种分类和用途,按用可分为普通步枪、卡宾枪、突击步枪和狙击步枪。卡宾枪枪管比普通步枪短,子弹初速略低,射程略近,较轻便,主要用于骑兵和炮兵。现代卡宾枪已与自动步枪无差异。狙击步枪是一种特制的高精度步枪,用于杀伤 600～800 米以内重要的单个有生目标。

(一)步枪的性能特点

步枪的性能特点为:采用多种自动方式,多数现代步枪的自动方式为导气式;有多种发射方式,包括单发、连发和 3 发点射方式等;一般配有枪口制退器、消焰器、防跳器,有的可安装榴弹发射器,发射枪榴弹;采用弹仓式供弹结构。半自动步枪一般采用不可更换的弹仓,容弹量5～10发;自动步枪则采用可更换的弹匣,容弹量10～30发;全枪长度较短,一般在1000毫米左右,质量小,空枪质量一般为3～4千克,便于携带和操作使用;初速大,射速高,能够形成密集的火力;寿命长,半自动步枪一般至少为6000发,自动步枪不低于10000～15000发;结构简单,加工制造容易,造价低。

(二)步枪的装备现状

目前世界各国装备的步枪种类、型号很多,美国及其他西方国家大量装备的步枪主要是5.56毫米口径,其种类多达几十种,如美国的M16系列、英国的L85A1式,法国的FAMAS和德国G36 5.56毫米等,全是清一色的自动步枪。

苏联装备的小口径步枪是5.45毫米口径,即AK74式5.45毫米突击步枪,而且该枪依然活跃在阿富汗战场;中国装备的小口径步枪是5.8毫米口径,有95式和03式自动步枪。

尽管小口径步枪目前已成为世界各国的主要轻武器装备,但相当一部分国家仍保留了7.62毫米口径的步枪,如苏联的AK47突击步枪、德国的G3式自动步枪、比利时的FNFAL自动步枪等。

(三)步枪的发展趋势

步枪的发展趋势大致包括几方面:

①加强步枪的火力。采取的技术途径是提高弹头效能、命中概率和战斗射速,而射程则可不大于400米。

②减小步枪的质量,提高便携性。减小质量采取的措施:一是改进枪弹,包括研制新结构的枪弹;二是改进枪的结构,尤其是轻质高强度合成材料的应用。

③实现步枪的点面杀伤能力和破甲一体化。主要途径是加挂榴弹发射器,发射反坦克榴弹和杀伤榴弹,以加强步兵反装甲、反空降的能力。

④步枪、班用轻机枪可能合二为一,或枪族化。随着步枪弹匣容

弹量的增加以及战斗射速的提高,为寻求战斗功能的优化组合,步枪和轻步枪有可能合二为一,或枪族化。

⑤狙击步枪更趋多样化。狙击步枪口径将有 7.62 毫米、5.56 毫米、12.7 毫米或 15 毫米等数种,尤其是 12.7 毫米或 15 毫米大口径狙击步枪的发展引起了人们的关注。

⑥新概念步枪推陈出新。无壳弹步枪已研制成功,激光步枪已经问世。

⑦进一步改善瞄准装置。光学瞄准镜的使用范围将日益广泛,激光瞄准具、夜视瞄准具也将进一步发展,以提高步枪全天候作战能力。

(四)普通步枪——步枪的鼻祖和起源

"膛线"英文为 refile,音译为"来复",膛线枪也因此称为"来复枪"。螺旋形膛线可使弹丸在空气中稳定地旋转飞行,提高射击准确性和射程。

原始有膛线枪械出现于 16 世纪意大利,由起源于中国的突火枪和火铳等无膛线枪械改良而来,经过火绳枪、燧发枪的演变,才逐步发展成为现代步枪。而无膛线枪械后来发展成霰弹枪。

1825 年,法国军官德尔文对螺旋形线膛枪作了改进,设计了一种枪管尾部带药室的步枪,并一改过去长期使用的球形弹丸,发明了长圆形弹丸。德尔文的发明对后来步枪和枪弹的发展都具有重大影响,明显提高了射击精度和射程,所以恩格斯称德尔文为"现代步枪之父",但德尔文步枪仍是从枪口中装弹的前装式枪。

1827—1829 年,普鲁士的军械工人 J. N. 德雷泽发明了著名的"德雷泽步枪"。这种步枪及其枪弹有一系列的重大改进,基本具备现代步枪的雏形,但其子弹为纸筒弹壳,美国人毛尔斯于 1851 年发明了金属壳横向联合弹,纸壳枪弹很快被淘汰了。

现代步枪的诞生——德国人 P. P. 毛瑟于 1865 年发明了"毛瑟枪",这是最早的机柄式步枪。这种枪的弹药开始从枪管的后端装入并用击针发火,比以前的枪射速快 4～5 倍,但口径仍保持在 15～18

毫米之间。其主要特点是:有螺旋形膛线,采用金属壳定装式枪弹,使用无烟火药,弹头为被甲式,提高了弹头强度,由射手操纵枪机机柄,就可实现开锁、退壳、装弹和闭锁的过程。毛瑟枪安装了可容8发子弹的弹头仓,实现了一次装弹、多次射击,同时缩小了枪械的口径,提高了弹头的初速、射击精度、射程和杀伤威力。毛瑟枪完成了从古代火枪到现代步枪的发展演变过程,具备了现代步枪的基本结构。

第二次世界大战后期,各国出现的自动装填步枪性能更加优良。而中间型威力枪弹的出现和弹药小口径化趋势,使卡宾枪、突击步枪、狙击步枪等得到了快速的发展。

(五)狙击步枪——精确制导的轻武器

看过电影《兵临城下》,肯定对影片中苏联神射手瓦西里与德国狙击教官之间惊心动魄的对决印象深刻,影片的原型战场就是第二次世界大战中的斯大林格勒保卫战,而第二次世界大战中狙击步枪更是起到了重要的作用。

狙击步枪的学名叫"高精度战术步枪",射击时多以半自动方式或手动单发射击,普通步枪的射程一般在 400 米以内,而狙击步枪的射程一般在 800 米以上。狙击步枪以其特别高的射击精度,被人称为"一枪夺命"的武器(见图 7-5)。

狙击步枪的目标不仅仅只是杀伤对方的人员,实际上他们往往可以起到普通步兵无法达到的战术作用。大口径狙击步枪主要用于反器材,能够摧毁 1～2 公里远距离上的轻型防护目标,主要用于打击高价值军事目标。21 世纪,狙击步

图 7-5　狙击步枪

枪是轻武器中可望采用高技术较多的一种轻武器。用于狙击步枪上的新开发的火控系统,将以减小射手的瞄准误差,尤其是远距离上侧风的影响,使其成为 21 世纪轻兵器中的"**精确制导**"单兵武器。

世界狙击手排行榜上,西莫·海亚排在榜首,他是苏芬战争中芬兰狙击手之王,共猎杀了 542 名苏军,被誉为狙神。德国国防军在第二次世界大战中狙击手射杀纪录第一名的马蒂亚斯·海岑诺尔,他的纪录为 345 次猎杀。他曾经表示,衡量一个狙击手的成功之处不在于他射杀了多少人,而在于他能对敌人造成如何的影响。第二次世界大战中,苏军充分认识到狙击手的战术价值并加以推广。据统计,第二次世界大战时平均每杀死一名士兵需要 2.5 万发子弹。越战时平均每杀死一名士兵需 20 万发子弹,然而同时期的一名狙击手却平均只需 1.3 发。

(六)卡宾枪——马背英雄

卡宾枪,来源于英文 Carbine 的译音。最早的卡宾枪源于 15 世纪末西班牙骑兵所使用的一种短步枪,当时西班牙把骑兵叫做"Carabins",卡宾枪由此而得名。进入 20 世纪 80 年代后,卡宾枪已渐渐被自动步枪和微型冲锋枪所替代,失去其作为独立种类武器装备存在的必要。

第二次世界大战期间,卡宾枪的发展却是异常活跃。M1 卡宾枪是枪械史上按照卡宾枪定义设计生产的专门卡宾枪,在弹药和零部件方面与普通步枪大多通用。现代战争中,卡宾枪在野外战场已经不适用,但是在城市巷战中却凭借其既有冲锋枪的短小精悍又具备步枪的火力和精度而备受欢迎。

卡宾枪外形上接近冲锋枪但使用不同的弹药,两者有共同特点也有显著区别。卡宾枪与冲锋枪相同的特点有:短而轻,机动性好。两者相比的主要区别在于:冲锋枪火力密集,但由于发射手枪弹,威力较小,射程较近;卡宾枪属于步枪类,使用的弹药与使用手枪弹的冲锋枪不同,在威力和射程上优于冲锋枪。

(七)突击步枪——王者归来

现在看来,日耳曼人确实有许多过人之处,除了最早发明导弹和各种大杀伤力武器外,在轻武器的设计上也独领风骚。世界各国军队现已全部用突击步枪换装了原先的标准步枪,而突击步枪本身的名称和第一款突击步枪均来自于第二次世界大战期间的德国。

"突击步枪"是从德语单词 Sturmgewehr 翻译而来的。阿道夫·希特勒曾经命名一款名为 Maschinenpistole 43 的步枪,后来重新命名为 Sturmgewehr 44(StG44,即"44 式突击步枪")。StG44 一般被认为是世界上第一款实际意义上的突击步枪。

突击步枪的基本性能特点是,将步枪和冲锋枪所固有的最佳战术技术性能成功地结合起来。现多指各种类型的能全自动、半自动、点射方式射击,发射中间型威力枪弹或小口径步枪弹,有效射程 300~400 米左右的自动步枪。其特点是射速较高、射击稳定、后坐力适中、枪身短小轻便,兼具冲锋枪的猛烈火力和接近普通步枪的射击威力。

当代突击步枪的两个标杆是:美国的 M16 系列和俄国的 AK 系列。这是在当今世界上运用范围最广、使用人数最多、知名度最高的两款突击步枪枪族。现代突击步枪已不再是过去的只有点杀伤功能的突击步枪,而是既能打点目标,又能打面目标,既能白天作战,又能夜间作战的多功能综合作战系统。

【链接】

突击步枪的概念枪:美军特种部队战斗突击步枪(SCAR-L)

当前最优异的突击步枪当属美军 SCAR-L,即:特种部队战斗突击步枪。该枪的发明源于阿富汗战场,在战争中,美军发现北约的枪弹威力不足,同时俄制 7.62 毫米弹随处可见,美军特种作战司令部想要一种既能使用改进的 5.56 毫米弹,也能用 7.62 毫米弹的步枪。经过枪械技术人员的努力,终于研制成功 SCAR-L,该步枪兼容多种口径,可靠性高,被誉为轻武器在近年来最重要的发展。

经过测试,这种轻型特种部队战斗突击步枪充分体现了最好的人机工效。它几乎可以在所有的地缘环境下和所有气候条件下作战,在极端温度(-40℃~-60℃)和各种海拔状况下同样未出任何问题。不仅如此,在流动沙丘中、海中,甚至在核、生化武器抗污染性能试验中,SCAR-L 都表现出了惊人的性能。

(八)步枪中的大炮——战斗霰弹枪

在影视作品中经常看到这样的枪：身材细长，射击时如同惊雷，巨大的弹壳从枪中滑出，敌人的身体被炸出一个巨大的窟窿，这就是威力巨大的霰弹枪。

军用霰弹枪又称战斗霰弹枪(Shotgun)，是一种在近距离以发射霰弹为主、杀伤有生目标的单人滑膛武器。特别适合特种部队、守备部队、巡逻部队、反恐部队等在下列情况下加装消音器使用：①近距离战斗；②突发战斗；③防暴行动。

三、战地扫帚——冲锋枪

进入20世纪后，人们在实战中感到，在步枪和手枪之间还应配备一种火力较猛的单兵近战武器，以弥补空缺。冲锋枪就是为了满足这一需要应运而生的，而马克沁所发明的自动枪原理使冲锋枪的诞生成为可能。

冲锋枪主要用于200米以内的巷战和遭遇战，适用于近战和冲锋，比步枪短小轻便，火力密度大，便于突然开火，一般只能连发和单发。冲锋枪起源于第一次世界大战时期，是为适应阵地争夺战的需要而研制的。与突击步枪最大的区别就是突击步枪发射的是步枪弹，而冲锋枪发射的是同口径手枪弹。

20世纪80年代至今，使用手枪弹的常规冲锋枪进一步向多功能化、系列化的方向发展。同时，一些国家还先后研制了集手枪、冲锋枪和短管自动步枪三者性能于一身的个人自卫武器，这类武器均有结构紧凑、操作轻便、人机工程性能好和火力密集等共同特点。

(一)冲锋枪的性能特点

冲锋枪结构较为简单，枪管较短，采用容弹量较大的弹匣供弹。冲锋枪是一种经济实用的单人近战武器，特别是轻型或微型冲锋枪由于火力猛烈、使用灵活，很适合于冲锋或反冲锋，以及丛林、战壕、城市巷战等短兵相接的战斗。目前，冲锋枪仍是特殊作战部队中不可缺少的个人自卫和战斗武器。

与其他枪械相比,冲锋枪具有以下特点:比步枪短小轻便,采用短枪管,枪托通常可以伸缩或折叠;火力猛,容弹量大,甚至可拥有多达100发的弹匣;弹药通用性强;优秀的结构设计原理,结构简单,造价低,便于大量生产;操作简便,便于射击操作。

(二)冲锋枪的装备现状

目前,各国装备的冲锋枪包括有普通冲锋枪、轻型或微型冲锋枪,以及短枪管自动步枪等。

俄罗斯现在仍沿用20世纪70年代换装的5.45毫米PP-71野牛式冲锋枪和50年代开始装备的斯捷奇金9毫米冲锋手枪(见图7-6);美国仍沿用70年代装备的英格拉姆冲锋枪、柯尔特冲锋枪和鲁格AC-556式冲锋枪。80年代中期和后期相继装备了韦弗PKS-9、卡利科9毫米冲锋枪;英国仍沿用40年代开始装备的司登MKⅡ式和90年代初研制成功布什曼9毫米个人自卫武器等;德国是最早将冲锋枪装备军队的国家,目前除了沿用70年代开始装备的HKMP5系列9毫米冲锋枪之外,还生产装备MP5/10式和HK53式等新型冲锋枪。

另外,以色列装备有乌齐系列冲锋枪,意大利装备有伯莱塔M12S式、幽灵M4式和弗兰基SMG821式冲锋枪,芬兰装备有杰迪·玛蒂克冲锋枪,丹麦装备有麦德森冲锋枪,秘鲁装备有MGP系列冲锋枪。

图7-6　用PPSH41(波波莎冲锋枪)武装的苏联士兵

四、战场绞肉机——机枪

第一次世界大战爆发时,德军已大量装备了马克沁机枪。在索姆河战役中,当英法联军冲向德军阵地时,被德军数百挺的机枪扫射,英军一天中伤亡了近6万人,举世震惊(见图7-7)。当时世人认为马克沁机枪的出现是人类前所未有的灾难,人类竟然可以这样高效率、大规模地屠杀生命。

历史学家认为,机枪是过去100年间最重要的技术之一。两次世界大战以及之后的战争大多残酷无情,机枪的作用同样不容小觑。每名士兵每分钟可以射出几百发弹头,短短几个回合就能消灭一个排。为了抵挡这种弹幕射击,军队甚至不得不研制出坦克之类的重型作战装备。仅这一种武器就对人类发动战争的方式造成了深远影响。

世界上第一种现代意义的机枪由英籍美国人马克沁于1883年研发,马克沁研制的是重机枪。第一次世界大战后,世界各国禁止作

图7-7　战争的代价

为战败国的德国研制任何重机枪,德国在发展轻机枪的幌子下,成功研制MG-34通用机枪,其后续型号MG-42共生产100万支,火力凶猛的MG-42通用机枪给盟军造成了巨大的心理恐慌,号称是第二次世界大战中最好的机枪。

在现代战争条件下,要求提高机枪的机动性和杀伤、侵彻能力。有些班用轻机枪已减小口径,并与突击步枪组成小口径班用枪族,如苏联的5.45毫米AK74自动枪和РПК74轻机枪枪族。重机枪在一

些国家的机械化部队中已让位于车载机枪,在普通步兵分队中则逐渐为通用机枪所取代。

五、其他轻武器大观

轻武器的主体是枪械,但是仍有许多装备属于轻武器范围,在大众面前鲜有露面,现予以简要介绍。

(一)火焰喷射器

火焰喷射器,或称喷火器,是一种用来喷射长距离可控火焰的装置(见图 7-8)。分为两大类:第一类会发射出一道燃烧中的可燃液体;第二类会发射出燃烧中的气体。火焰喷射器由背包和火焰枪组成。背包一般有两至三个圆筒,其中一个内含高压的惰性推进气体(如氮气),另外两个则装有易燃液体。它们可以装载于车船(例如坦克),也可以由步兵携带。

火焰喷射器最初于第一次世界大战的堑壕战中亮相,1915 年 2 月法国人在凡尔登率先品尝到德国人的烈焰;在第二次世界大战中更是被广泛使用,为了攻克日军在岛上修筑的地下要塞,美国曾将火焰喷射器投入硫磺岛战役与冲绳战役中;1945 年之后美国海军陆战队在朝鲜战争和越南战争中都使用过火焰喷射器。由 M113 装甲运兵车加装喷火器改装成的 M132 装甲喷火车参与了越南战争。

图 7-8 攻击无死角的火焰喷射器

火焰喷射器对于敌军具有强大的心理威慑力,其杀伤力也相当惨烈,被击中者往往被活活烧死,因此曾有人呼吁禁止此类武器的使用。火焰喷射器主要用于对付掩体、碉堡等各种加固工事。由于火焰喷射器发射的是能够四处流动的燃烧液体,因此能够有效地打击到各种射击死角。

在电影中,火焰喷射器的有效射程极为有限,但这实际上是由于制片方为了保护演员的人身安全,而采用了充有丙烷的民用喷射器。实际上,现代火焰喷射器能够在 50 至 80 米的距离上将目标烧成灰烬。另外,也有向目标喷射易燃液体并事后点燃(或被目标的灯火等所点燃)的做法。

(二)榴弹发射器

榴弹发射器是一种发射小型榴弹的轻武器(见图 7-9)。其体积小、火力猛,有较强的面杀伤威力和一定的破甲能力,主要用于毁伤开阔地带和掩蔽工事内的有生目标及轻装甲目标,为步兵提供火力支援。由于榴弹发射器在现代战场上的独特作用,不仅使用相当广泛,而且在同其他轻武器的竞争中将得到不断地完善和发展,成为未来战争中重要的作战武器之一。

图 7-9　榴弹发射器

第一次世界大战时,出现了发射手榴弹的掷弹筒。后来,才有了发射专用弹药的掷弹筒,提高了精度,有的射程可达 600 米。20 世纪 60 年代初,美军使用了 M79 式 40 毫米榴弹发射器,外形与结构很像猎枪,亦称榴弹枪,最大射程 400 米,可弥补手榴弹与迫击炮之间的火力空白。

单发榴弹发射器有些还可与步枪结合。美国 M16A1 自动步枪上就可安装 M203 式榴弹发射器,德国 HK 步枪上也可安装 HK69A1 式 40 毫米榴弹发射器。这类武器为步枪提供了点面杀伤、摧毁轻型装甲和工事的能力。

20 世纪 70 年代以来,出现了各种自动榴弹发射器,如美国 40 毫米 M174 式和 MK19 式、苏联 30 毫米 АГС-17 式等。自动榴弹发射器的结构大体与机枪相似,所以亦称榴弹机枪。榴弹发射器可配用杀伤弹、杀伤破甲弹、榴霰弹以及发烟、照明、信号、教练弹等。榴弹一般配触发引信,也有的配反跳或非触发引信。

(三)火箭筒

提起火箭筒,出镜率最高的莫过于苏联研制生产的 RPG,在 21 世纪的战场上它也是主力军,诸多战场影视作品中也有它的身影。2011 年 8 月 6 日,一架北约直升机在阿富汗瓦尔达克省坠毁,造成 31 名军事人员身亡,其中包括 22 名美国特种部队军人,据称就是被 RPG 击落的。

火箭筒(见图 7-10)是一种发射火箭弹的便携式反装甲武器,主要发射火箭破甲弹,也可发射火箭榴弹或其他火箭弹,用于在近距离上打击坦克、装甲车辆、步兵战车、装甲人员运输车、军事器材和摧毁工事,也可用来杀伤有生目标或完成其他战术任务。在形形色色的反坦克武器中,反坦克火箭筒由于其诞生年代早、破甲效能高,加之体积小、重量轻、使用方便,一直被各国陆军当做反坦克的重要武器之一,在历次战争的反坦克作战中发挥了重要作用。

我国军队装备有著名的 69 式火箭筒,简称"40 火";最新装备的是有"中国铁拳"之称的 PF98 式 120 毫米反坦克火箭筒,于 1999 年 12 月 20 日在澳门特区轻武器装备中出现,并于 2000 年 8 月 1 日在香港的驻港部队武器展示会上展示。

图 7-10　火箭筒

（四）冷兵器

随着各种火器的大量应用和不断完善，冷兵器逐渐为各种火器所取代。但是直至今日，在各国武装部队的武器序列中，刺刀和匕首（见图 7-11）作为一种近战格斗的武器，仍然受到指挥官和士兵的重视。

刺刀最早在 17 世纪出现于欧洲。1640 年前后，驻扎在法国东南部巴荣纳城的法军首次将钢匕首装上锥形木柄插入步枪枪口作长矛使用，从此出现了新的冷兵器——刺刀。刺刀的出现，使 17 世纪末的欧洲军队从编制上撤销了长矛手。

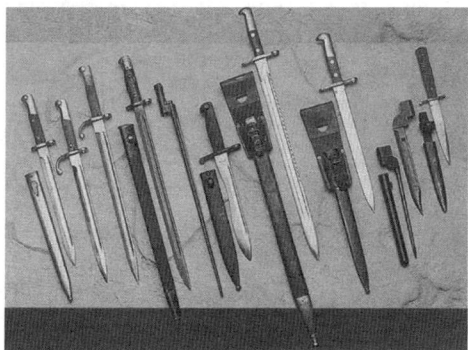

图 7-11　冷兵器——刺刀和匕首

从 17 世纪中叶到 20 世纪的第一次世界大战,由于单发步枪是各国步兵的主要武器,刺刀在战斗中起到非常重要的作用。随着步枪从单发枪向多发枪演变,刺刀成为步枪的一种辅助工具,只是在弹药耗尽或需无声奇袭时才有用武之地。全自动枪械的发明使得刺刀几无用武之地,20 世纪 70 年代,美国陆军甚至取消了刺刀训练科目。

20 世纪 80 年代以来,刺刀重新受到各国军队的重视。英、美等国又研制并装备了新型刺刀。新型刺刀在保留拼刺功能的同时,突出了多用途。除了能刺、切、割绳索、锯木块、锯铝材外,还增加了剪铁丝、开罐头、起螺钉等功能。供空降兵、特种兵等使用的多用途匕首——救生刀也得到了发展。

刺刀和匕首是近战格斗的锋刃兵器。刺刀又名枪刺,是安装在单兵枪械前端用于刺杀的冷兵器。刺刀通常由刀体和刀柄两部分组成。按刺刀与步枪连接方式,可分为分离式和折叠式,前者能从枪上取下装入刀鞘,后者铰接于枪侧;按刺刀形状,它又可分为片形(刀形或剑形)和棱形(三棱或四棱)。

随着步枪携弹量的增加和新型高技术常规兵器的装备使用,刺刀发挥作用的机会将会越来越少。但是持枪步兵仍然是现代各国军队的主体。作为步兵的一种最后拼搏的武器,一种鼓舞自己威慑敌人的心理武器,也作为一种培养士兵勇敢精神、增强士兵体能的训练武器,刺刀将会在步兵的装备中继续占有一席之地(见图 7-12)。

图 7-12　现代化的冷热兵器组合

第三节　轻武器射击

克雷格·哈里森是英国皇家骑兵队的一名资深狙击手,2009 年年 11 月,他在阿富汗南部的一场遭遇战中,利用一支 L115A3 型远程步枪,在 2475 米之外精准击毙两名塔利班武装分子,解救了一名深陷重围的英军指挥官。据悉,哈里森的射击距离被 GPS(全球定位系统)精确无误地测量了出来,达到了史无前例的 8120 英尺(2475 米),创造了"最远射杀的世界纪录"。

勇敢、果断、冷酷,毙敌于千米之外,用自己的青春保卫国家,无不是每一个热血青年内心的渴望。但是,如何才能做到百发百中呢?毫无疑问,在拥有一支性能优异的狙击步枪的基础上,自身的射击技术起着决定性因素,下面我们就走进射击的世界。

一、56 式半自动步枪战斗性能和主要诸元

(一)战斗性能

56 式半自动步枪是步兵分队在近战中消灭敌人有生力量的主要武器。它对 400 米内的单个目标射击效果最好,集中火力可射击 500 米内的飞机、伞兵和杀伤 800 米内的集团目标,弹头飞行到 1500 米仍有杀伤力。战斗射速每分钟 35~40 发。使用 56 式普通弹,在 100 米距离上能射穿 6 毫米厚的钢板,15 厘米厚的砖墙,30 厘米厚的土层和 40 厘米厚的木板。

(二)主要诸元

口径 7.62 毫米;枪全重 3.85 千克;枪全长 1.33 米;普通弹初速 735 米/秒;弹头最大飞行距离约 2000 米。

(三)半自动步枪主要机件名称和用途

半自动步枪由枪刺(刺刀)、枪管、瞄准具、活塞及推杆、机匣、枪机、复进机、击发机、弹仓、木托十大部件组成,另有一套附品,如图 7-13 所示。

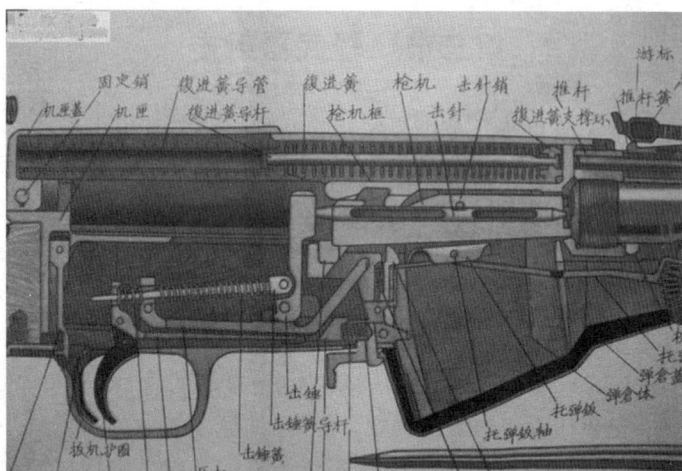

图 7-13　56 式半自动步枪图解

1.枪刺（刺刀）用以刺杀敌人。

2.枪管用以赋予弹头的飞行方向。枪管内是枪膛和线膛。弹膛用以容纳子弹,线膛能使弹头在前进时旋转运动,以保持飞行的稳定性。线膛有四条右旋膛线（阴膛线）,两条膛线间的凸起部分叫阳膛线,两条相对的阳膛线间的距离是枪的口径、枪管外有导气箍,用以引导火药气体冲击活塞。

3.瞄准具由表尺和准星组成,用以瞄准。表尺上有缺口和游标,并刻有 1—10 的分划,每一分划相应 100 米;"Ⅱ"、"D"或"3"是常用表尺分划。表尺座上有固定栓扳手,用以固定活塞和推杆。准星可拧高、拧低,准星移动座可左右移动。准星移动座和准星上各有一条刻线,用以检查准星位置是否准确。

4.活塞及推杆活塞装在活塞筒内,用以传导火药气体压力推压推杆向后;活塞筒上有护木。推杆及推杆簧装在表尺座内,推杆能将活塞的推力传送到机栓上。推杆簧能使推杆和活塞回到前方位置。

5.机匣用以容纳枪机和复进机,固定击发机和弹仓。机匣外有机匣盖和连接销。机匣内有枪机阻铁,当弹仓内无子弹时,能使枪机停在后方位置。机匣内还有闭锁卡槽和拨壳凸笋等。

6.枪机由机栓和机体组成。用以送弹、闭锁、击发和退壳,并能使击锤向后呈待发状态。机栓上挂钩,用以与机体挂钩相连并带动机体运动。机栓上还有闭锁凸出部、机柄、复进机巢和弹夹槽。

7.复进机用以使枪机回到前方位置。

8.击发机用以使枪机相互作用形成待发和击发。击发机上有击发控制杆,能在枪机闭锁枪膛前,防止击锤松回;还有保险机,可限制扳机向后,保险机扳到前方为保险。击发机上还有击锤、弹仓盖卡笋和扳机等。

9.弹仓用以容纳和托送子弹。可装上 10 发子弹。

10.木托便于操作。木托上有下护木、枪颈、枪托、托底板和附品筒巢。

附品用以分解结合、擦拭上油、携带和排除故障。附品包括擦拭杆、鬃刷、铳子、附品筒、通条、油壶、背带和子弹袋。

(四)子弹

1.子弹的各部名称和用途

子弹由弹头、弹壳、底火和发射药组成。弹头,用以杀伤敌人有生力量;弹壳用以容纳发射药,安装弹头和底火;底火,用以点燃发射药;发射药,用以产生火药气体,推送弹头前进。

2. 子弹的种类、用途和标志

①普通弹:用以杀伤敌人有生力量。

②曳光弹:主要用以试射、指示目标和作信号。命中干草能起火。曳光距离可达 800 米。弹头头部绿色。

③燃烧弹:主要用以引燃物体,弹头头部红色。

④穿甲燃烧弹:主要用以射击飞机和轻装甲目标(在 200 米距离上穿甲厚度为 7 毫米),并能在穿透装甲后引燃汽油,弹头头部黑色并有一道红圈。

二、半自动步枪的分解结合

(一)分解结合的目的和要求

分解结合是为了擦拭、上油、检查和排除故障。分解前必须验枪。分解结合应按次序和要领进行,不要强敲硬卸(见图7-14)。分解下来的机件应按次序放在干净的物体上。结合后,应拉送枪机几次,检查机件结合是否正确。

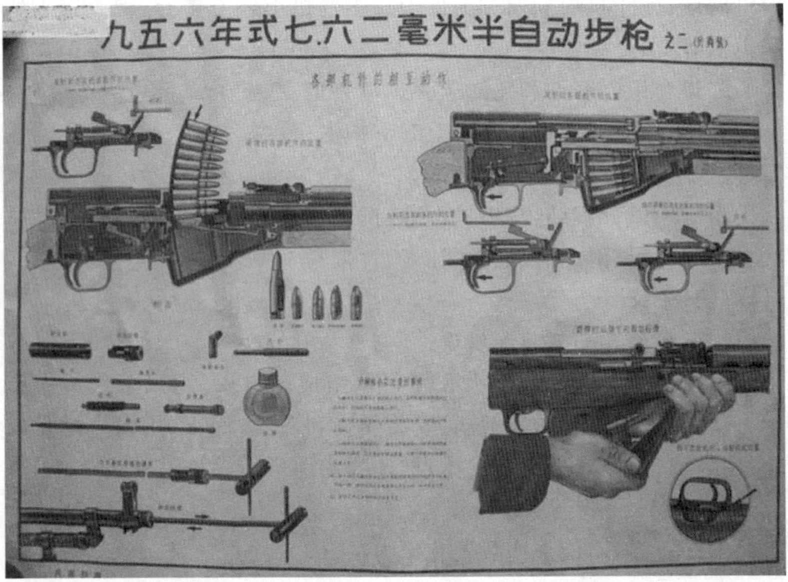

图 7-14　56式半自动步枪的分解结合

(二)分解结合的要领

1.分解

具体步骤如下:①拔出通条和取出附品筒;②卸下机匣盖;③抽出复进机;④取下枪机;⑤卸下活塞筒。

2.结合

具体步骤如下:①装上活塞筒;②装上枪机;③装上复进机;④装

上机匣盖;⑤装上附品筒和通条。

三、简易射击学原理

(一)发射

火药气体压力将弹头从膛内推送出去的现象,叫发射。

(二)后座

发射时,武器向后运动的现象,叫后坐。

(三)后座对命中的影响

由于弹头在膛内运动的时间极短(约千分之一秒),并且枪比弹头重得多,所以弹头在脱离枪口以前,枪的后座距离只有 1 毫米多,而且基本上是直向后运动的。在弹头脱离枪口的瞬间,由于火药气体猛烈向枪口喷出,形成反作用力,使枪的后座明显增大。射手感觉到后座就是这时的后座。但此时,弹头已脱离枪口,因此,对单发和连发首发的命中影响极小。

(四)弹道

弹头脱离枪口在空气中飞行的路线,叫弹道。

(五)直射及其实用意义

1.直射

瞄准线上的弹道高在整个表尺距离内不超过目标高的发射,叫直射。这段距离叫直射距离。

2.直射的实用意义

战斗中,对在直射距离内的目标可以不变更表尺分划,瞄准目标下沿射击,以增大射速,提高射击效果。运用直射组织侧射、斜射和夜间标定射击,能获得良好效果。

(六)危险界、遮蔽界和死角

弹道高没有超过目标高的一段距离,叫危险界。

从弹头不能射穿的遮蔽物顶端到弹着点的一段距离叫遮蔽界。

了解危险界、遮蔽界和死角的实用意义,是为了在战斗中更好地隐蔽身体,发扬火力,灵活地利用地形地物,隐蔽地接近敌人,以减少被敌火杀伤；并选择适当的射击位置，以侧射、斜射火力消灭死角的敌人。

四、实弹射击

(一)瞄准具的作用

弹头在飞行中，受地心吸力和空气阻力的作用，逐渐下降和越飞越慢。如果用枪管瞄向目标射击，弹头就会打低、打近。为了命中目标，必须将枪口抬高。各个距离上枪口抬高多少，在表尺上刻有相应的分划，只要按照目标的距离装定相应的表尺分划瞄准射击，就能命中目标。

瞄准要素主要有：

①瞄准基线：缺口的上沿中央和准星尖到瞄准点的直线。

②瞄准线：视线通过缺口的上沿中央和准星到瞄准点的直线。

③瞄准点：瞄准线所指向的一点。

④瞄准角：射线与瞄准线的夹角。

⑤弹道高：弹道上任何一点到瞄准的垂直距离。

(二)选定表尺分划和瞄准点的方法

1.为使射弹准确命中目标，射击时，射手应根据目标距离、目标大小和弹道高，选定适当的表尺分划和瞄准点。目标距离几百米，装定表尺具，瞄目标中央。

2.目标距离不是百米整数时，通常选定大于实距离的表尺分划，适当降低瞄准点。也可选定小于实距离的表尺分划，适当提高瞄准点射击。

3.目标在300米距离内，通常装定表尺"3"或常用表尺，小目标瞄下沿，大目标瞄中央。

(三)外界条件对射击的影响及修正

1.修正一：风对射弹的影响及修正

风向、风力的判定如下：

按风向与射向所成角度可分为：横风、斜风、纵风(顺风和逆风)。

按风力大小可分为：

①强风风速 8～12 米/秒,相当于 5～6 级风。现象:旗帜刮成水平并哗哗响,草倒于地面,粗树枝摇动,烟被吹成水平并很快散开。

②和风风速 4～7 米/秒,相当于 3～4 级风。现象:旗帜展开并飘动,草不停地摆动,细树枝晃动,烟被吹斜但未散开。

③弱风风速 2～3 米/秒,相当于 2 级风。现象:旗帜微微飘动,草微动,细枝树微动,烟稍斜上升。

2.修正二:横(斜)风对射弹的影响及修正

横风会使射弹产生方向偏差,风力越大,距离越远,射弹偏差就越大。射击时,为了准确地命中目标,必须将瞄准点或横表尺向风吹来的方向修正。修正时,以横方向的和风修正量为准,强风加一倍,弱风减一半。斜方向的强(和)风,应按横方向的强(和)风修正量减一半。修正量从目标中央算起。横表尺修正后瞄准点不变。

3.修正三:纵风对射弹的影响及修正

纵风会使射弹打高或打低,风速小于 10 米/秒时,影响就较小,在 400 米内不必修正。如对远距离射击时,可稍降低或提高瞄准点。修正时,应注意风向风力的不断变化,灵活运用。

(四)阳光对瞄准点的影响及克服方法

在阳光下瞄准时,缺口部分产生虚光,形成三层缺口。若用虚光瞄准,射弹就会偏向阳光照来方向;若用黑实部分瞄准,射弹就会偏向阳光照来的反方向。因此,射手应多在不同方向的阳光照射下练习瞄准。练习时,可采取遮光瞄准,不遮光检查,或不遮光瞄准,遮光检查的方法,反复区别,去伪存真,用真实部分进行瞄准。瞄准时间不宜过长,以免眼花而产生偏差。平时应注意保护好瞄准具,不使其磨亮发光。

(五)气温对射弹的影响及修正

气温变化时,空气密度也随之改变,因而影响弹头的飞行速度。气温高,空气稀薄,对弹头的阻力小,就打得远(高);气温低,空气稠密,对弹头的阻力大,就打得近(低)。

修正气温影响时,一般以 15℃ 为标准。射击时,若气温差别不大,在400米内对射弹命中影响较小,不必修正。

(六)射击动作

1.验枪

叫到"验枪"口令后,以右脚掌为轴,身体半面右转,左脚顺势向前迈出一步(两脚约与肩同宽),同时右手将枪向前送出,左手接握下托木,左大臂紧靠左肋,枪托贴于胯骨,枪刺尖略与眼同高,右手打开保险和弹仓盖,移握机柄。

指挥员检查时,拉枪机向后。验过后,自行送回枪机,关上弹仓盖,扣扳机,关保险,移握枪颈。听到"验枪完毕"口令后,右手移握上护木,同时身体半面左转,右脚靠拢左脚,恢复持枪姿势。

2.射击准备

听到"卧姿——装子弹"口令后,右手将枪提起稍向前倾,左脚向右脚尖前迈出一大步(也可以右脚顺脚尖方向迈出一大步),左手在左(右)脚尖前支地,顺势卧倒,以身体左侧、左肋支持全身,右手将枪向目标方向送出,左手接握表尺下方,枪托着地,右手拉枪机到定位。

取出一夹子弹,插入弹夹槽,以食指或拇指将子弹压入弹仓,取出弹夹,送弹上膛。在右手拇指和食指按压游标卡笋,移动游标,使游标前切面对正所需的表尺分划。

右手移握枪颈,全身伏地,两脚分开约与肩同宽,身体与射向约成30°角,枪刺离地,目视前方,准备射击听到"退子弹——起立"口令后,稍向左侧身,右手打开弹仓盖,接住落下的子弹,装入弹袋,拇指拉机柄向后,余指接住从膛内退出的子弹,松回枪机,将子弹装入弹袋并扣好,关上弹仓盖,打开保险,扣扳机,关保险,复表尺,移握上护木,将枪收回,同时左小臂向里合,屈小腿于右腿下。以左手和两脚撑起身体,右脚向前一大步,左脚再向前一步,右脚靠拢左脚,恢复持枪姿势。

3.据枪、瞄准、击发

据枪、瞄准、击发是互相联系着和互相影响的动作。稳固的据枪,正确一致的瞄准,均匀正直的击发,三者正确地结合,是准确射击的关键,如图7-15所示。因此,必须刻苦练习,熟悉掌握。

图 7-15　卧姿射击

（1）有依托据枪

卧姿据枪时,下护木放在依托物上,左手托握表尺下方,手背紧靠依托物,也可将手背垫在依托物上,左肘向里合。右手握枪颈,食指第一节靠在扳机上,大臂略成垂直。两手协同将枪确实抵于肩窝,头稍前倾,自然贴腮。

（2）瞄准

瞄准时,应首先使瞄准线自然指向目标。若未指向目标,不可迁就而强扭枪身,必须调整姿势。需要修正方向时,卧姿可左右移动身体或两肋,跪、立姿可左右移动膝或脚。需要修正距离时,可前后移动整个身体或两肘里合、外张,也可适当移动左手托枪的位置。

（3）击发

击发时,用右手食指第一节均匀正直向后扣压扳机（食指内侧与枪应有不大的空隙）,余指力量不变。当瞄准线接近瞄准点时,开始预压扳机,并减缓呼吸。当瞄准线指向瞄准点或在瞄准点附近轻微晃动时,应停止呼吸,果断地继续增加对扳机的压力,直至击发。击发瞬间应保持正确一致的瞄准。若瞄准线偏离瞄准点较远或不能继续停止呼吸时,则应既不松开也不增加对扳机的压力,待修正瞄准或换气后,再继续扣压扳机。

第八章

穿越火线的技巧——单兵战斗

全面、准确地掌握单兵战斗动作和技能是战胜敌人、保护自己的保障，是部队整体战斗力的关键，是赢得战斗胜利的基础。单兵的战斗动作与技能训练是大学生军训的重要科目，一方面通过教育、感受、体验式的方法从精神层面不断培养大学生的战斗素养，另一方面则通过严格、刻苦的日常训练不断提升大学生的实际战斗能力。本章讲述的内容包括单兵战斗动作与单兵技能。

第一节　单兵战斗动作

战斗中，单兵通常在班（组）内行动，主要任务是以手中武器和爆破器材，打、炸敌坦克、战斗车，消灭敌步兵。在战斗中，单兵必须坚决执行命令，贯彻近战歼敌的思想，发扬英勇顽强、孤单作战、不怕牺牲、不惧疲劳、连续作战的优良战斗作风，巧妙地利用地形，以灵活机动的战斗动作，坚决完成战斗任务。

一、利用地形地物

利用地形的目的在于隐蔽身体，发扬火力。利用地形时，应根据敌情和遮蔽物的高低取适当姿势，迅速隐蔽地接近，由下而上地占领，周密细致地观察，不失时机地出枪。

利用地形时，要做到"三便于、三不要、一避开"。"三便于"，即便于观察和射击；便于隐蔽身体；便于接近、利用和变换位置。"三不要"，即不要妨碍班（组）长的指挥和邻兵火器的射击；不要几个人拥护在一起，以免造成接连大伤亡；不要在一地停留过久。"一避开"，即尽量避开独立、明显、易燃、易倒塌的物体和难以通行的地段。

（一）对坎的利用

坎有纵向、横向和高低之分。横向坎要利用背敌面隐蔽身体，纵向坎要利用弯曲部、残缺部或顶端的一侧隐蔽身体，以其上沿做射击依托。对土坎最好利用残缺部，对堤坎则利用凹陷部。根据坎的高度可取立、跪、卧等姿势。接近坎时，通常应采用跃进的方法。当进至坎的最大遮蔽界后，迅速卧倒，再匍匐至坎的底部，视情况可左右移动，选择好利用的部位。占领时，应由下而上地占领，隐蔽地观察，需要射击时，应迅速出枪。占领后，应不断观察战场，选择好前进的路线和暂停的位置。转移时，迅速收枪缩体，视情况可采取左右移动、扬土、施放烟幕等方法欺骗、迷惑敌人，突然跃起（出）前进。当敌火力被我压制时，可直接跃起（出）前进。

（二）对土堆的利用

对独立土堆，通常利用其右侧，如视界、射界等受限制或右侧有敌火力威胁时，也可利用其左侧或顶端。双土堆可以利用其鞍部。对空射击时，通常利用其后侧或顶端。接近、占领、转移的动作与利用坎时相类似，如图 8-1 所示。

图 8-1 对土堆的利用

(三)对坑的利用

通常利用其前切面隐蔽身体,利用其上沿作射击依托,按其深浅、大小,以跳、跨、匍匐等方法进入,取立、跪、卧等姿势射击。跳入通常是在进入较深的坑时采用,其要领是右手持枪,左手撑坑沿顺势跳入坑内。跨入通常是在进入较浅的坑时采用,其要领是接近至坑沿时,左脚迅速跨入,顺势侧卧于坑内。滚入的要领是卧倒后迅速滚至坑沿,观察后再进入。转移时,应根据坑的深浅,采取不同的方法,突然跃起前进。

(四)对壕沟的利用

对壕沟通常利用其壕壁或拐弯处隐蔽身体,利用其上沿或拐角作射击依托,多用于防御战斗中,如图 8-2 所示。

图 8-2　对堑壕的利用

(五)对树木的利用

对树木通常利用其背敌面隐蔽身体,依其右后侧作射击依托。利用大树(直径 50 厘米以上)时,可取立、跪、卧等姿势;利用小树时,通常采取卧姿。如取站立姿势,应尽量将身体左侧和左大臂或左小臂和左膝紧靠树木右后侧,右脚稍向后蹬,进行射击。如取跪姿,应将左脚、左小腿的外侧紧靠树木的右后侧,跪下的同时或跪下后立即出枪。如取卧姿,应将左小臂紧靠树木右后侧或以树的根部为依托,卧倒后出枪射击,如图 8-3 所示。

图 8-3　对树木的利用

（六）对高苗地、丛林地的利用

对高苗地、丛林地通常应尽量利用靠近敌方的边缘内侧，以便观察和射击，按其高低、稠密度等情况采取适当的姿势。接近时，右手持枪，左手分开高苗侧身前进。火箭筒射手不宜利用高苗地射击。如果遇到高苗地，应迅速隐蔽地前出或是侧出，占领适当的位置后，再行射击。

（七）对墙壁、墙角、门窗的利用

利用墙壁时，根据其高度取适当姿势。对矮墙可利用顶端或残缺部作射击依托。墙高于人体时，可将脚垫高或挖射击孔。转移时，可绕过或跃过。机枪手利用墙壁射击时，可将脚架折回（如遇土墙，不宜折回，以免活塞陷进土中发生故障）。利用墙角时，通常利用其右侧作射击依托。射击时，左小臂外侧紧靠墙角，取适当姿势。火箭筒手利用墙角射击时，筒口距墙角不小于 20 厘米。利用门时，通常利用其左侧，右臂依靠门框进行射击。利用窗时，通常利用其左下角，也可利用其左侧或下窗框射击。

墙壁、墙角、门窗等易被敌人炮火击毁或被坦克撞塌，造成间接伤亡，因此，利用此类地形地物时要加强机动，切勿在一处停留过久。

(八)利用地形防核武器袭击动作

当得到核武器袭击警报或发现核爆炸的闪光时,应立即利用附近地形进行防护。在开阔地时,则背向爆点方向,就地卧倒,面向地面,闭眼闭嘴,两手垫在胸下,两腿并拢紧贴地面,尽量不使皮肤暴露在外,待冲击波一过,迅速穿戴防护器材。在学生军训徒步拉练中通常会进行防核武器袭击动作演练,当听到指挥员连续短吹的哨音时,当按照防核武器袭击动作要领和原则进行卧倒或隐蔽;当听到指挥员两声长哨音时,表示警报解除,队伍继续向前行进。

二、敌火下的运动

单兵通常按班(组)长的口令,利用我火力掩护或敌火减弱、中断、转移的瞬间,迅速隐蔽地前进。有时,也可采取欺骗、迷惑敌人的方法突然前进。单兵在运动前应选择好运动路线和暂停位置;运动中应不断观察敌情、地形、班(组)长的指挥和友邻的行动,保持前进方向;发现目标后,应按班(组)长的口令或自行射击。

(一)直身前进

直身前进一般在距敌较远,地形隐蔽,敌人对我观察不到、射击不到的时候采用。通常以大步或快步持枪前进。

(二)屈身前进

屈身前进通常是在遮蔽物略低于人体时采用。屈身前进时目视前方,右手持枪,上体前倾,两腿弯曲,屈身程度视遮蔽物高低而定,以大步或快步前进。

(三)匍匐前进

匍匐前进在通过敌火力封锁下的较短地段或利用较低遮蔽物时采用。根据遮蔽物的高低分为低姿、高姿、侧身和高姿侧身匍匐四种。

低姿匍匐前进通常在遮蔽物高约40厘米时采用。低姿匍匐时,腹部贴于地面,屈回右腿,伸出左手,用右脚内侧的蹬力和左手的扒力使身体前移,在移动的同时,屈回左脚,伸出右手,用左脚内侧的蹬力和右手的扒力使身体继续前移,依次交替前进。携带冲锋枪或步枪时,右手掌心向上,枪面向右,虎口卡住机柄,余指握住背带,枪身紧贴右臂内侧;或右手虎口向上,握住背带环处,食指卡枪管,使枪置于右小臂上。携带机枪时,通常右手握把推枪前进,也可由正副射手协同推、拉机枪前进。携带火箭筒时,右手握把或脚架顶端,将筒置于右小臂上,火箭筒副射手可采取背、推、拉背具的方法前进。

高姿匍匐前进在遮蔽物高约60厘米时采用。高姿匍匐时,以两小臂和两膝的内侧支撑身体前进。携冲锋枪、步枪或火箭筒时,方法同低姿匍匐。也可将枪托或筒尾向右,两手托握枪(筒),火箭筒副手可背背具或以两小臂托背具的方法前进。

侧身匍匐前进在遮蔽物高约60厘米时采用。侧身匍匐时,身体左侧及左小臂着地,左大臂向前侧斜支撑上体,左腿弯曲,右腿收回,右脚靠近臀部着地,右手握枪(筒),用左臂的支撑力和右腿的蹬力使身体前移,火箭筒副射手可将背具夹于右肋或右手拉背具前进。

高姿侧身匍匐前进在遮蔽物高约80～100厘米时采用。高姿侧身匍匐时,左手和左小腿外侧着地,将身体撑起,右手提枪(筒),收枪的同时屈左腿于腹下,以左手的撑力和右脚的蹬力使身体前移。

(四)滚进

在卧姿时,为避开敌人观察、射击,在左右移动或通过棱线时经常采用滚进。滚进时,将枪关上保险,左手握枪表尺上方,右手握枪颈附近或两手握上护木,枪面向右,顺置于胸、腹前抱紧,两臂尽量向里合,两脚腕交叉或紧紧并拢,全身用力向移动方向滚动前进。运动中,也可在卧倒的同时向移动方向滚进。卧倒滚进时,左(右)脚向前一大步,左手在左(右)脚前着地,身体尽量下塌,右手将枪挽于小臂内,身体向右侧,枪面向右;在右(左)肩、臂着地的同时,向右(左)滚进。滚进时,右(左)腿伸直,左(右)腿微曲,滚进距离长时可两腿夹紧。

(五)沿壕运动

1.跳入壕内时的动作

根据壕的深浅,采取不同方法。壕较浅时,右脚踏壕沿,左脚迈出的同时收枪,以右脚掌的弹力,顺势跳入壕内,两脚着地的同时(或下落中)劈枪。壕较深时,右手持枪,紧贴身体右侧,左手扶壕沿,左脚踏壕沿,以左手的撑力和左脚和蹬力,顺势跳入壕内;也可右手持枪(筒),左(右)脚跨向堑壕另一侧,左手支撑壕沿跳入。班用机枪、火箭筒手也可将枪(筒)放在壕沿上,跳入后迅速取枪(筒)。

2.壕内运动

在壕内运动时,根据壕的深浅,通常采取直身或屈身前进。在壕内,右手持枪(筒)紧贴身体右侧,或顺置于胸腹前,左手扶装具,目视前方,迅速隐蔽地前进。运动中应做到姿势低、速度快,不断地观察敌情和前进路线,同时,还应防止枪托碰撞壕壁。

3.两人壕内相遇时的通过动作

战士在壕内运动,两人相遇时,靠近掩体或堑壕交叉处的一方战士,应迅速利用其待避,待另一方战士通过后继续前进。当掩体或堑壕交叉处可利用时,两战士可面对面,侧身向各自的方向转动通过。

4.壕内向后转的动作

在壕内向后转,当左脚在前时,应向右向后转(以两脚掌为轴),通常将枪贴于身体右侧,迈左脚继续前进;当右脚在前时,应由左向后转,通常将枪顺置于胸前,迈右脚继续前进。

5.壕内拐弯时的动作

在壕内运动,接近拐弯处时,应减慢速度,接近后隐蔽观察,迅速拐弯。向右(左)拐弯时,应迈左(右)脚,脚尖向右(左)前方,使身体转向右(左),右(左)脚向新的方向迈出前进。

6.跃出堑壕的动作

跃出堑壕应尽量利用残缺部位和掩体跃出,也可以支撑跃出。利用掩体跃出时,左手扶壕沿,一只脚踏踏脚孔,另一只脚稍向后蹬,右手持枪,也可把枪放在枪臂座上,以左手的撑(扒)力和两脚的蹬力迅速跃出,跃出的同时取枪。携带机枪时,可将机枪背带挂在右肩上,右手握护木。支撑跃出时,先将枪或者火箭筒放在壕沿上,两手按两侧壕沿将身体支起,两脚蹬两侧壕沿,以右(左)手的撑力和右

(左)脚的蹬力,使身体移向左(右),顺势取枪(筒),并顺势迅速跃出堑壕。当堑壕较浅时,可左手扶壕沿,右手持枪向前伸出,右脚蹬踏上壕沿的同时跃出堑壕。

(六)跃进

跃进是在敌火下迅速通过开阔地时经常采用的运动方法。跃进时要做到跃起快、前进快、卧倒快。跃进前,应先观察前方地形,选择好前进路线和暂停位置;然后,迅速突然地前进。如卧姿跃起时,可先左、右移动(滚动)以迷惑敌人,迅速收枪,同时,屈左脚于右腿下,右手提枪,以左手、左膝、左脚的力量将身体撑起,迈出右脚,突然跃起前进;也可在收枪的同时,屈左腿于腹下,以左手、右膝和左小腿的外侧支撑身体,迈出右脚,突然跃起前进。前进时,右手持枪(火箭筒手则右手提筒或右手握握把,用右臂夹住筒身,左手扶筒口处,防止火箭弹滑出;火箭筒副手背背具或右肩挎一侧的背具带,并将背具夹于右肋),目视敌方,屈身快跑。跃进的距离、速度应根据敌火力强弱和地形情况而定。地形越开阔,敌火力越猛烈,跃进的距离应越短,速度应越快。每次跃进的距离通常为20～40步。当进到暂停位置或遭到敌人猛烈射击时,应迅速隐蔽或卧倒。卧倒时,左脚向前一大步,身体下塌,左膝稍内合,按左膝、左手、左肘的顺序着地卧倒,也可右脚向前一步,左手撑地迅速卧倒。机枪、火箭筒手需要架枪(筒)卧倒时,可左手打开脚架,同时左脚向前迈出一大步,将枪(筒)对向目标,架在地上,两手在枪(筒)身左侧撑地,两脚同时后伸迅速卧倒。卧倒后,要做好射击准备或继续前进的准备。在学生军训徒步拉练中通常会进行快速通过敌封锁区演练,当听到指挥员连续短吹的哨音时,当按照跃进动作要领和原则,低姿跑步前进,迅速通过;当听到指挥员两声长哨音时,表示已通过敌封锁区,队伍继续向前徒步行进。

(七)对各种情况的处置

当遭到敌机轰炸或是武装直升机发射火箭、扫射的时候,士兵应按照上级命令快速前进,或者立即利用地形做好隐蔽,并抓住直升机悬停、俯冲扫射的时机对空射击。在遭遇炮火袭击时,要第一时间做出判断,如果是零星炮火,应注意听看,快速前进;如炮弹就在自己身边爆炸,当立即卧倒,待炮弹爆炸后继续前进;如敌军炮火比较猛烈,应利用炮弹爆炸间隙,利用弹坑和有利地形渐次跃进;如是在通过敌军炮火封锁区时,士兵务必掌握炮火封锁规律,利用炮火射击间隙快跑通过。在遭到敌军核武器、生化武器袭击时,应迅速隐蔽,并随时做好防护准备。常见的防护护具包括防毒面具、简易防护口罩、自制防护眼镜、风镜、防护手套、靴套等,重点做好呼吸道、面部和眼睛的防护。

在战场上,很多时候是需要与邻兵、友军协同作战;作战中,各类武器、火力需要合理搭配,以发挥更大的兵团作战优势。这种情况下,士兵要相互支援,主动协同,交替掩护。冲锋枪手、步枪手要主动以火力掩护反坦克火器和机枪的行动,并及时为其指示目标,利用其射击效果前进;必要时,让开有利的射击位置和前进路线。邻兵前进时,应火力掩护;邻兵受阻时,应主动以火力支援;火箭筒手不能继续遂行战斗时,士兵应主动接替。总之,战场上的形势瞬息万变,每一名士兵的军事素养、战斗意识、协同能力都影响着战局的发展。中国人民解放军是一支经历了北伐战争、反围剿战争、抗日战争和解放战争,具有优良战斗作风、严格战斗纪律的人民军队,每名战士都是一把利器,这也是解放军最有魅力和最为可爱的地方。

【链接】

野战单兵作战 20 条律

①战斗开始,就要放下一切杂念,做好应对任何情况的准备。

②保持冷静,不可冲动。记住"冲动是魔鬼",但也不可犹豫,否则将贻误战机。

③行动或站立时不要站在日光下面,那样会因本身与背后的强光反差暴露自己。

④行动或隐蔽时尽量保持低姿,千万不要向敌人展示你"高大"

的身材。

　　⑤移动前先选好下一个隐蔽地点,而且移动要迅速,做到静若处子、动若脱兔。

　　⑥学好手语,因为它不需要充电而且很少受到干扰。

　　⑦用心瞄准认真射击才能够击中敌人,否则不但浪费弹药还会暴露了自己的位置。

　　⑧不要离开自己的队友,作战时如果落单,你会很容易被敌人消灭。

　　⑨不要跑到你队友的枪口前,因为敌人的子弹从正面飞来,队友的子弹从你后面飞来。

　　⑩当你单独面对的敌人超过两人时,最好的办法就是躲起来用冷枪对付他们。

　　⑪牢记"多观察才会少挨打",任何行动前都应该仔细观察行动区域的环境。

　　⑫丛林作战时,耳朵是比眼睛更好用的观察器官。

　　⑬不要横穿开阔地与走廊。必须要横穿的话,千万不要犹豫且要有队友掩护你。

　　⑭在敌我不明的情况下看到人要先开火。

　　⑮中枪后就不要在原地等第二颗子弹光顾你。

　　⑯打伏击或偷袭的时候,好的撤退路线要比好的攻击位置重要得多。

　　⑰消灭敌人就是守住阵地。

　　⑱撤退时要么有队友掩护你,要么有掩体掩护你,要么就不要撤退。

　　⑲撤退时不要直线逃跑,因为你不可能跑得比子弹快,子弹也不会拐弯。

　　⑳不到全部战斗结束,千万不要放下武器,否则后果将会很严重。

第二节　单兵技能

士兵在掌握单个动作的同时,还要根据不同的任务要求,学习和训练一些特殊的系统技能,特别是特种部队、侦察部队的战士。隐蔽、伪装、侦察、反侦察、跟踪、无线电使用等都是士兵完成战斗任务极有可能用到的技能。本节重点介绍部分常用的技能。

一、伪装隐蔽

伪装原是指动物用来隐藏自己,或是欺骗其他动物的一种手段,不论是掠食者或是猎物,伪装的能力都会影响这些动物的生存几率,主要的方式包括了保护色、警戒色和拟态。军事行动中的伪装由此引申而来,是指用改变人、器材、阵地外表的一切物品、天然材料和人工材料来实现隐藏自己或是欺骗敌人的目的,并为随后展开的行动提供必要的准备。伪装是为了更好的隐蔽。不破坏周遭环境、尽量与环境融为一体,是伪装的最高指导原则,能不使用人工的物体就尽量不要用,尽量使用天然的树枝、草叶、植被与岩块,最好是利用天然的涵洞、岩缝,空心树干与树根空间等位置。

在伪装中应注意的六个方面:

①肢体动作容易导致暴露,做手势或者走动能被远处的敌军轻易发现。因此,在隐蔽防御时,要尽可能压低身体,避免不必要的动作;必须要移动时,要尽量采用匍匐或低姿移动;进攻时,要选择有掩体物或隐蔽物的路线,尽量放低身体行进。

②阵地的构建要巧妙,尽量选择有掩体物和隐蔽物的区域,并建在山的一侧,远离道路的交汇处和独栋建筑物,避免建在空旷地带。

③无论是在空中还是地面观察,人或物体的轮廓、影子都能泄露阵地、装备和你自己的位置,因此,伪装要便于模糊轮廓和外部特征,尽可能在阴影中进行作业或运动。需要注意的是,当使用伪装来模糊轮廓的时候,同样要遵循与环境融为一体的原则,不要伪装得太过头。

④发光或者反光的物体能吸引敌人的注意力。在夜间,暴露隐蔽伪装位置的往往是手中的香烟或是手电筒;在白天,暴露你位置的通常是一些反射光,比如光亮的头盔、油腻的装备零件、手表表面、沾满水渍的裸露皮肤等。因此,秘密行军或是隐蔽伪装时,要严格执行光火管制,士兵要着迷彩服,并在裸露皮肤上涂上油彩;汽车、装备等也要涂上油彩漆或者挂上伪装网。需要提醒的是,在核攻击中,涂有油彩的皮肤会比裸露的皮肤更多地吸收有害物质。

⑤肤色、军装、装备颜色或是伪装物的颜色与背景色反差明显,是很容易被敌军发现的。如在雪地上着绿色军装等,均是违背伪装最高原则的,极易暴露自己。

⑥集结在一起的士兵容易被发现,因此,要根据作战地形、能见度和敌军的位置等作出相应调整,分散兵力,将士兵、车辆和武器设备分散在一广泛的区域。分散兵力通常由指挥官制订方案和要求,或者遵循部队标准执行。

天然的隐蔽物包括灌木丛、草丛、树林和树阴等,尽量不要破坏自然的隐蔽物,同时保持它本身的自然形态;也可以采用迷彩服、伪装网、油彩等人工制造的隐蔽物。在现代战争中,黑暗已经不能保护你在隐蔽时不被发现,因为夜视装置的发展迅速,通过夜视装置能准确地发现你的踪迹和动向。隐蔽时通常会采用站立、跪姿、卧倒和跳入弹坑等方式,据统计,隐蔽时站立的伤亡率达 80%,跪姿隐蔽伤亡率为 70%,卧倒隐蔽伤亡率为 55%,利用弹坑等掩体隐蔽伤亡率仅为 9%。

二、侦察与反侦察

知己知彼,百战不殆。在任何一场军事战斗中,获取地势地貌、军力部署、装备情况等有关信息是打赢战争的重要方面。侦察就是为获取敌方与军事斗争有关的情况而采取的行动。其主要手段有观察、窃听、刺探、搜索、暗杀、截获、捕获战俘、谍报侦察、战斗侦察、照相侦察、雷达侦察、无线电侦听与测向、调查询问、搜集文件资料等。

及时、准确地获取情报是侦察的核心原则。在侦察敌情的同时,还要使敌军无从获取我军情报,整个行为就是反侦察。

侦察并非现代战争中才有,在古代战场,窃取情报,侦察地形,刺杀军事统帅等侦察类型就屡屡可见;随着科学技术的发展,现代化的侦察手段、装备有了日新月异的发展。侦察兵也发展为陆军的一种特殊兵种,他们的主要任务是深入敌后,侦察敌军事目标的位置,捕捉敌方俘虏,为我火炮及空中打击提供翔实的地理坐标和破坏情况;侦察战役发起前敌军动态,为己方火炮进行目标指示;侦察获取敌军重要军事目标等情报。侦察兵都要求有出众的军事素养和扎实的基本功。训练科目包括武装 5 公里越野、400 米障碍、野外生存、投弹、自动步枪速射、武装泅渡、战术训练、捕俘拳、捕俘刀、军体拳、臂功、腿功、倒功、捆绑、攀爬、手语、旗语、审讯与反审讯、侦察与反侦察等。

战场环境下,要求快捷、准确、完整地将敌军的信息报告上级。报告内容需要包括时间、人物、事件、地点。报告最好采用 SALUTE 格式,即 S(size 规模)、A(activity 行动)、L(location 地点)、U(unit 部队单位)、T(time 时间)、E(equipment 装备)。为记住细节,可写便条或画草图。

在现代战争中,反侦察是电子防护的一个重要组成部分。之所以如此,是因为电子攻击通常要以电子侦察作为辅助支持,特别是希望电子攻击能发挥最大效能的时候,更是如此。为了对某一部雷达实行干扰,需要利用侦察接收机测定雷达的工作频率和脉冲重复周期,以及雷达所处的方位,从而控制干扰机在这个频率和方向上的集中功率,取得最佳干扰效果。所以如果雷达采取某种防护技术,例如低截获概率雷达技术,让敌方难以发现雷达的存在,那么就起到了保护自己的目的。下面结合实际战例,列举四种常见的反侦察策略。

(一)巧妙伪装隐真示假

现代伪装技术是通过巧妙的伪装来隐真示假,蒙蔽敌方的侦察。

1991 年海湾战争中,以美国为首的多国部队为了制造在科威特东南部实施主攻的假象,以仿真坦克、仿真火炮与电子欺骗相结合的手段在这一地区"部署"了一支"师规模"的部队,而主力部队则向西转移了200多公里后才发起了真正的主攻。

在科索沃战争中,为了有效对抗美军的侦察,南联盟在空袭前便利用山地、丛林等有利地形将防空导弹、火炮、装甲车辆等目标藏入山谷或丛林,而将一些准备淘汰的飞机和经过精心伪装的假目标暴露在明处来吸引敌人的火力。

(二)动静结合欺骗侦察

现代侦察手段受距离、天候等因素的影响,对移动目标的侦察效果不是十分理想,这也为实施反侦察提供了一条"捷径"。

在科索沃战争中,北约军队空袭的攻击程序一般是目标侦察、数据输入、实景对照、实施攻击,这一过程至少需要几个小时的时间。因此,在抗击北空袭中,南联盟军队充分利用了这个间隙,灵活机动地将导弹、火炮、装甲车辆等便于移动的目标随时进行转移,当北约飞机或导弹抵达目标空域时,北约卫星和侦察飞机原先发现的目标已不知去向,使得不少飞机不得不携弹返回。

(三)避实击虚主动攻击

现代战争封锁或切断敌方情报来源最有效的措施就是对敌方侦察部队和装备实施主动攻击或干扰,以攻代防。

在科索沃战争中,为了及时侦获敌机来袭情报,又要避免己方雷达遭受远程打击兵器和反辐射导弹袭击,南联盟军队的雷达通常采用及时预警、分段接力的手法,即使用远程雷达和近程雷达对敌机目标进行分时分段接力搜索,侦获目标后立即关机。在打击火力上,南军采用地面火炮和防空导弹结合,构成了较为严密的火力配置,给敌人造成相当大的损失。

(四)真假并用促敌"分化"

战争防御一方可以主动向敌侦察系统发送大量的虚假信息和无用信息,以达到削弱敌方侦察能力的目的。此外,大量真假混杂的信息能够干扰敌方的处理进程,还有可能诱使敌人得出不一致甚至是完全相反的判断。

在海湾战争中,以美国为首的多国联军在作战中便发现由于情报处理环节过于繁琐、各国情报系统互不兼容等因素,使情报效益大打折扣。美国中央情报局和国防情报局甚至一度对萨达姆总统入侵科威特的真实意图和进行战争的决心都无法得出一致的意见。

同样,在科索沃战争中,北约盟军在情报处理上依然存在这方面的问题。盟军的通信情报体制和装备存在诸多差异,造成盟军内部情报交流困难;此外,由于盟军情报来源广泛、缺少统一归口,多次出现各部门提供的情报相互矛盾、无法统一的情况。

反侦察行动一般是在获取敌军情报的时候,避免暴露自己,并确保敌军不能获得我军行动情报。在反侦察中,通常还要注意严格执行灯火和声音纪律,要特别注意战地卫生,禁止随身携带私人信件或照片,禁止在交战区记日记等。

【链接】

反侦察铁律 15 条

在获取敌军情报的同时,要保证不暴露自己,同时确保敌军不能获得我军行动情报,就需要采取反侦察行动:

①学习伪装理论,锻炼伪装技巧,用伪装隐蔽等方式欺骗、躲避敌军。

②严格执行灯火纪律、声音纪律。

③特别注意战地卫生。

④正确使用无线通话。

⑤正确使用口令、手语、旗语等。

⑥不得随身携带私人信件或照片。

⑦不得在交战区记日记。

⑧讨论交流时谨防敌军偷听。

⑨遵守通信联络代码使用规则。

⑩检举奸细,检举对敌军持同情态度的士兵。

⑪检举想获取我军行动情报的人。

⑫在即将被俘前销毁所有地图和重要文件。

⑬不在公共场合谈论军事。

⑭只与相关人士谈论军事行动。

⑮提醒战友反侦察的义务。

三、清除障碍物

在战斗中,敌人经常会制造障碍阻止或减慢我军的行进速度。因此,为了顺利完成战斗任务,必须避开或突破敌人的障碍物继续前行。敌人常用的两种障碍物是雷区和铁丝网。这里就通过雷区、通过铁丝网两项技能作一介绍。

(一)通过雷区

通过雷区的方法有很多,其中比较有效的一种是通过探测作出有雷标记,以此寻找一条安全道路供部队通过。通过雷区一般包括探测、标记、通过三个过程。

探测地雷可以使用地雷探测器,但是在战斗环境中,随时都可能遭遇雷区。在这种缺乏直接探测工具的情况下,通常采用实用、有效的简易探测地雷方式。测雷单兵在作业之前,要做好充分的准备工作。取下身上的头盔、携行具、手表、皮带等任何可能阻碍行进或容易掉落的东西,将自己的枪支和其他装置交于战友或妥善放置,寻找一根 30 厘米左右的木棒,将其一端削尖作为探测工具,切记不可使用金属棍棒。准备充分后,先采用蹲姿,对前方 1 米处进行探测,探测时手握木棒未削尖的一端,将削尖一端刺入雷区地面约 5 厘米,木棒与地面保持低于 45°的角度,向前轻轻推进。待到确认前方 1 米内为安全范围后,采用跪姿,继续探测前方 1 米的范围,确认安全后,改用卧姿。一只手继续探测,另一只手去触摸是否有绊绳或是压力叉。当探测木棒触碰到坚硬物体时,即停止探测,因为很有可能探测到了地雷。在卧姿状态下,探测单兵要将坚硬物体四周的泥土移开,找出该物体,确认是地雷的话就进行标志。

探雷士兵在探测到地雷的时候,要首先确认种类,并做下记录,及时上报。标记地雷的方式很多,也没有统一的标准,可视当时情况自主选择,但是一定要遵循标志明显、便于理解的原则,让通过的士兵能一目了然。最普通的标记方法是,将一张纸片、布条或是其他醒目物品系在一个小棍上,插在雷旁。在标记地雷的时候,要确保标记物是稳固、不宜移动的,以免因标志物移动或被风吹走后,失去标记效果,造成不必要的伤亡。

在找出雷区安全行进道路,并做好标识后,首先由安全小组沿道路穿过雷区,检查雷区对面区域是否安全。如果安全,其他的作战部队方可依次通过。

(二)通过铁丝网

敌军使用铁丝网不仅可以破坏我军步兵与坦克协同作战,而且可以减缓我军行进速度。要通过铁丝网,首先必须要清除铁丝网。清除铁丝网视战事需要,可选择采用剪钳或是爆破筒等方式。

剪钳切断铁丝网是需要隐蔽进行时普遍采用的一种方式,通常是派遣侦察兵来完成。剪钳切断铁丝网可以单兵完成,也可两人协同完成。作业时,选择支柱附近的铁丝网作为剪切位置,为降低剪切时发出的声音,可先用衣物裹住铁丝网,然后握住铁丝网,用剪钳压下深深的剪切印痕,但不要剪断,然后将铁丝沿切口来回弯折,直至折断。剪切时要选择低处的铁丝网,保留上端,以免被敌军发现。如遇蛇腹式铁丝网,先切断铁丝,打开缺口,然后将网向一侧拉开,方便士兵匍匐通过即可。

爆破筒的主要作用是用于破障、排雷、炸碉堡等,在进攻时,清除铁丝网不要求隐蔽的情况下,使用爆破筒清扫雷区和蛇腹式铁丝网以及三角桩等构筑障碍物时效果尤佳。爆破筒一般的形状是一根和可乐玻璃瓶差不多粗细的铁管,装填 TNT 与黑金的混合炸药。爆破筒通过爆炸进行破坏,通常爆破筒威力是不大的,主要是因为需要破障手近迫作业。有时因要炸掉敌人火力点,也会使用威力较大的爆破筒组。一个爆破筒组由 10 个药筒、10 个连接套筒、1 个端头套组成。由于在每一个药筒的两端都有雷管安装孔,因此可以按照任意顺序安装组合。药筒通过连接套筒连接,为了防止将爆破筒穿过铁丝网时触发地雷而引起爆破筒的提前爆炸,需要临时制作一个装置将其固定在爆破装置的一端,这个临时装置可以用树枝制成,其粗细与药筒相当。当爆破筒组装完毕后,将其穿过铁丝网,并装上电子或非电子引爆系统。在爆破筒引爆后,使用剪钳将未被炸断的铁丝网切断,并通过铁丝网。

通过铁丝网时,士兵要仰面躺着前进,头部首先穿过铁丝网,借用足跟之力,推动身体向前移动。身体从铁丝网下穿过时,注意不要让衣服和装备被铁丝网勾住。通过铁丝网时,一手握住武器,一手向前方摸索,查探是否还有铁丝网、绊绳或是地雷。

四、跟踪

跟踪是一项精细的艺术,要掌握这门艺术必须经过无数次的实践,而且还必须熟知跟踪的基本技巧,这样才能发现隐蔽的敌人并跟踪他,找到并避开地雷和陷阱,或找出埋伏的敌军,并警示其他战友。跟踪的技术手段主要分为目视跟踪和气味跟踪两类。目视跟踪主要通过观察人或动物留在地面或是植被上的痕迹进行跟踪;气味跟踪则主要是靠特殊的气味跟踪人或动物。在跟踪敌军时,除了善于运用常识和经验,还要培养和具备耐心、从容、信心、决心、敏锐观察力、直觉等特质。

跟踪是单兵的重要技能之一,要求士兵熟练掌握转移、着色、天气、废弃物、伪装等方面的原则和能力。

转移是指某个物体或人自其原有位置移出。通过研究留在地面的脚印,可以得知经过此地部队的行进方向、速度、人数,士兵的性别,携带装备情况等。通常情况下,脚印很深且步幅很大,说明部队行进迅速;脚印深,步幅大,尤其是脚尖部分特别明显,说明部队是跑步前行;脚印深,步幅小,脚印横向距离较宽,且有拖着脚行走的痕迹,说明通过的人在负重行走;脚印呈内八字多为女性;脚印呈直线或稍微外张,多为男性;通过脚印的大小、步幅的大小也可判断性别,一般而言女性的尺寸和步幅均较小。在部队经过后,走在最后的人留下的脚印最为清晰,因此称之为关键脚印,仔细研究关键脚印可以提高判断部队行进方向的成功率。当然,脚印并不是唯一的转移标识,树叶、苔藓、藤蔓、树枝或是石头位置的改变也能表明有人或是动物经过。

着色最典型的例子是伤员留下的血迹。伤员的血迹一般是水滴形状的,通常会滴落在地面、树叶或是枝条上;另外,在行进时身体被植被划伤后也会留下血迹。根据血迹可以判断伤员的受伤部位,如果血流不止,留下大摊血迹说明伤口可能在大血管;如果血迹呈粉红色,且多泡,说明是肺部受伤;血迹量多,色深,黏稠如凝胶大多是脑部受伤;血迹色浅且有异味,并伴有混合物大多是胃部受伤。除血迹有着色外,人的活动,以及在跨越不同地质、地貌、植被等环境的行进中,也会出现染色着色情况。比如在草地行进后会将绿草的浆汁通过鞋子带到石质地面,留下痕迹;比如通过河水的浑浊程度可判断行进部队经过的时间;比如士兵在过雪地时也可能会留下黄色的尿迹。

对跟踪技能而言,天气是一把双刃剑,一方面可以帮助跟踪,另一方面也会阻碍跟踪的顺利进行。通过研究天气对痕迹的影响,可以判断出留下痕迹的大概时间。例如,留在地面上的血液痕迹,随着时间、天气的变化,颜色会发生变化;刀痕以及从树木切口流出的树液也会随着时间和天气的改变而发生变化。

废弃物是指部队在行军中留下的糖纸、口香糖、罐头盒、烟蒂和粪便等物。通过研究这些废弃物都可以为我军提供关于敌军近期的行动信息。

伪装一般是敌军在发现被跟踪后,用以隐蔽自己行踪的手段,以干扰我军的判断。通常采用后退走、清除足迹、选择石质地面或水路行进等,为尽少留下痕迹,敌军也会采用破布包裹鞋子等方式模糊痕迹。遇到敌军以伪装方式躲避跟踪时,跟踪士兵务必耐心和敏锐,在痕迹区域内仔细搜寻,找到更多线索,以助判断,直至确定跟进线索。

跟踪侦察的关键在于信息的搜集与对搜集到信息的判断。收集到的信息是客观的,作出判断则较为主观,是需要在经验、知识的基础上分析得出。很多时候,移动、伪装、着色、天气、废弃物等几方面的信息不是孤立的,而应该综合分析,比如部队行军留下的废弃物可能因为天气原因发生变化,这就要求跟踪士兵将废弃物与天气情况综合起来分析判断。跟踪可以是单兵任务,也可以组建侦察队。一个标准的侦察队一般包括队长一名、侦察兵三名、突击手三名、无线通信兵一名。此外,还可以借助训练过的侦察犬,帮助完成跟踪任务。

五、失散自救

在连续的战斗和快速行军过程中,士兵很容易与队伍失散,失散后的首要任务是想尽一切办法生存下来,并尽快返回所在部队。失散士兵可能会遇到敌军,甚至被俘,为了能在失散后完成自救,单兵一般要求掌握躲避、逃脱等技能,以保存有生力量。

(一)躲避

躲避是指与部队失散的士兵采取适当的措施,避免在敌占区被俘。如果与部队失散,你可以留在原地,等待友军找到自己,这要求你能确定友军会在该区域行动,通常在周边有大量敌人的时候采用原地等待救援措施。如果周围敌人处于分兵状态,且自己能准确判断出友军的准确位置,你也可以在机会合适的时候向友军阵地靠拢或前进。在等待救援无望或是不清楚友军部署情况下,你也可以选择深入敌后,暂时采用游击策略,等待时机返回自己所在部队。为了保护自己的安全,不被敌人俘虏,你可能必须独自杀死、打晕甚至俘虏敌人,但是,如果使用步枪或是手枪都会发出声响,从而暴露自己。在这种情况下,你可以使用刺刀、绞索、棍棒等具有一定杀伤性的物具。当然,使用这类武器都需要高超的格斗技能和隐蔽技术,这就要求单兵在日常训练中加强针对性训练。

（二）逃脱

逃脱是指在被俘后逃离敌人军营或监狱的行为。被俘初期是最好的逃跑时段，因为此时的士兵身体状况应该最好，有足够的体力逃跑。通常战俘的配餐往往仅够糊口，保证基本的生存需求，战俘在敌占区受到的治疗也是有限的，这些都会使士兵的身体变得虚弱，甚至患上夜盲症，失去身体协调能力和基本的逻辑判断能力。另外，在友军向敌军发起进攻时，敌军会因迎战而分散注意力，这是逃脱的有利时机。夜间也是逃离敌占区的最佳时机，逃离敌占区后可以寻找深沟或是洞穴隐蔽起来，等黎明来临时，逐步向友军防区靠拢。为避免被友军误认为敌军侦察人员，可通过挥舞白色衣服或是反光玻璃片吸引友军注意，并主动告知个人信息，获得允许后，方可前往友军阵地。

【链接】

战术手语

战术手语是指在送行作战行动中利用手指、手掌和手臂所做出的动作、姿势来传达一些特定内容的通信方式。战斗中，特别是在反劫持作战实施秘密搜索的行动中，使用这种简单的通信联络方法，队友中每个人都能准确地知道另一方的行动意图，从而减少使用无线通信装置被犯罪分子窃听的机会，这样才能有效地减小犯罪分子对自己造成的威胁，更好地支援自己的队友。这里介绍著名的反恐怖部队"德国 GSG－9 边境警察部队"使用的战斗手语，该部队使用的手语也是西方通用的一种战斗语言。

手语一般包括数字手语、专指手语、队形手语、命令手语、告知手语等。

一、数字手语

数字手语如图 8-4 所示。

图 8-4 数字手语

二、专指手语

成人：手臂向身旁伸出，手部抬起到胳膊高度，掌心向下。

小孩：手臂向身旁伸出，手肘弯曲，掌心向下固定放在腰间。

女性：掌心向着自己的胸膛，手指分开呈碗状，寓意是女性的胸部。

人质：用手卡住自己的脖子，寓意是被劫持的人质。

狙击手：手指弯曲，像握着圆柱状物体放在眼前，如同狙击手通过瞄准镜观察一样。

指挥官：食指、中指、无名指并排伸直，横放在另一手臂上。

霰弹枪：手指屈曲似握持着圆棒状物体，手部举至肩膀高度，上下运动，似上膛手势。

催泪弹：手指分开呈碗状，罩住面部的鼻子和嘴巴。

自动武器：手指弯曲呈爪状，在胸膛前上下扫动，像弹奏吉他一样。

手枪：伸直大拇指及食指，互成 90°，呈手枪姿势。

门口：用食指由下方向上，向左再向下，作出开口矩形的手势，代表门口的形状。

窗户:用食指由下向上、向右、向下再向左作出一个闭合矩形的手势。

那里:伸开手臂,用食指指向目标。

三、队形手语

双纵队形:手肘弯曲,手举起至头部,作握拳状,食指和中指伸出作钩状,前后摆动。

横向纵队:手部作握拳状,水平横向伸出手臂。

V字队形:前臂和身体垂直,手掌左右向下摆动。

单纵队:举起手臂,手肘弯曲,手掌垂直,前后作劈砍动作。

四、命令手语

检查弹药:手执一个弹匣,举到头顶高度,缓慢地左右摆动。

向我靠拢:伸开手臂,手指间紧闭,然后向自己身躯的方向摆动。

掩护我:把手举到头上,弯曲手肘,掌心盖住天灵盖。

集合:手腕作握拳状,高举到头顶上,食指垂直向上竖起,缓慢地作圆圈运动。

推进:弯曲手肘,前臂指向地上,手指紧闭,从身后向前方摆动。

赶快:手部作握拳状态,然后弯曲手肘,举起手臂作上下运动。

下来:手臂向身旁伸出,手肘弯曲,掌心向下摆动至腰间高度。

撤退:胳膊垂直向下,握拳向后摆动。

安静:作握拳手势,竖起食指,垂直置于唇上。

五、告知手语

听到:举起手臂,手指间紧闭,拇指和食指触及耳朵。

看见:掌心稍微弯曲并指向接受信息的队员,手指间紧闭,将手掌水平放置在前额上。

明白:手腕举到面颊高度并作握拳状,掌心向着发指令者。

不明白:手臂屈曲,掌心向上举至与肩同高并耸耸肩。

重复:手臂抬起,五指并拢,掌心向下,将食指第二关节贴于鼻孔处。

收到:伸开手,大拇指和食指呈圆形状,同"OK"的手势相同。

杀害:手臂屈曲举至与颈同高,掌心向下,来回横拉。

第九章

玩转地图——军事地形学

三国时代,刘备借据荆州后,就有"夺取西川(今四川)为基,然后北图汉中,收取中原,匡正天朝"的打算。但他又顾虑西川道路崎岖,山川险阻,地形不熟,虽想进取西川,一直未敢冒进。张松带着一份地图,献给刘备,帮助刘备成功入主西川。

从古代战争到现代战争,地形都是用兵的一个重要因素,对军队战斗行动的影响很大。作战时,如能善于利用地形,并且加以恰当地改造地形,就能夺取战争的胜利;相反,如果不能很好地利用地形,就可能导致战争的失败。中国伟大的军事理论家孙武说:"夫地形者,兵之助也。料敌制胜,计险厄远近,上将之道也。知此而用战者必胜,不知此而用战者必败。"《孙子·地形篇》列举了作战中经常遇到的通、挂、支、隘、险、远六种地形,指出了利用各类地形的原则。孙武的这些论述从不同角度说明了地形与作战的密切关系,强调将帅要重视对地形的研究和利用。

随着现代战争的突发性增大,战场范围扩大,参战军种、兵种较多,部队机动能力提高,研究利用地形愈益显得重要;加之军事测绘成果的不断丰富,军事地形学逐渐发展为一门专门学科,并成为军事训练的一门重要科目。

第一节　地形图知识

地形图是进行战场地形判断、拟订作战方案和组织实施作战不可或缺的工具。

一、地图概述

(一)地图的概念

将地面的自然地理要素和社会经济要素,按一定的投影方法和比例关系,用规定的符号、颜色和注记,综合测绘于平面图纸上的图,称为地图。通常大于1∶100万比例尺的普通地图叫地形图。

地形图是按一定的比例尺表示地物、地貌平面位量、形状和高程的正射投影图。

(二)地形图的分类和用途

依地形图所表现出的不同特征,对地形图所作的同类特征归并,叫地形图分类。分类是由使用和研究的目的所确定的。

1.地形图的分类

(1)按地形图比例尺分类

按地形图比例尺分类,比例尺大于1∶5万(含)的地形图为大比例尺地形图;比例尺为1∶10万和1∶25万的地形图是中比例尺地形图;比例尺为1∶50万和1∶100万的地形图是小比例尺地形图。

(2)按地形图的用途分类

按地形图的用途可分为战术用图、战役用图和战略用图。战术用图通常指1∶1万～1∶10万比例尺地形图,战役用图是指1∶10万～1∶25万比例尺地形图,战略用图是指小比例尺地形图。

2.地形图的用途

1∶1万、1∶2.5万比例尺地形图为实测图,显示内容详细、准确。这类地形图是对重要城市、要塞、基地、重点设防地区和可能的预设战场进行测制,主要供团以下部(分)队研究地形和组织战斗时使用。另外,还用于国防工程设计和国家经济建设勘察、设计。

1∶5万比例尺地形图也是实测图,是师、团两级组织训练和指挥作战的基本用图。在图上可以进行量测和计算,确定炮兵射击诸元。

1∶10万比例尺地形图多数为编绘图,少数地区如草原、戈壁地区等,是经实地调查测绘的。这类地形图主要供装甲、机械化部队和师、集团军指挥机关组织战斗时使用,还可供炮兵射击、空降兵选定着陆场使用。它也是合成军队的基本用图。

1∶25万、1∶50万比例尺地形图主要供集团军以上的指挥机关拟订战役计划、研究兵力部署、指挥陆空大兵团协同作战时使用。

1∶100万比例尺地形图主要供陆海空军及战略导弹部队在研究战役方向,进行战略、战役规划和部署战略、战役方面的作战任务时使用。

二、现地判定方位、标定与对照地图

在军事活动中,地形图的使用是指利用地形图所进行的判读、量算、行进、组织计划、作战指挥和分析评估等工作。

(一)现地判定方位

现地判定方位,就是辨明东、南、西、北方向,明确周围地形关系位置。判定方位的方法主要有:

1.利用指北针判定

平置指北针,待磁针静止后磁针北端所指的方向就是北方。常用的指北针为62式和65式。使用指北针前应检查磁针是否灵敏,使用时应避开高压线和钢铁物体。指北针在磁铁矿和磁力异常地区不能使用。

2.利用天体星判定

北极星是正北天空中一颗较亮的恒星,位于小熊星座的尾端,距北天极约1°,肉眼看来,北极星在正北方。夜间找到北极星,就找到了正北方向。寻找的方法是:利用与北极星有关联的大熊星座和仙后星座来寻找。大熊星座(北斗七星)和仙后星座位于北极星的两侧,遥遥相对。根据北斗七星或仙后星座就很容易找到北极星。大熊星座,主要亮星有7颗,像一把勺子,我国俗称北斗,是北半球夜间判定方位的主要依据。将勺端甲、乙两星的连线向勺子口方向延长,约在两星间隔的5倍处,有一颗比大熊星座略暗的星,就是北极星。

3.利用太阳和时表判定

一般来说,在当地时间6时左右,太阳在东方,12时在正南方,18时左右在西方。根据这一规律,便可利用时表根据太阳概略判定方位。方法是将时表放平,以时针所指时数(每日24小时计时制)折半的位置对准太阳,"2"所指的方向就是北方。如在当地时间上午9时,应以折半的位置"4"与"5"之间对准太阳;下午2时(14时)40分,应以7时20分对准太阳。为便于判定,可在时数折半的位置垂直竖一细棍或细针,使其阴影通过表盘中心。判定时,应以当地时间为准。我国大部分地区使用北京时间,即东经120°经线时间。由于经度不同,在同一北京时间内,各地所见太阳的位置也不同,应适时增减。

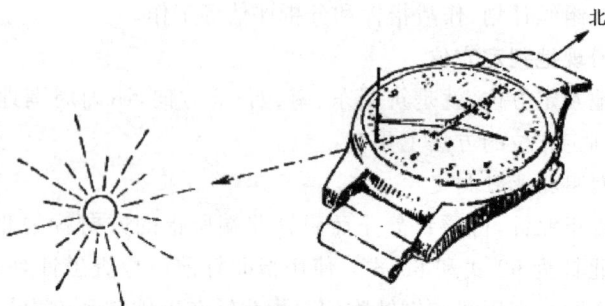

图9-1　利用太阳和时表判定方位

4.利用自然特征判定

有些地物由于受阳光、气候等自然条件的影响,形成了某种特征,可用来概略地判定方位。独立大树,通常南面的枝叶较茂密,树皮较光滑,北面的枝叶稀疏,树皮粗糙;独立树砍伐后,树桩上的年轮,通常北面间隔小,南面间隔大。突出地面的地物,如土堆、田埂、土堤和建筑物等,通常南面干燥,北面潮湿,易生青苔;南面积雪融化快,北面积雪融化慢。土坑、沟渠和林中空地则相反。北方平原地区较大庙宇、宝塔的正门和农村住房的门窗多数朝南开。

(二)现地对照地图与定位

现地对照地图,确定站立点、目标点在图上的位置,是现地用图的主要内容。

1.标定地图方位

现地标定地图方位,就是使地图的上北、下南、左西、右东方位与现地方位一致以便于现地使用地图。其主要方法有:用指北针标定,利用直长地物标定,利用明显地形点标定等。这里介绍用指北针的准星朝向地图上方,直尺边切于地图磁子午线,然后转动地图使磁针北端指零,则地图方位即已标定。

2.现地对照地形

现地对照地形,就是把地图上的地形符号与现地的地物、地貌进行对应判读的过程。对照的目的,在于明确周围地形和敌我关系位置,以保障实施正确的指挥。

通过将地形图与现地进行对照,要求达到:现地与图上都有的地形目标明确其对应关系;现地有而图上没有的目标能确定其图上位置;图上有而现地没有的目标能确定其在现地的原来位置。

它通常是在标定地图方位之后进行详细的现地对照;然后准确判定站立点的图上位置。因此说,现地对照与判定站立点的图上位置是交替进行互相联系的一项工作。现地对照地形的一般顺序是:先现地后图上,再由图上到现地,反复进行。

3.确定站立点在图上的位置

现地用图需随时确定站立点在图上的位置,以便利用地图了解周围地形和遂行作战任务。确定站立点的主要方法有:地形关系位置判定法、侧方交会法、后方交会法、磁方位角法等。

这里主要介绍地形关系位置判定法。先标定地图方位,按照现地对照的方法步骤,逐一判出站立点四周明显地形点在图上的位置;再依它们对于站立点的关系位置,在图上确定出站立点的位置。

4.确定目标点在图上的位置

作战中常需将新增和新发现的地形目标与战术目标绘在地图

上,以便量取坐标、指示目标和确定射击诸元。确定目标点在图上的位置,是在确定站立点在图上位置之后进行的,主要方法有:地形关系位置判定法、前方交会法、截线法等。

这里主要介绍截线法。当站立点位于已切线状地物上时(如图9-2 中站立点在直线路段上),图上的线状地物符号,即为已知线段。根据交会法原理,只需再作出一条方向线即可确定目标点。

图 9-2　截线法确定站立点

三、按地图行进

按地图行进,就是利用地图选择行进路线并通过地图与现地对照,保证按选定的路线从规定时间到达预定地点的行进方法,对地面部队机动、训练、完成战斗任务、夺取有利战机起着重大的影响作用。

行进前,必须做好准备工作。内容包括选择行进路线和记忆进行路线。

首先应根据受领的任务、敌情、地形和部队装备等情况选择最佳行进路线。在图上选择行进路线时,应在了解道路分布情况的前提下,着重研究行进路线上与运动有关的地形因素,主要是:道路的宽度及路面材料,最大坡度和最小曲半径对分队技术装备运动的影响,

道路上的桥梁、渡口、徒涉场及穿行居民地的情况,必须越野行进的
地段等。有敌情顾虑时,还应分析道路沿线植被所提供的隐蔽条件,
影响部队运动的狭窄路段及危险路段等。综上各因素,以所需行进
时间最短为基本要求来选择。

路线选定后,应在行进路线沿途选择一些明显、突出、不易变化
的目标作为方位物,以便行进途中随时判定站立点的位置,保持正确
的行进方向。特别在进出居民地的出入口附近,应选择数个方位物,
以便在居民地内运动时保持方向。

夜间行进时,方位物的选择应尽可能多且便于识别。

其次是牢记行进路线。牢记行进路线,就是将行进路线的有关
特征尽量记在脑子里,做到心中有图,未到先知。

记忆行进路线的内容主要是:行进路线每段的里程,行进时间,
经过的居民地、道路两侧的方位物和地貌特征,特别是通路的转弯
处、岔路口和居民地进出口附近的方位物及地形特征等。

四、地形学与定向运动

(一)定向运动的起源、发展及现状

1.起源

"定向"一词最早出现在 1886 年的瑞典,意思是在地图和指北针
的帮助下,穿越未知的地带。瑞典地处北欧斯堪的纳维亚半岛,国土
崎岖不平,覆盖着一望无际的森林,散布着无数的湖泊,人们主要通
过隐现在林中、湖畔的小径来往于各地。因而,人们必须学会并具备
清晰辨别方向的能力,否则将会有迷失方向的危险。这样,地图和指
北针就成为人们行走和生活的必需品。生活在半岛上的居民、军队
变成了定向运动的先驱。

2.发展及现状

(1)定向运动在国外的发展

到了 20 世纪 30 年代,定向运动已在瑞典、挪威、芬兰和丹麦等
国有了较好的发展。1932 年举行了第一次世界定向锦标赛。1943

年,驻扎在英格兰的挪威反抗军将定向运动介绍给了英国。1946年,美国童子军引进了定向运动。在随后的20年间,加拿大、澳大利亚、法国、德国、日本等国都相继引进了这项运动。从此,定向运动在西方国家得到了蓬勃的发展。

1961年5月,国际定向运动联合会(IOF)在丹麦首都哥本哈根成立。在成立会上确定了正式的比赛项目,制定了一系列的比赛规则与技术规范。国际定联的成立,标志着定向运动进入了崭新的发展时期。现在,国际定联正在为争取将定向运动纳入奥运会的正式比赛项目而努力。

(2)定向运动在我国的发展

在我国内地,定向运动按国际标准正式作为一项体育活动和比赛项目开展是在1983年。在此之前,20世纪70年代末,我国内地的体育报刊上刊登了一些介绍国际定向运动的文章。定向运动特有的重要锻炼价值和实用意义逐渐引起了国内体育和军事部门的注意,中国人民解放军把定向运动列为军队常规训练科目之一。1983年3月10日,解放军体育学院首次在广州白云山组织了一次定向越野实验比赛。同年7月,北京市测绘学会在举办青少年夏令营时,组织100多名15~17岁的中学生在密云县举行了一次定向越野比赛,受到了营员们的欢迎,激发了大家对定向运动的极大兴趣。

进入20世纪80年代中期,我国开展的各类定向比赛有所增加。1985年9月29日,深圳市体委在解放军体育学院的协助下,与香港野外定向会共同举办了首届"深港杯野外定向比赛"。1992年,中国以中国定向运动委员会的名义加入国际定联。1994年9月,原国家体委、原国家教委、总参军训部、国家测绘局共同主办了首届"全国定向运动锦标赛",这是我国举办的第一次全国性正式比赛,并决定以后每年举行一次。经民政部和国家体育总局批准,中国定向运动协会于2004年11月10日在北京宣布成立,这标志着定向运动在中国的发展进入了一个成熟阶段。经过十几年的发展,中国定向运动如星火燎原般蓬勃开展起来:北京、上海、广州、深圳、南京、成都等地都成立了以定向运动为主要活动的俱乐部和团体。无论是普通市民、学生、白领等都积极投身于这项新兴的运动当中,体验到了非同一般的活动感受。

　　在大中学校中推广定向越野活动,是极具挑战意义的选择和决策。1995 年 8 月,原国家教委举办了首届"全国大学生定向越野比赛",至今这项赛事仍定期举行,并逐步形成了制度。同年,首届"高校国防体育节"在吉林举行,参加体育课程的拓展内容,已逐步进入大、中、小学的体育课堂。在我国的沿海地区,许多大中学校成立了定向运动队、定向运动俱乐部,吸引了一批批青少年学生参加;培养师资的体育院校也已将定向运动作为新增设的课程向学生推广;各地区各种形式的定向运动比赛、定向运动夏令营、定向运动骨干培训班的活动非常活跃;广大体育教师开始涉足于定向运动科学研究的新领域,发表出版了一批具有相当指导价值与实际意义的科研论文和学术著作。

　　(二)定向地图

　　定向地图要求对读图和选择路线有影响的因素都要表示出来,如地貌、地表状况,可奔跑性、水系、建筑群与独立房屋、道路网、其他线状地物以及对判定方向与确定点位有用的地物等。图上标有比例尺、等高距、磁北线、各种地物、地貌符号、图例说明、检查点符号说明等内容。

　　关于定向运动的详细介绍,感兴趣的同学可以参见相关书籍与网站,这里推荐几个网站:

　　http://orienteering.org/　　　　国际定协(IOF)

　　http://www.oacn.org/　　　　中国定向运动协会官方网站

　　http://www.socn.org　　　　中国学生定向官方网站

第二节　数字化地图与精确打击

一、电子地图与遥感影像

(一)电子地图

1.电子地图的概念

电子地图(electronic map),即数字地图,是由电子计算机控制所生成的地图,是基于数字制图技术的屏幕地图,是可视化的实地图。电子地图一般使用向量式图像储存,地图比例可放大、缩小或旋转而不影响显示效果。在"计算机屏幕上可视化"是电子地图的根本特征。现代电子地图软件一般利用地理信息系统来储存和传送地图数据,也有其他的信息系统。

电子地图种类很多,如地形图、栅格地形图、遥感影像图、高程模型图、各种专题图等等。

2.电子地图的优点

电子地图可以非常方便地对普通地图的内容进行任意形式的要素组合、拼接,形成新的地图。可以对电子地图进行任意比例尺、任意范围的绘图输出。非常容易进行修改,缩短成图时间。可以很方便地与卫星影像、航空照片等其他信息源结合,生成新的图种。可以利用数字地图记录的信息,派生新的数据,如地图上等高线表示地貌形态,可以直观立体地表现出来。

电子地图可广泛用于国防建设、城市规划建设、交通、旅游、汽车导航等。并将各部门日常的繁琐工作变成在计算机前作业,科学、准确、直观,大大提高效率。

3.关于 Google Map 和 Google Earth

Google 在 2004 年 10 月首次向广大用户推出一个免费的基于卫星图片的地图软件 Google Earth。其功能犹如该公司的在线地图服务——Google Map,用户可以在一幅 3D 地图上放大目的地或获得驾车指南。Google Earth 利用宽带流以及 3D 图形技术,可以让用户交互式地探索世界——要搜索的目的地最近可以是自家的邻居;最远可以是全球某个角落。而 Google Earth 与 Google Map 最大的不同点是,Google Earth 还可以让用户旋转角度来观看地形和建筑物,为地图增添注释。

Google Earth 功能包括:

①结合卫星图片,地图,以及强大的 Google 搜索技术,全球地理信息就在眼前;

②从太空漫游到邻居一瞥;

③目的地输入,直接放大;

④搜索学校、公园、餐馆、酒店;

⑤获取驾车指南;

⑥提供 3D 地形和建筑物,其浏览视角支持倾斜或旋转;

⑦保存和共享搜索和收藏夹;

⑧添加自己的注释。

(二)遥感影像

1.概念

凡是只记录各种地物电磁波大小的胶片(或相片),都称为遥感影像(remote sensing image),主要是指航空像片和卫星像片。

用计算机处理的遥感图像必须是数字图像。以摄影方式获取的模拟图像必须用图像扫描仪等进行模/数(A/D)转换;以扫描方式获取的数字数据必须转存到一般数字计算机都可以读出的 CCT 等通用载体上。

2.成像方式分类

①航空摄影成像。传统摄影成像是依靠光学镜头及放置在焦平面的感光胶片来记录物体影像。数字摄影则通过放置的焦平面的光敏元件,经光/电转换,以数字信号来记录物体的影像。

②航空扫描成像。扫描成像是依靠探测元件和扫描镜对目标物体以瞬时视场为单位进行的逐点、逐行取样,以得到目标物的电磁辐

射特性信息,形成一定谱段的图像。

③航空微波雷达成像。微波成像雷达的工作波长为1毫米～1米的微波波段,由于微波具有穿透云雾的能力,所以微波雷达成像具有全天时、全天候的特点。

二、导航与精确打击战

(一)中国北斗卫星导航系统

卫星导航系统是重要的空间信息基础设施,中国高度重视卫星导航系统的建设。2000年建成北斗导航试验系统,启动实施北斗卫星导航系统建设,目前该系统已成功应用于测绘、电信、水利、渔业、交通运输、森林防火、减灾救灾和公共安全等诸多领域,产生显著的经济效益和社会效益。例如在2008年北京奥运会、汶川抗震救灾中都发挥了重要作用。

1. 北斗系统介绍

北斗卫星导航系统[BeiDou(COMPASS)Navigation Satellite System]是中国正在实施的自主研发、独立运行并拥有自主知识产权的全球卫星导航系统。与美国GPS、俄罗斯格罗纳斯、欧盟伽利略系统并称全球四大卫星导航系统。

北斗卫星导航系统(如图9-3)由空间端、地面端和用户端三部分组成。空间端包括5颗静止轨道卫星和30颗非静止轨道卫星。地面端包括主控站、注入站和监测站等若干个地面站。用户端由北斗用户终端以及与美国GPS、俄罗斯"格洛纳斯"(GLONASS)、欧洲"伽利略"(GALILEO)等其他卫星导航系统兼容的终端组成。

北斗卫星导航系统的建设目标是建成覆盖全球的导航系统。该系统可在全球范围内全天候、全天时为各类用户提供高精度、高可靠的定位、导航、授时服务,并兼具短报文通信能力。中国以后生产定位服务设备的产商,都将会提供对GPS和北斗系统的支持,会提高定位的精确度。

2. 北斗卫星导航系统的工作原理

首先由中心控制系统向卫星Ⅰ和卫星Ⅱ同时发送询问信号,经

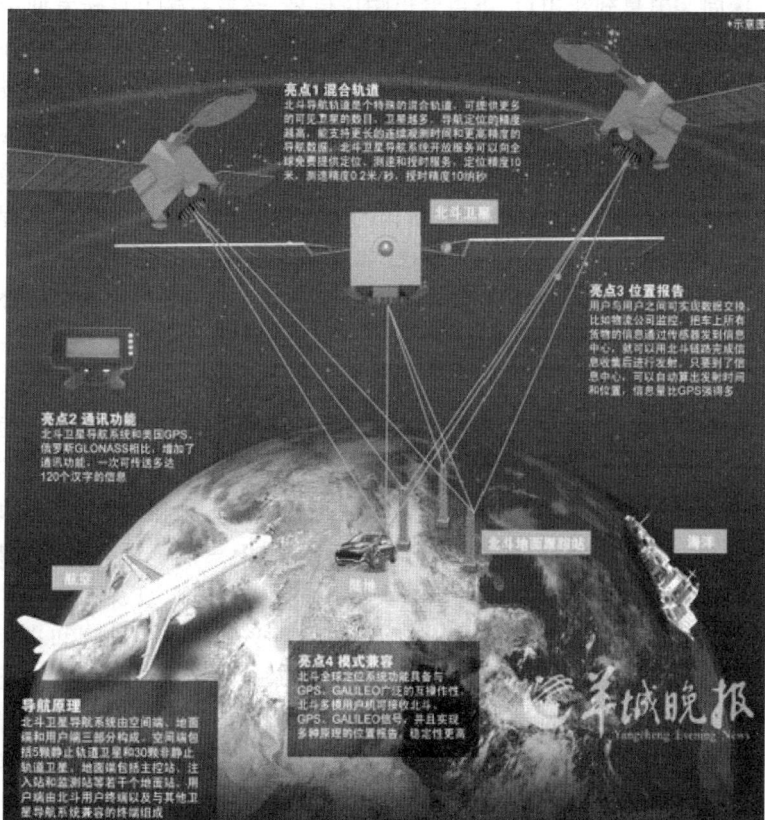

图 9-3　北斗卫星导航系统示意图

卫星转发器向服务区内的用户广播。用户响应其中一颗卫星的询问信号，并同时向两颗卫星发送响应信号，经卫星转发回中心控制系统。中心控制系统接收并解调用户发来的信号，然后根据用户的申请服务内容进北斗卫星导航系统示意图行相应的数据处理。对定位申请，中心控制系统测出两个时间延迟：即从中心控制系统发出询问信号，经某一颗卫星转发到达用户，用户发出定位响应信号，经同一颗卫星转发回中心控制系统的延迟；和从中心控制发出询问信号，经上述同一卫星到达用户,用户发出响应信号,经另一颗卫星转发回中心控制系统的延迟。由于中心控制系统和两颗卫星的位置均是已知的,因此由上面两个延迟量可以算出用户到第一颗卫星的距离,以及用户到两颗卫星距离之和,从而知道用户处于一个以第一颗卫星为球心的一个球面,和以两颗卫星为焦点的椭球面之间的交线上。另外中心控制系统从存储在计算机内的数字化地形图查寻到用户高程值,又可知道用户处于某一与地球基准椭球面平行的椭球面上。从而中心控制系统可最终计算出用户所在点的三维坐标,这个坐标经加密由出站信号发送给用户。

3. 系统特色

北斗导航终端与 GPS、"伽利略"和"格洛纳斯"相比,优势在于短信服务和导航结合,增加了通讯功能;全天候快速定位,极少的通信盲区,精度与 GPS 相当,而在增强区域也就是亚太地区,甚至会超过GPS;在提供无源定位导航和授时等服务时,用户数量没有限制,且与 GPS 兼容;特别适合集团用户大范围监控与管理,以及无依托地区数据采集用户数据传输应用;独特的中心节点式定位处理和指挥型用户机设计,可同时解决"我在哪?"和"你在哪?";自主系统,高强度加密设计,安全、可靠、稳定,适合关键部门应用。

北斗一号系统属于有源定位系统,系统容量有限,定位终端比较复杂。北斗一号系统属于区域定位系统,目前只能为中国以及周边地区提供定位服务,且与 GPS 完善成熟的运营相比,未来处于不断完善之中。

4. 北斗系统的实际应用

(1)军用功能

利用北斗卫星导航定位系统可以执行部队指挥与管制及战场管理;飞机、导弹、水面舰艇和潜艇的定位导航;弹道导弹机动发射车、自行火炮与多管火箭发射车等武器载具发射位置的快速定位,以缩短反应时间;人员搜救、水上排雷定位等。

高层指挥部也可随时通过北斗系统掌握部队位置,并传递相关命令,对任务的执行有相当大的助益。

(2)民用功能

①个人位置服务:使用装有北斗卫星导航接收芯片的手机或车载卫星导航装置找到你要走的路线。

②气象应用:促进我国天气分析和数值天气预报、气候变化监测和预测,也可以提高空间天气预警业务水平,提升我国气象防灾减灾的能力。

③道路交通管理:通过在车辆上安装卫星导航接收机和数据发射机,车辆的位置信息就能在几秒钟内自动转发到中心站。这些位置信息可用于道路交通管理。

④铁路智能交通:在铁路运输领域,北斗卫星导航系统将提供高可靠、高精度的定位、测速、授时服务,促进铁路交通的现代化,实现传统调度向智能交通管理的转型。

⑤海运和水运:北斗卫星导航系统将在任何天气条件下,为水上航行船舶提供导航定位和安全保障。

⑥航空运输:当飞机在机场跑道着陆时,最基本的要求是确保飞机相互间的安全距离。利用卫星导航精确定位与测速的优势,可实时确定飞机的瞬时位置,有效减小飞机之间的安全距离,甚至在大雾天气情况下,可以实现自动盲降,极大提高飞行安全和机场运营效率。

⑦应急救援:卫星导航已广泛用于沙漠、山区、海洋等人烟稀少地区的搜索救援。在发生地震、洪灾等重大灾害时,救援成功的关键在于及时了解灾情并迅速到达救援地点。北斗卫星导航系统除导航定位外,还具备短报文通信功能,通过卫星导航终端设备可及时报告所处位置和受灾情况,有效缩短救援搜寻时间,提高抢险救灾时效,大大减少人民生命财产损失。

5.北斗上天的重要意义

我们现在使用的车辆导航系统是 GPS,这是美国人搞的卫星导航系统,中国用户很多,每年仅此 GPS 费用就非常高,国人急盼中国的北斗卫星导航系统能投入使用,不再受制于人,可喜的是 2011 年 10 月 24 日国家有关部门宣布中国交通运输业将率先应用北斗卫星导航系统,这是一个重大的太空研究成果,是令无数中国人欢欣鼓舞的事情。

开发宇宙空间非常必要,是世界竞争格局的需要,也是国家利益和战略利益的需要。陆海空立体战争,空中打击、卫星定位、太空武器……谁在太空占有优势,谁就具有主导权。

在海湾战争中,美国的空间军事系统直接用于战争的近 70 颗军事卫星,为多国部队提供了全面的侦察、通信、预警、导航、气象等保障,从而使发航导弹精确击中目标,使大批的舰队安全顺利航行,各种飞机准确飞行。所以,多国部队通过掌握制天权而始终掌握着这场战争的主动权。美国无人战机轰炸利比亚,通过太空卫星在美国本土就能指挥无人机自如攻击!萨达姆和卡扎菲的悲惨实例告诉我们:地面战争是搞不定空中打击的。我们设想一下:如果没有中国的航天技术、没有中国的空中防御系统,岂不任美国攻击而毫无还手之力?

(二)精确打击战

精确打击战,简称精确战,是指依靠信息的支持,运用精确制导武器系统,对敌人实施精确打击的一种作战样式。精确战的出现,是日益成熟的信息技术应用于武器系统的必然结果,是武器信息化和战场透明化综合作用和产物,更是信息时代的必然要求。精确战可在多维空间、不同的时间以多种方式对战场目标实施全方位立体打击,进而达成作战目的。

精确打击战有以下几个特点:①作战距离远;②直接摧毁重心;③作战节奏快;④战场生存难;⑤作战效益高;⑥附带伤亡小;⑦作战可控性强。

视角 1:2007 年 8 月,"和平使命—2007"中俄联合反恐军演震撼上演。人民空军第一次大规模、多兵种、远距离跨国机动。大型运输机和歼击轰炸机经过万里大机动,顺利准时飞抵演习场……跨国兵力投送,实现了运输机与歼击轰炸机混编空中转场的历史性突破,标志着人民空军远程快速投送能力的战略性跨越。

视角 2:2008 年 8 月下旬,我军航空兵某轰炸机团整建制出动,长驱数千公里,绕云团、躲冰雹,起降两个陌生机场,横跨 3 个战区,在陌生空域准确"摧毁"多批目标。这个轰炸机团充分发挥新装备优势,练就了命中精度高、机动速度快、攻击目标远的作战能力,标志着人民空军实现了从"临空轰炸"到"远程精确打击"的历史性跨越。

视角 3:百余架战机同时起飞,陆海空天电五维一体对抗。2009年 6 月 15 日,一场复杂电磁环境下攻防对抗和远海作战实兵演练在南海海域上空展开。从各机场同时起飞的各型战机,犹如猎食的鹰隼,直扑远海深处预定目标,体系攻防的激战在海天间展开……这次演练创造了人民空军航空兵部队远海最远航程纪录,远海空中作战能力实现新突破。

从实战化演练到中俄联合军演……近年来,我军圆满完成了多项重大军事行动,凸显出我军以空中作战、防空反导、战略投送、空降作战、快速反应、联合作战和综合保障能力等为核心的精确打击军事能力有了大幅跃升。

第十章

野外生存必备——露营与自救

在军事训练和大学生军训中，露营和野外生存是一项标准科目。拉练的主要目的是锻炼我们的身体综合素质，提高耐力，同时也提升抗压、应变能力。而且很多拉练活动是在野外进行，因此关于野外行走、露营以及野外生存的相关知识是必须具备的。此外，许多年轻人崇尚自然，喜欢远离旅行社和"风景名胜"，选择结伴探索未知的自然环境，欣赏不一样的风景，俗称"驴行"。殊不知，在这样的拉练或者"驴行"过程中，我们有可能会面对很多未知的困难甚至危险。提高自己的野外生存技能，了解一些野外应对危机和伤病自救知识也是十分实用的。

第一节　必需物品的准备

"工欲善其事，必先利其器。"凡是野外活动，不论时间长短，我们都应该做好充分的物资准备工作。一件合适的装备能让人迅速摆脱困境；相反的，如果没有充分的物资准备，就可能影响活动的计划、行程，甚至使自己陷入危险。

常规的野外活动，我们通常需要准备好工具、装具、食品和药品四类物品。

一、常用工具

(一)地图

地图是所有行动的基础和前提。最好携带活动地区大比例尺地图,尽可能详细地标注出该地区的地形和建筑。在选购地图的时候,要挑选正规出版社发行的尽可能新的版本。因为标注得越详细,就越能帮助自己确定当前的位置以及目的地,从而有利于规划更加合理的路线。

目前很多数码产品可以安装电子地图,具有更新及时、查询方便等优点。我们建议可以将其作为辅助手段,但是不能完全依赖数码设备。在野外条件下,电子产品容易损坏且得不到及时维修,纸质地图是必不可少的。

📖✨小贴士

> 如果前往活动的区域,没有地图能够进行详细标注,则应该在当地聘请经验丰富的本地人作为向导。

(二)指南针(指北针)

指南针(见图 10-1)是任何野外活动的必要工具之一,能够快速地帮助自己辨清方向。市场上的指南针规格有很多种,在选购时应挑选刻度清晰、摆动灵敏、坚固耐用、携带方便的型号。

(三)绳索

绳索是一种用途十分广泛的辅助工具,能够帮助我们攀登、捆绑、固定等等。在选购绳索时应该以耐磨、结实、利于打结为基本原则,在条件允许的情况下,尽可能多携带一些。

图 10-1　标准的
指南针表盘

如果是专门用于攀登的绳索（见图 10-2），要在购买时向店员说清用途，在专业人士的指导下根据自己的需求选购。攀登对绳索在耐磨、抗压和承重等几项性能指标上有特殊的要求，不能够用普通绳索代替。

图 10-2　攀登绳索

推荐出发前选购一部分专业的攀登绳索，既可以用于攀登，也可以在其他场合使用，尽管价格会高于普通绳索。

（四）刀具

刀具在野外活动中的用途十分广泛，可砍断树枝藤条、切割绳索、挖掘、烹饪，甚至对抗野兽等，如图 10-3 所示。在选择刀具时，我们要注意选择结实、锋利，同时具有一定重量的型号。轻巧的刀具固然便于携带，但是不利于进行砍伐和挖掘。建议可以由团队中的多个队员携带不同型号的刀

图 10-3　野外生存用的多功能砍刀

具若干把，既可减轻个人负重，又可根据情况选择使用。

（五）照明及烹饪用具

生活在现代文明环境中的人已经不能适应黑暗的环境和生吃食物，所以我们在出发之前就不能不考虑照明和野外烹饪。即使我们携带了即食食品，如果不能加热，相信也一定难以下咽。

野外活动中最常用的照明设备是手电和头灯。手电（见图 10-4）使用更灵活，功率可以做得更大，头灯的优势不言而喻，就是解放双手。在野外使用，应保证提供尽可能大的亮度，以备关键时刻提供足够的照明。但亮度和续航时间是一对矛盾，就要在两者中取一个平衡。所以最好是具有调光功能的产品，在搜索、狩猎等需要强照明场

合打开高亮档,在需要长时间续航的
时候切换到低亮档。在手电发光体
的选择上,有白炽灯泡和大功率
LED 两种可供选择,两者各有优缺
点。白炽灯泡的寿命短发光效率低,
相同功率下亮度不如 LED 或者说相
同亮度下更费电,但是白炽灯的优点
也是 LED 不能比的,白炽灯光谱连
续显色性好,能更清楚地分辨物体且

图 10-4　为野外生存常用的
手电,坚固耐用,小巧防滑

颜色不会失真。而且灯泡价格非常便宜,补充方便。LED 因为其寿
命长、光效高、省电,这几年发展迅速。其缺点是价格较贵,且比较娇
贵。在野外使用,时常会遇到雨雾等低能见度天气,所以最好使用低
色温的黄光光源,穿透力好,柔和不刺眼。这一点白炽灯也具有先天
优势。

　　野外活动条件艰苦,在烹饪上当然也不追求家里的味道了,而是
以高效、节能、安全为原则。建议携带铝制的多用途锅作为烹饪的主
要器具,既可以烧开水,也能煮食物,铝制较为轻便,容易携带。而在
燃料的选择上,通常野外活动会使用固体酒精、煤油、汽油和瓦斯作
为燃料,同时配合专业的野外炉具使用。许多炉具能够适用于不同
的燃料。

小贴士

　　烹饪应选择在开阔、平整的地面进行,避免在帐篷内、山洞内
进行,因为燃烧产生的有害气体不能及时散发会危害到人体健康。
同时,我们在野外用火也要注意安全,在结束时要完全熄灭火焰,
收拾产生的垃圾,打包带走。

二、装具与衣物

(一)背包

背包的种类很多,一般我们根据活动时间的长短、距离的远近选择背包的大小和类型,如图 10-5 所示。

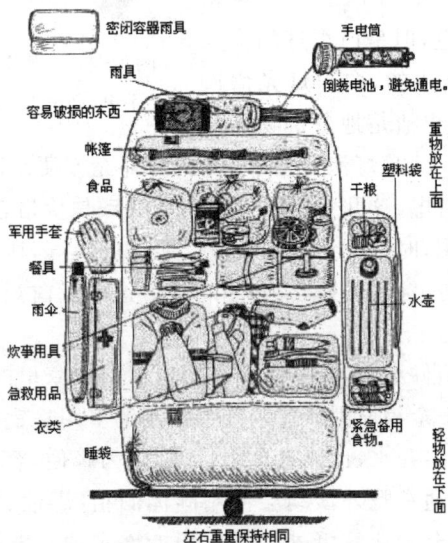

图 10-5　背包内物品位置摆放的参考,
物品可以根据行程和地点进行调整

如果是短途活动,15~20 升容积的小背包就足够了。如果是长途旅行,可以选择带背架式的、有背带调剂功能的大容积背包。这种背包有高的储存量和机动性,空间分隔合理,存取物品非常方便。男性一般可以选择 55~90 升的容积,女性一般选择 30~50 升的容积。

在物品摆放时,也是有一定的讲究的,按照"上重下轻,左右对称"的基本原则,即将重物,比如罐头、炊具等放在背包中上部,避免人体有被向后拉扯的感觉,而换洗衣物、睡袋等体积大但质量轻的物品放在下部。同时尽量将物品的配重保持左右平衡。易碎物品应该放在背包的中间位置,由其他物品保护。一些贵重物品,例如现金、手机等可以放在背包的顶部。因为位置较高,不容易被窃取。

(二)衣服

在野外环境中活动,可能面对复杂多变的气候状况,选择合适的衣服能够帮助我们抵御日光直射,以及风吹雨打和气温的快速变化。一般情况下,我们应选择长袖和长裤作为基本装备,不仅能够防止被紫外线灼伤,也能避免被蚊虫叮咬和被树枝擦伤。外套应尽量选择防水、防风、防勾的面料。贴身内衣以全棉为宜,舒适,吸汗,不容易刺激皮肤。

如果遇到衣物不能暖和的情况,可以把报纸、杂志、塑料袋等塞在衣物之间,可以起到一定的保暖效果。穿上雨衣也是非常实用的方法。

(三)鞋袜

鞋袜应该是野外活动中最辛苦的"伙伴"了,它的好坏直接影响我们的活动质量。一双合适的鞋子,能助我们健步如飞,而一双不合脚的鞋子都让我们"寸步难行"、痛苦不已。一双适合野外行走的鞋子,主要的评价标准是:舒适、结实、防滑。皮鞋和高跟鞋肯定不是我们理想的伙伴,而许多男生爱穿的篮球鞋也不能是理想的户外伴侣,篮球鞋的鞋底设计是为了在光洁的地板上进行跑、跳,而不是在碎石、草地上长时间行走。同时,最好选择比平时大半码的鞋子,这样在出现脚部肿胀的时候仍然可以穿着行走。

袜子应挑选棉质而避免丝质,丝袜非常光滑且不吸汗,不适合长时间的野外行走。最近,我们年轻人比较青睐的船袜,即袜帮非常低的袜子也应避免选择,因为此类袜子不能很好地保护脚踝,也容易使蚊虫在裤腿与鞋帮之间找到可乘之机。

(四)雨具

雨水是野外活动中经常碰到的"伙伴",不论是瓢泼大雨还是毛毛细雨,都会使我们的活动受到很大程度的干扰,甚至会让我们着凉、感冒。所以大部分情况下携带雨具出行是非常必要的。不同于城市生活,雨伞在野外活动中不太受欢迎,因为它占用了双手,不利于爬坡、攀登和在树林中穿行,还会增加风的阻力。一件合身而且透气的雨衣才是我们野外活动的最好选择,如图 10-6 所示。

图 10-6　分体式 PVC 材质雨衣,穿着时不妨碍身体正常活动,十分方便

(五)帐篷与睡袋

野外活动会耗费人大量的精力,能否保证睡眠及休息的质量是第二天能否精力充沛的关键。因此选择合适的帐篷、睡袋事关重大。

通常情况下,我们在野外露营要选择防潮、保暖的双层野营帐篷。因为夜间,内外温差较大,人体呼吸的水汽会在普通帐篷内形成水珠,使物品受潮,而有内帐的双层帐篷可以很大程度地避免这类情况的发生,同时起到保温的效果。此外,我们还要关注帐篷的底层材料,一定要由具有防潮功能的材料制作而成的。而 PU 指数,是指帐篷布料的防水能力。例如 PU 指数是 2000mm,意思是可以保证在 2000mm 的降水压力下不渗漏。

如果是在高海拔的山区露营,则应该挑选低矮的高山帐篷,此类帐篷一般只有 1 米左右的高度,具有很强的抗风能力和抵御严寒的能力。

睡袋按照填充材料可分为羽绒睡袋和化纤棉睡袋两类。羽绒睡袋具有轻便、易于携带、保暖性能优秀等特点,但是一旦被水弄湿则很容易损坏;化纤棉睡袋比较结实,但是保暖性能不及羽绒睡袋,适合在春夏秋三季使用。

三、食物与常备药品

(一)食物

野外活动时,通常情况下,携带的食品自然是越充足越好,但是增加的食物也会增加负荷,所以建议根据活动计划,再多准备两天的食物为宜。这样,一旦遇到突发情况,需要在野外多逗留几天,也可以支持。如果进行长时间的野外活动,食物难以得到及时补充时,就应该尽量少用甚至不用自备食物,而是就地取材,寻找可以果腹的食物,最大限度地减缓自备食物的消耗。

准备的食物应该是高热量,体积小,能膨胀且不易变质的食物。压缩饼干、巧克力等都是非常理想的选择。

(二)外伤药品

野外活动,很容易受到意想不到的外伤困扰。例如,皮肤被带刺的藤条划破,因为摔倒擦破表皮甚至不慎扭伤脚踝等等。所以,我们应该携带足够的创可贴、纱布、绷带用于包扎伤口,聚维酮碘、红药水等可给伤口消毒,云南白药、跌打药酒等可用于减缓疼痛、消除淤血。

(三)感冒药品

在野外活动由于昼夜温差较大,又容易被雨水淋湿,即使体质强健的人也容易患感冒,从而影响活动能力。我们可以选择中药制剂用于应付一般的感冒症状,而且有较少的副作用,例如板蓝根等。

(四)肠胃药品

在野外由于条件限制,烹饪食物时的卫生条件难以得到保证,容易引起消化不良、腹泻、恶心、呕吐等症状,如果腹泻不能得到及时缓解,很容易使人脱水、虚弱,甚至危及生命。因此,我们要常备小檗碱片等用于治疗细菌引起的肠胃炎、腹泻;用酵母片等缓解消化不良的症状。

(五)其他常备药品

由于负荷有限,不能携带很多新鲜的瓜果蔬菜,所以可携带一些维生素以便及时补充人体所需的维生素。如可以选择一些维生素复合片,既方便又便于携带。

如果天气炎热,应自备一些防暑药品,如人丹、保济丸、风油精等。此外,针对个人的身体状况和既往病史,例如哮喘患者、对于某种介质过敏的人群或者皮肤病患者等应选择适用的药品。如果没有

针对性的特效药,在野外发病,往往很难找到合适的替代药物,会给
患者带来痛苦,甚至生命危险。

第二节　野外行走

走路是每个人从孩童时代就已经掌握的技能。但是在实际生活
中,有的人能长距离行走而不觉得疲惫,有的人走一段路之后就会觉
得双脚酸胀、腰酸腿疼。除了身体素质外,还与心理素质、气候环境、
走路方法也有直接的关系。特别是野外行走,掌握一定的技巧和方
法,能帮助我们更好地节约体力,长距离地行走。

一、野外行走的基本方法

(一)坚定信念,放松心情

野外行走的距离一般都不很短,少则 5 公里,长则几十公里甚至
更长。所以在出发之前一定要调整好自己的心态,坚定信念,做好充
分的思想准备。长距离徒步行走考验体能的目的是其次,主要是考
验行者的毅力和韧性。要坚信自己一定能够抵达目的地,"经历风雨
后方能见彩虹",当怀揣着这样的信念,一路上就会有源源不竭的精
神动力。

在坚定信念的同时,也不能过度紧张。如果只为走路,一心一意
只想着目的地,时刻计算着剩余路程,反而容易让人的神经始终处于
高度紧张,动作僵硬,不协调,白白消耗掉大量的体能。要把沉重的
步伐变得轻松愉快,就要学会放松心情。如果是团队行走,可以通过
聊天、播放音乐等方法,营造轻松快乐的氛围。如果是独自一人行
走,可以通过听音乐、观察周围景色、回忆美好往事等方法来减轻走
路时的压力和孤独感。

(二)劳逸结合,学会休息

野外活动不是中长跑,咬牙坚持就能挺过难关,即使耐力再强的
人也要进行休息和调整。如果一味坚持,容易使人体力透支甚至受

伤,反而不利于继续前行。

休息地的选择十分重要。夏天宜选择阴凉、有水的地方,如树荫下、悬崖下、深谷里,避免阳光直射,可以快速散发身体热量。冬天则要选择向阳的干燥处,如果环境条件允许,还可以躺下,不仅彻底放松,还能使身体更大面积晒到阳光。

此外,休息的时候可以放下背包、脱下鞋袜,使双脚和鞋袜保持干爽。

(三)根据道路情况进行调整

在行走过程中,会接触到不同的道路,比如沥青马路、水泥路、石子路、土路等等。在路面较硬的地方行走,走路步幅不宜太大,不宜脚掌用力着地,否则容易过早产生疲劳和脚掌脚趾出现水泡。而在土路、河滩等地质较软的路面行走时,脚掌负担较小,因此要全脚掌落地,着地要轻而稳,防止摔倒。

上坡、下坡也是野外行走中经常遇到的路况。走上坡时,身体要适当前倾,重心前移,前脚掌着地;坡度较陡时,要高抬膝盖,匀速呼吸,不要憋气。切忌迈大步冲刺前进。走下坡时,上体要正直或稍后仰。如坡度不大时,应加大步幅,减慢步频。每一步都要踩实,避免滑倒。如果在山间小路行走应避开悬崖一侧,靠近山体一侧。下坡往往更容易出现意外,所以切不可因为体力负担较轻而分散注意力。

二、复杂地形行走

我国幅员辽阔,各种地形地貌齐全,有平原、高原、盆地、山地、丘陵、沙漠等多种类型,更多的是多种地形交错、混合。本教材中选取我们比较常见的山地、丛林、雪地、沙漠戈壁四个地形讲解。

(一)山地行走

我国是一个多山的国家,山地面积约占全国陆地面积的三分之一。我国的主要山系有如下:天山—阿尔泰山系,帕米尔—昆仑—祁连山系,大兴安岭—阴山山系,长白山系,喀喇昆仑—唐古拉山系,冈底斯—念青唐古拉山系,喜马拉雅山系,横断山系,巴颜喀拉山系,秦岭—大巴山系,乌蒙—武陵山系,东沿海山系,台湾山系和海南山系。其他小型山脉、丘陵更是数不胜数。[1]

在山地行走时,应遵循"走梁不走沟、走纵不走横"的原则,即当没有明显的路迹可循时,尽量选择走树高林稀、草丛低疏的纵向边缘,避免走草丛密集、藤刺交织的深沟山谷。在上坡路段,由于长时间直线上行容易疲劳,同时脚下难以踩稳,建议走"之"字形路线。这样虽然路线稍长,但是能够节省体力,也更加安全。同时,要特别注意避开碎石坡。一来,队伍后方的人容易被前方攀登者踩落的石子砸伤;二来,容易出现滑倒甚至滑下坡的危险。在下坡时,多借助周围的植物,缓慢下行。双手张开,保持身体平衡,身体重心后移,抓住相对粗大的树枝、藤条借力。要避免抓取腐朽、枯败的树枝或者带刺的藤条,以免突然断裂或疼痛而造成意外。如果在下坡时,不慎滑倒,要保持冷静,身体重心迅速后移,臀部和背部着地,增大摩擦面积,使下滑速度降到最低。

小贴士

攀岩运动和攀登陡坡有本质的区别。攀岩运动的对象是极其陡峭甚至与地面成锐角的岩体,需要一定的技术和安全装备保障。在没有保护措施的情况下,即使是有一定攀岩运动经验的人也不应该在野外尝试攀岩。我们在野外遇到岩壁,宁可绕远路行进,也不可盲目尝试攀登翻越。

我国南方地区气候湿润,多雨水。雨天在山地行走,不仅要在经过泥泞路面和光滑的岩石时加倍小心,以防发生不测;更要避开在深谷、溪沟等地形下行走,以防发生山洪、山体滑坡或者泥石流。建议

---

[1] 朱妙扬:《体验野外生存》,军事谊文出版社2004年版,第19页。

停止前行等待天气转好或者取消行程。

(二)丛林穿越

丛林是指大面积集中生长的茂密树林,根据分布的气候区域不同,一般分为热带雨林、亚热带雨林和温带林等几种。在我国主要有分布在广东、海南、广西、台湾及云南的亚热带雨林和其他广大地区的温带林两种。其中亚热带雨林的特征是总体雨水丰富,随季节变化而变化,树木密集,主要树种旱季落叶、雨季萌发,以低矮树种为主。而温带林主要由阔叶林、针叶林、针阔混交林和竹林构成。

要想顺利地穿越丛林,必须牢记"绕、砍、压、打、钻"五字法则。

绕:尽量选择植物相对稀少的地形通过。在密林中遇见平缓、裸露的岩石,则可以通过或进行休整。

砍:用砍柴刀砍去阻挡在前行路线上的树枝藤条,开辟可供队伍通过的路。砍刀开路非常耗费体力,要注意团队合作,轮流充当开路先锋。"磨刀不误砍柴工",一把称手的好砍刀是快速通过的保证。

压:丛林中经常有齐腰深的杂草丛或者灌木丛。可以用长棍插入草丛,用脚使劲踩住长棍,使杂草、灌木倒伏,以便通过。如果没有长棍,可用脚踩踏杂草、灌木的底部,使其暂时倒伏。

打:丛林中生活着大量的昆虫和爬行动物,"打"有两个作用。一是当面对密集的蜘蛛网,或者吊着的昆虫、树枝时,用长棍、砍刀进行拨打,方便通过;二是惊扰潜伏的蛇类或者其他昆虫,避免和我们"亲密接触"。

钻:有些密林的中上层枝叶交错,密不透风,如果要用砍或者打的方法会耗费非常大的气力,而且效果并不理想,这时候低头弯腰或者匍匐通过往往会取得比较好的效果。如果下层也非常茂密,可以寻找附近的河沟,因为雨水长时间地冲刷,沟谷不会生长茂密的植物,容易钻过去,省时省力。但需要注意的是春夏季节,一些喜欢潮湿的蛇、虫会藏身其中,应该结合之前"打"的方法辅助前进。

(三)雪地穿越

我国积雪基本分布在以秦岭—淮河为界以北地区,以南地区基

本不会形成大面积的积雪。以北地区,华北地区平均积雪日数为 15
～30 天,东北和新疆北部在 90 天以上,阿尔泰山和黑龙江北部几乎
长达 180 天左右。所以了解、掌握关于积雪地区行走的知识和技巧
对于安全、顺利地穿越积雪地区十分有帮助。

【阅读材料】

  1935 年中国工农红军在长征途中翻越夹金山就是穿越雪山的
经典案例。夹金山位于四川省边缘的宝兴县附近,海拔 4000 余米。
山上雾霭重重,积雪松软地堆积在山道,同时我军御寒物资极度匮
乏。但是,不屈不挠的红军将士凭借超凡的毅力和生存智慧,终于克
服重重困难,走出了大雪山。这个英勇事迹告诉我们,雪原并不可
怕,但是需要我们掌握一定的知识并拥有战胜困难的坚定意志。

  雪地行走时,要选择积雪较硬的地
方。如果没有专业的雪地钉鞋,可以就地
取材,将麻绳、稻草或者藤条绑在鞋底下,
从而起到一定的防滑作用。如果不可避
免要在松软的雪地行走,可用新鲜的树枝
制作雪鞋。方法是用火把树枝烤成 U 形,
再用绳子绑在鞋子上(见图 10-7)。这样
可以有效地分散自身的体重在雪地上形
成的压力,同时采用外八字的走法,可以
避免陷入松软的积雪。

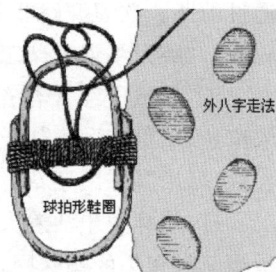

图 10-7 自制雪地鞋

  在冰面上行走时,可以就地砍伐一根树枝,将底部削尖。把尖头
插入冰雪中,再移步前进,如此交替进行。

  由于冰雪对阳光的反射率很大,肉眼长时间暴露在冰雪环境下,
容易得雪盲症,因此,墨镜是不可缺少的防护工具。手套、面罩也是
严寒天气下的必备护具。在极寒环境下,切不可用裸露的双手抓取
金属物品,因为刚从手套中取出的双手可能有汗水,会导致双手与金
属冻结,造成伤害。

小贴士

　　在很多影视作品中,我们看到演员就地抓取冰雪吞食,解决饮水问题。我们不建议这样做。因为大量吞食冰雪会增加人体循环器官的负荷,消耗体力,喉头也容易发炎生病,不利于长时间行进。所以在有条件的情况下,还是直接饮水更为安全、可靠。

(四)穿越沙漠戈壁

　　沙漠和戈壁是两种地貌形式,沙漠的特点是地表被大量流沙覆盖,风力很大;戈壁的特点是地面上被粗大、圆形的石砾覆盖,它们共同的特点是干燥、缺少植被,非常荒凉。

　　我们在实际生活中遇见沙漠和戈壁的情况比较少,主要集中在西北干旱的内陆地区。如果在沙漠、戈壁地区行走、游玩,必须要做好充足的准备,携带足够的水和食物,以及御寒的衣物和帐篷。沙漠地区昼夜温差很大,绝对温度的差异甚至会达到50℃。在沙漠地区应当穿着白色或浅色衣物,同时尽量覆盖全身,带上护目镜,减少太阳的直射,避免体内水分的快速蒸发。

　　在沙漠行进,聘请当地有经验的人员作为向导是十分必要的,同时检查交通工具和通信工具。必要时可在出发地留下自己计划行进路线和联系方式,一旦发生不测,救援人员可以根据留下的信息进行有针对性的搜索。

三、渡涉河流的基本方法

　　我国是一个河流密布的国家,众多的河流给人们带来了耕种、运输的方便,但是也给野外活动的人设置了障碍。在野外活动,难免会碰到没有架桥的河流、溪沟。常言道"水火无情",我们必须对渡涉河流引起高度的重视,了解渡涉的基本方法才能保障安全。野外渡河,最可靠的方法自然是乘船,能够快速安全地抵达对岸,还能运送物品。但是在一些特殊情况下,我们只能另辟蹊径了。

(一)徒步涉水

在面对河水较浅、流速缓慢的河流,通常采用徒步涉水的方式通过。徒步涉水前应整理好随身物品,要求利索便利。为保持平衡,可以找一根长木棍或者竹竿平持在身前。最好是三四人排成一排,彼此环抱肩部,或者手拉手前进(见图 10-8)。身强力壮的应在上游方向,替同伴分担水流的压力。涉水时,应稳步缓行,防止滑倒,同时注意河底的石子,以免划破脚底。

图 10-8　双人抱肩渡河,注意两人身上都要系有绳索,
万一滑倒,岸上的同伴可以及时施救,防止被湍急的河水冲走

(二)泅渡过河

泅渡过河是以一定的游泳技术为前提的,一般采用蛙式、侧泳式直接渡河。在渡河之前,做好随身物品的整理,用雨衣或者防水布将背包包扎好,作为提供浮力的工具。泅渡人员借助背包提供的浮力更加节省体力,游过河面。

在没有背包时,也可以用干草垛或者空的塑料瓶代替。将它们用绳索固定在一起,可以为泅渡人员提供 10~15 千克不等的浮力。如果确实没有其他材料,就利用便裤制作简易气囊。方法是用鞋带或者绳索将裤腿扎紧、泡湿拧干,两手握住裤腰,迅速地由头后向前方兜气,再压入水中,把裤腰扎紧,就能形成一个简易的漂浮物体。这种简易气囊可以在水中支撑 5 分钟左右,只能适用于较小的水面。

(三)其他渡河方法

其他还有多种渡河的方法,例如就地取材制作竹筏、砍伐树木搭建独木桥等。但是需要在有相当实际操作经验的人员指导下进行。当遇到水深流急、水面宽阔的河流时,初次进行野外旅行或者拉练的人员不建议尝试自制装备涉水渡河,还是应该尽量寻找船只或者桥梁,保证安全永远是野外活动的首要原则。

第三节　野外露营基本知识

一、如何选择露营场地

野外露营的场地选择十分重要,在活动了一天之后,每个队员都会十分疲劳,能否得到良好的休息、恢复精力,是第二天活动能否顺利进行的关键。我们在选择露营营地时,应该谨记这四点基本原则:水源补给、营地平整、背风背阴、远离危险,如图 10-9 所示。

图 10-9　帐篷的摆放和搭建

(一)水源补给

一天的野外活动会使人体亟须补充大量的水分,同时烹饪、盥洗也需要清洁的水源,所以寻找一个有清洁水源的场地是第一准则。应该选择在溪流、水潭、河流、涌泉的地方安营扎寨,其中又以流动的水源为佳。但是,我们的营地不应该紧靠水源,绝对不能紧靠河谷、河滩。因为很多河流上游建有水电站,在平时看来的潺潺小溪有可能在几分钟之内变成奔腾汹涌的大河,整个营地有可能瞬间被湍急的水流冲毁。所以,我们应该选择离水源处 100 至 200 米左右的平整地面扎营。

在确定了水源和营地后,应该马上平整出一条取水通道,并沿途做好标记,避免夜间取水的人员道路不熟发生意外。

(二)营地平整

在确定了营地范围后,应该马上开始平整营地。挖除露出地面的碎石、枝丫,以防在睡觉时硌伤人员。一些低洼地方可以用土壤填平,并挖好排水沟。理想的地面应该是平整不潮湿,排水性好。

同时,应该确立用火就餐区和卫生区。用火就餐区一般设在营地的中央,但是离各个帐篷有一定的距离,这样方便随时拿取各种材料和工具,也可以杜绝火险隐患。

卫生区应该选择人员不常经过的地方,比如小树林、灌木丛。如果是一天以上驻扎,应挖掘茅坑,并标识出性别区分。同时,应该在选址时注意当时的风向,卫生区尽量选择在下风处,确保异味不会轻易影响到营区。

(三)背风背阴

背风是指选择帐篷的开口要背对风向,判断的方法是手持一张小纸条或者布条,看纸条(布条)的摆动方向。

背阴是指选择一处背阴的地方扎营,例如大树下面或者山的背面,最好早上晒到太阳,傍晚晒不到太阳。我们可以借助指南针,简单地确定出太阳的起落位置。在北半球,太阳是东升西落。

(四)远离危险

在条件允许的情况下,营地尽量安扎在村庄或者房屋的就近点,如果发生意外,可以及时求救。

如果是在野外,露营场地不能选择悬崖下,以防大风刮落石头、枯枝,发生危险;雨季和多雷地区,也不能选择高地、大树下或者孤立的地方,以防被雷电击中。

⭐ 小贴士

> 　　挑选露营场地应该在午饭过后就开始。在野外,一个理想的露营场地不是很容易觅得的,这样有足够的时间给大家进行选择和比较。切忌在傍晚才开始寻找,这时大部分队员已经十分疲劳,很难有足够的精力寻找到一块合适的场地,也没有力气进行完善的营地搭建。

二、露营的纪律

　　野外露营是一项趣味十足,但也具有一定潜在危险的活动。所有人员应该统一听从团队领导的指挥和安排,各司其职,做好分内的工作,遵守约定的纪律,只有这样才能保证每次露营顺利和安全。

(一)进出帐篷记得"随手关门"

　　平时在办公室、宿舍,我们都会记得随手关门,确保财物的安全。其实在野外露营也要谨记这一点。进出帐篷后,随手拉上拉链,能防止各类昆虫、小动物进入帐篷内,保证夜间的休息质量。同时,也从某种程度上保护了个人的隐私和财物安全。

(二)睡前收纳整理物品的重要性

　　很多朋友在野外露营时,认为离开了城市就应该享受无拘无束、自由自在的生活,不愿意被条条框框的规矩束缚。自己的个人物品到了驻地就随意地扔在帐篷内外。其实这是十分错误的做法。

　　正确的做法是在休息前,我们应该把自己除了寝具之外的随身用品全部放进背包,整理妥当。背包放在帐篷出口处,鞋子鞋尖朝外放好。这样做的目的一是保证物品在夜间不会因为降雨、雾气而受潮,二是一旦夜间出现突发情况,可以背上背包、穿上鞋子迅速逃生。试想,在紧急情况下,一个人光着脚,空着双手,即使逃到了安全的地方,又拿什么继续生存呢?

(三)照明工具和刀具的摆放

　　在野外露营时,在就寝前应将头灯、手电放在随手可取的地方,将匕首或者刀具放在枕头下。在许多影视作品中,我们看到特工、警察将手枪、匕首放在枕头下,在警醒后迅速拔出武器自卫。而在现实中,我们野外露营时也应该有这样的习惯。虽然在野外遭遇到大型野生动物的可能性比较小,但是野猪、狍子甚至野狗还是有可能和我们"亲密接触"的。另外,当发生紧急情况时,情急之下拉不开拉链或者出口被堵,我们也可以快速找到匕首划开帐篷,迅速逃生。

(四)服从安排,轮流守夜

除非是在一些有专人职守的正规露营基地,否则在任何地方野外露营,必须要安排值班守夜的人员。同时,团队领导应该注意值班守夜的人员应该尽量安排在同一个帐篷,以免交接班时吵醒其他同伴。如果人数条件允许,守夜以 2 小时一班为宜,可以保证守夜的人员也能得到充足的睡眠时间。如果条件有限,则分成前半夜和后半夜两班,在凌晨 12 点至 1 点之间换班为宜。

第四节　寻找水源和食物

我们在野外活动时,如何保持旺盛的体力和精力?就是依靠清洁的食物和水源的补给和充分的休息。其实大自然对人类是非常友好的,在大部分地理环境下,都能提供给人类所需的基本食物和水源,关键看我们会不会利用。

一、寻找水源

有资料表明,在自然灾害中约 30％的人是死于干渴,占各种死因的近 1/3。在人体中,水占了体重的 70％,而血液中 80％的物质是水分。人在没有食物的情况下可以坚持 10 天甚至更长,而没有水则坚持不到 4 天。所以,水源可以说是我们在野外最需要的补给。

(一)发现水源

最直观的方法是,根据动植物的分布来寻找附近的水源。当看见附近生长着芦苇、水芹、竹林和柳树等喜湿植物的时候,就可以判断在附近有水源或者距离地表 2～3 米处有地下水。也可以通过观察蚂蚁、蜗牛、蛙类、蛇类来判断离水源的距离,或者跟随飞禽也容易找到水源。此外,山谷中、山脚下容易发现水源,相反的,在山脊、山顶上则不太可能发现水源。

(二)鉴别水质

找到水源不代表一定能够直接饮用,如果饮用了不洁的水源,反而使自己的境况"雪上加霜"。可以用看和闻的方法来初步判断水质是否清洁。先用容器盛一点水,不断摇晃,如果闻到有臭味、异味,则表明水有问题,不能轻易饮用;如果没有异味,再静置一段时间,观察水的透明度,水越清越好,越浑浊则表示受到的污染越严重。

(三)净化水质

为了保险起见,在饮用之前,可以用明矾、漂白粉、碘酒等加入水中并搅拌,待水澄清后再饮用。如果有条件,最好将水煮开,沸腾 3 分钟左右,再饮用。

(四)其他饮水来源

用其他方法也可收集饮用水:

①用塑料袋扎住聚集在一起的部分绿色树叶树枝,袋口朝上,一天时间可以取得植物蒸发出来的纯净水 1 升左右。这样获取的水可以完全放心饮用。

②清晨,用塑料布铺在草木下面,摇晃草木,收集露水。如此反复几次,也能收集到不少清洁的饮水。

③从动物身上取水。贝类、鱼肉都富含水分,可以直接吸吮。或者用布包裹住鱼身,用力绞出水分。此外,动物的血液也可以直接饮用。

④在极端情况下,自身的尿液也是可以饮用的。

小贴士

　　当饮水紧张时,尽量做到"少量多次",即每次只用水湿润口腔和咽喉,缓解干渴即可,切不可不计后果地"牛饮"。

二、食物的获取

　　除了我们携带的随身食品之外,大自然也为我们准备了十分丰富的"野味",当我们在食物匮乏的时候,只要合理地运用野外生存的知识就可以获取所需的补给。一般来说,我们在野外可以获取的食物分植物类和动物类两种,植物类的相对容易获取,但是需要一定植物辨认知识,否则容易误食一些有毒性的植物;而动物类的相对较难获取,但是大部分动物性的食物都可以食用,且营养丰富。

(一)采食野生植物

　　我国的植物种类和植被资源十分丰富,据统计可供食用的野生植物就有 2000 余种。但是在采食前一定要谨慎,尽量食用认识的植物,否则容易酿成苦果。例如 2003 年,北京某食堂用鲜黄花菜烧肉,造成了 28 人中毒。原来晒干的黄花菜是无毒的,而新鲜的则有毒。一般具有以下几种特征的植物不要食用:有特殊的形态和色彩;能分泌带色的液体;有辛辣、苦涩等异味或臭味的植物。当然也有部分符合以上标准的植物可以食用,但是保险起见还是不要食用。

　　可以食用的野生植物主要是果实、野菜和野生蘑菇。下面主要介绍几种常见的野生植物:野生草莓、野生葡萄、野生山楂、野生猕猴桃、野生松果、野生核桃、野生茅栗(见图 10-10 至图 10-15)等因为都有相似的改良品种在市场上销售,故容易辨别和发现,可以安全食用。

★ 小贴士

　　辨别果实有无毒性还有一个方法,即在果实割开一个口子,洒上一撮盐,如果盐变了颜色,则不要食用,没有变色,则可以食用。也可以取食其他野生动物食用的果实种类。

图 10-10　野生草莓

图 10-11　野生山楂

图 10-12　野生猕猴桃

图 10-13　红松果

图 10-14　野生核桃

图 10-15　野生茅栗

　　野菜的种类十分丰富,分布地域广泛,凡有植被的地方都有不同习性的野菜。我国常见的野菜有以下几种:苦菜,又叫苦苣菜,采食

嫩茎叶；蒲公英，采食嫩茎叶；马兰，又叫马兰头，采食嫩苗；鱼腥草，
搓碎后有强烈的鱼腥味，嫩苗煮熟可食用；荠菜，3～4 月全株可食
用；车前草，幼苗嫩叶可食用（见图 10-16 至图 10-20）。对不能确定
的野菜，可以用水煮，煮熟后若有明显苦涩味，汤水有大量泡沫，汤水
下有大量沉淀物的，不宜食用。

　　采集到了可以食用的野菜后，可以用清水洗干净，然后煮熟或者
翻炒即可食用。

图 10-16　苦菜

图 10-17　荠菜

图 10-18　蒲公英

图 10-19　鱼腥草

　　我们经常能够看到有人因为误食有
毒蘑菇而中毒的新闻，因此采食蘑菇要特
别谨慎。野生蘑菇多生长在温暖潮湿、土
质肥沃的树林、草丛，以及阳光不太强烈
的地方。根据一般经验，可以遵循以下方
法来辨别是否有毒：色彩鲜艳的多为有毒
蘑菇，无色或呈淡紫色或茶褐色的为无毒

图 10-20　车前草

蘑菇;毒蘑菇的菌柄上有菌环,并带有菌托,菌盖上有肉瘤,无毒蘑菇则大多没有;有毒蘑菇大多柔软多汁,分泌物黏稠,有颜色,无毒蘑菇较脆,分泌物清凉如水;有毒蘑菇味道多辛辣苦酸,无毒蘑菇味道鲜美。常见的可食用的蘑菇有:猴头,香菇,木耳、竹荪等(见图10-21至图10-24)。菌类的食用方法比较简单,用清水洗去泥土污渍后煮熟、翻炒都可。蘑菇味道鲜美,营养丰富,是野外能获得的比较理想的一种野生植物食物。

图 10-21 猴头菇

图 10-22 新鲜香菇

图 10-23 新鲜木耳

图 10-24 竹荪

在我国大部分地区都有各种可供食用的野生植物,数量较多,容易获取,只要能够分辨是否有毒,就能够安全地食用。

(二)捕获野生动物

狩猎是人类最古老的生产活动之一。早在几十万年前人类的祖先就已经能够运用工具进行狩猎。一般来说,大自然中大多数兽类、禽鸟、蛇类和鱼类都可以食用,昆虫中有一部分也可以食用。但是,对于捕捉野生动物有一定的难度,不像采集植物那么轻松。下文介绍几种比较简便成功率也较高的方法。

1. 压猎

选用一只没有破损、大小合适的箩筐,一头放在地上,另一头用木棍支起来,箩筐上压上重物,在箩筐下放置一点食物作为诱饵。木棍上用较长的细绳绑紧。人员隐蔽在较远的地方,当发现有小动物、鸟类进入箩筐范围内进食,迅速拉开木棍,将猎物捕获。如果找不到箩筐或者其他容器,用平整的石头、砖块替代也可以。

2. 垂钓

野外垂钓往往就地取材,用火将缝衣针烧红,弯成鱼钩,用较细的绳索代替鱼线,用长树枝、竹竿作为鱼竿,羽毛、草茎等物品都可以作为浮标,用抓获的昆虫作为鱼饵。如果是夜间垂钓,由于部分鱼类对于灯光比较敏感,有趋光性,可以用手电、头灯作为诱饵,更容易使鱼上钩。

3. 挖掘陷阱

通过观察,在野兽经常出没的地方挖掘一个土坑,根据当地动物的大小而定,在坑底插入削尖的竹签或木签。坑面用树枝、杂草等加以伪装,也可以用食物洒在陷阱上面提高成功率。

小贴士

大部分的兽类都需要食盐,但是野生环境获取盐分比较困难,无论是食草动物还是食肉动物都喜欢舔舐盐巴,所以食盐是一种非常理想的诱饵。

第五节　伤病的处理和自救

野外活动,意外伤害和生病是难免的,即使是经验丰富的"老手"也可能受伤和生病。美国曾经有一个经典案例。2000年4月,一个户外用品商店的经营者罗尔斯顿进入峡谷区国家公园探险。他在一次野外攀登岩石的过程中,一只手臂被突然移动了一下的巨石压住。他尝试了各种办法都不能脱身。三天过去了,随身携带的饮水已经消耗殆尽,日渐虚弱的他意识到如果再不能脱险,就要有生命危险。此时,他凭借理智和超凡的毅力,用随身携带的小刀一点一点地将被压住的手臂从手肘处切断,然后忍着剧痛,用止血带把伤处包扎好。此后,他在峡谷中顽强地行走了 8 公里,才碰到其他游客后得救。从这个故事中,我们可以看到,主人公能活下来,不仅依靠了超人的毅力和决断力,也归功于对止血带的正确运用。

一、止血的基本方法

血液是维持人体生命的基础。一个成年人的血量大约在 5000～6000 毫升,约占体重的 7％～8％。如果急性出血达到 800～1000 毫升,人体就面临休克甚至死亡的威胁。出血也分成外出血和内出血。外出血很容易判断,内出血则难以及时发现和救治,主要看是否有吐血、咯血、尿血、便血的症状,伤者也可能出现面色苍白、反应迟钝、脉搏变弱、速度变快的症状。

通常处理外出血的常规方法有指压法、药物止血和包扎,一般情况下经常混合使用。指压法是找到动脉行走的部位,用手指在出血处靠近心端的动脉处进行压迫,最好能将动脉按压在骨骼上,保持几分钟后就能止住流血。药物止血一般是指将止血的药粉敷在出血部位,再进行包扎。如果伤口较大或较深,则采用包扎法。如果没有医用包扎带,则就地取材,用布条、手帕等,扎住出血处的近心端动脉,同时用纱布将伤口处进行包扎。包扎一般采用环形、螺旋形或"8"字形等。此方法要记得每隔 20 分钟,松开近心端的包扎带 2～3 分钟,以免受伤部位因长时间缺血导致组织坏死。

如果发现有上文描述的内出血症状,应沉着冷静,让伤者以平躺的姿势被送往就近医院进行救治,同时向医生说明受伤或发病的时间和情况。

二、踝关节扭伤的处置

在运动中,人体的各个关节都有可能出现扭伤,即韧带扭伤。在野外活动中,踝关节是最容易扭伤的。扭伤的主要症状是扭伤部位肿胀,呈青色或紫色,有压痛感。如需要继续行走,则不可脱掉鞋子,否则肿胀后不能重新穿鞋。一般情况下,应对扭伤部位用冷水或冰块进行冷敷,用宽布条进行固定,充分休息。

小贴士

有时扭伤和骨折的疼痛感难以区别,此时我们宁可信其有,不可信其无,应按照骨折的处置方法进行处理。

三、骨折的处置

很多人都有骨折的经历,对骨折发生时钻心地疼痛肯定还记忆犹新。严重的骨折甚至可能导致重伤,甚至因为流血过多而死亡。在没有完备医疗条件的野外,能否处置得当关系到伤员能否完全康复。

如何判断是否发生骨折?轻压受伤部位或伤员想移动时,有剧烈的疼痛感,且受伤部位肿大,我们一般初步判断为骨折。骨折的种类有:①开放性骨折,这种骨折不仅骨头断裂,且断裂的骨头刺穿皮肤,伤及肌肉。②闭合性骨折,通常不伴随流血。这种骨折虽然骨头断裂,但未刺穿皮肤。骨折部位的肌肉可能会有损伤,出现红肿。

所以当我们在搬运骨折伤员前,必须妥善固定伤员的骨折部位。这么做可防止断裂骨头的尖锐部分移动,以免进一步损伤肌肉、血管和神经,并可有效减缓伤痛。此外,还可预防闭合性骨折变为开放性骨折。

固定骨折部位的步骤具体包括:

①除去伤员的手表、戒指和骨折部位的衣物;

②固定好骨折部位上方和下方的关节,在固定夹板和骨折部位

之间应放置垫子等相对柔软的东西；

③在骨折部位的上下处绑上绷带，不可太紧，以保持血流通畅。绝不能在骨折部位上绑缚绷带。

2.用夹板固定的方法

具体包括：

①腿部骨折的夹板固定（见图 10-25 至图 10-28）。可以用门窗的框架、树棍等制成简易夹板，还可以用伤员未受伤的腿充当夹板。首先，在伤员两腿之间塞上垫子，然后在伤员的两条大腿、双膝、两条小腿和双足等部位用皮带等物捆绑。

图 10-25　小腿骨折用夹板
固定的捆绑方法

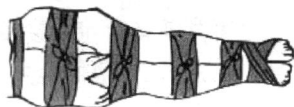

图 10-26　借助健康肢体进行
固定的捆绑方法

图 10-27　大腿骨折利用夹板
固定的捆绑方法

图 10-28　股骨骨折利用健康
肢体进行固定的捆绑方法

②胳膊骨折的夹板固定（见图 10-29 至图 10-30）。可以用木板、木棍等材料先将胳膊固定，然后再将骨折的胳膊和身体绑在一起。绳子应束于胸下，不应捆绑太紧，以保持血液流通，使伤员感觉舒适。如有合适的夹板材料，也可不与身体绑在一起，但必须固定好骨折部位的上下关节。

如果伤员是腿部骨折，而野外的实际情况又迫使你在固定伤员的骨折部位前必须搬动伤员，你可将其骨折的一条腿和另一条腿绑在一起,双手托住伤员的腋下,直线拖动伤员,不可滚动或侧身拖拉伤员。①

图 10-29　上臂骨折的固定方法

图 10-30　前臂骨折的固定方法

四、溺水的急救措施

在野外活动时难免穿越河流、小溪,也可能在水库、湖泊中游泳。水是生命之源,也可能是危及生命的猛兽,我们要学会如何对溺水的人进行急救。

(一)如何搭救落水的人员

溺水的原因有很多种,可能是在游泳时发生抽筋或隐疾发作,也可能是不会游泳的人不慎跌入水中。当发现落水者时,切忌盲目跳入水中救人。如果落水者离岸边较近,可以用皮带、鞋带将木棍、长树枝、雨伞等系在一起,递给落水者,然后用力拉他上岸;如果落水者离岸边较远,则应

图 10-31　正确的救人姿势

由多名泳技出众的人员下水,将落水者搭救上岸。落水人员在挣扎时力量十分巨大,会不顾一切地抓住任何东西,极有可能给救援人员也带来危险。救援人员应从落水者的背后接近,不可让落水者从正面抱住,托住落水者的背部和脖颈,让他离开水面即可(见图 10-31)。

---

　　①　援引中国长城互联网 http://www.cgw.cn/,2008 年 7 月。

（二）急救措施

急救溺水者,第一时间的复苏最为重要。首先,检查溺水者口鼻内有无异物阻塞呼吸道,并将舌头拉出,避免后翻堵塞呼吸道。将其腹部朝下放在大腿上(见图 10-32),或者抱起双腿,腹部放在急救者肩膀上走动进行"倒水"。

如果发现溺水者呼吸困难或停止,则应该立刻进行人工呼吸。正确人工呼吸的方法是:首先使病人仰卧,头部后仰,以保持呼吸道通畅,松开上衣;然后,急救者蹲于患者一侧,一手托起患者下颌,另一手捏住患者鼻孔,将患者口腔张开,并敷盖纱布,急救者先深吸一口气,对准患者口腔用力吹入,然后迅速抬头,并同时松开双手,听有无回声,如有则表示气道通畅。如此反复进行,每分钟 14～16 次左右,直到自动呼吸恢复,见图 10-33 所示。

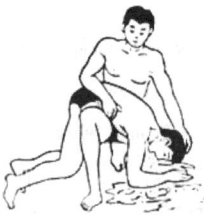

图 10-32　伏膝控水法

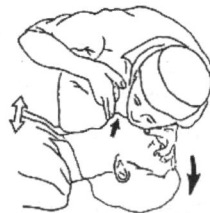

图 10-33　人工呼吸的方法,注意吹气时用手捏住急救对象的鼻子

如果发现急救对象心脏停止跳动,则应立刻进行心脏按压。急救员应跪在伤员躯干的一侧,两腿稍微分开,重心前移,之后选择胸外心脏按压部位:先以左手的中指、食指定出肋骨下缘,而后将右手掌掌根放在胸骨下 1/3

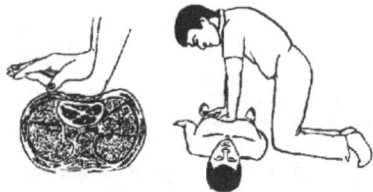

图 10-34　心肺复苏按压的正确姿势

处,再将左手放在右手上,十指交错,握紧右手。按压时不可屈肘。按压力量经手掌根而向下,手指应抬离胸部。胸外心脏按压方法:急

救者两臂位于病人胸骨下 1/3 处,双肘关节伸直,利用上身重量垂直下压,对中等体重的成人下压深度应大于 5 厘米,而后迅速放松,解除压力,让胸廓自行复位。如此有节奏地反复进行,按压与放松时间大致相等,频率为每分钟不低于 100 次,如图 10-34 所示。

在每做 30 次心脏按压时,应配合做 2 次人工呼吸。心肺复苏按压不能轻易放弃,最好由多名急救者轮流行进。医学史上有很多在心肺复苏坚持 1 个小时后恢复自主心跳和呼吸的案例。

五、蛇伤的处理

在我国有 50 多种毒蛇,其中有 10 多种具有较强的毒性,能够对人产生危险,比如眼镜蛇、蝮蛇、蝰蛇、金环蛇、银环蛇、五步蛇、竹叶青、烙铁头等。毒蛇一般都在晨昏和夜间活动,在这个时间段活动我们要注意蛇害。

当不幸被蛇咬伤后,先通过牙痕来分辨是否为有毒蛇。如果能看到 2 个较深而大的牙痕,是毒蛇留下的。而被无毒蛇咬伤后,在皮肤上只留有 4 行细小而均匀的牙痕。若无法确定,则作为毒蛇咬伤处置。[①]

被毒蛇咬伤后,不要惊慌,以最快的速度挤血,也可以由口腔没有溃破的同伴吸吮,边吸边吐,用清水漱口;然后用绳索在伤口的上方结扎;用盐水或者清水对伤口进行反复清洗;如果条件允许,以伤口为中心切开一个"十"字,方便毒液更快地排出;服用携带的蛇药并前往医院。

小贴士

在安全的前提下如果可以将咬伤人的毒蛇抓住、打死带往医院可以更好帮助医生判断蛇的毒性和种类。

---

① 朱妙扬:《体验野外生存》,军事谊文出版社 2004 年版,第 218 页。

第十一章

保护自我——应急与反恐

20世纪60年代以后,恐怖主义活动日益频繁,在西欧、中东、拉丁美洲和南亚等地区蔓延。发生在2001年的"9·11"事件更使"恐怖主义"成为让人闻之色变的词汇,一时间"反恐"理念众所皆知。"9·11"事件集中地表明了现代恐怖主义已进入一个全新的发展阶段,恐怖主义活动严重威胁着国际社会的安全和秩序。面对这种现状,许多国家纷纷采取对策,先后颁布了反恐怖主义的法令,建立了反恐部队,并加强了国际合作。"反恐"已成为现代军人必须掌握的一项本领。突发事件涉及公民的切身利益和生命财产安全,当突发事件来临时,学会冷静应对,积极开展自救、互救,最大限度地减少损失和危害是每一位公民应当具有的常识。作为一名当代大学生,尤其要学习和掌握相关技能。

第一节　国内外恐怖主义现状

2001年9月11日上午(北京时间9月11日晚上),恐怖分子劫持4架民航客机,撞击美国纽约世界贸易中心和华盛顿五角大楼,这就是著名的"9·11"事件。包括美国纽约地标性建筑世界贸易中心双塔在内的6座建筑被完全摧毁,其他23座高层建筑遭到破坏,美国国防部总部所在地五角大楼也遭到袭击。在"9·11"事件中共有2998人遇难,其中2974人被官方证实死亡,另外还有24人下落不明。遇难人员名单中包括:4架飞机上的全部乘客共246人,世贸中心 2603 人,五角大楼 125 人。共有 411 名救援人员在此事件中殉职。"9·11"让"恐怖主义"成了当时人们茶余饭后的谈资,也成为正义之士一致谴责的对象。作为各国军事、国防的一项重要内容,"反恐"也成为现代军人的一门"必修课"。

一、恐怖主义的特点与种类

恐怖主义一般是指有意制造恐慌的暴力行为,意在达成宗教、政治或意识形态上的目的而故意攻击非战斗人员(平民)或将他们的安危置之不理,这类行动由非政府机构策动。"恐怖主义"一词带有政治及情感上的含意,其精确的定义便更难以辨识,从学术研究上可以找到多达 100 个恐怖主义的定义,其概念也颇具争论性,因为国家当局可用以将政敌或其他对手非法化,从而使国家武装部队可理直气壮地打击敌人(这种武力行为可能会被敌国描述为恐怖活动)。有些定义还将非法的暴力和战争包括在内。一般来说,犯罪组织以相似的手段来勒索保护费或执行沉默守则并不被视为恐怖主义,不过如果由具有政治动机的组织来实施这些行动也有可能被视为恐怖主义。

中国国际战略学会反恐怖研究中心主任杨晖将恐怖主义定义为:"针对任何有利于攻击的目标特别是平民目标,使用或威胁使用暴力或其他破坏性手段,通过制造恐怖气氛或引起社会注意,从而达到某种政治目的的反政府、反社会行为。"目前国际社会对恐怖主义的界定主要涵盖四个方面:一是动机的政治性,即反政府、反社会,本质上是一种政治行为或政治性行为;二是目的的恐怖性,本质上是通过心理战的手段,蓄意制造恐怖气氛,意图对公众心理产生震撼效应,造成社会恐慌,借以向某一国政府或国际组织等施加影响,以达到其最终目的或深层目的的手段;三是手段的暴力性或破坏性,采用非法的强制性暴力,如绑架人质、暗杀、爆炸、核生化攻击、网络攻击等手段,具有一定的破坏力,会对人员和设施造成重大破坏甚至毁灭;四是目标的选择性,既包括非战斗人员和非军事目标,如平民或政府机构、非政府组织等,也包括军事目标,现代恐怖主义分子的攻击目标呈扩大化趋势,任何有利于攻击并能造成轰动效应和震撼效果的目标,都可能成为其攻击对象。

除以上热点外,在当前的国际形势下,恐怖主义也呈现出如下特征:一是强烈的国际化倾向,其范围从西欧、中东、拉美三大热点地区向全球各地区和国家蔓延,已有 100 多个国家不同程度地受其危害;二是打击目标不断扩大,已由外交、军事、政府扩展到商业、一般平民和公共设施,特别是"9·11"事件后,美国发动针对伊斯兰教极端势力的全球性反恐战争以来,针对西方人的恐怖袭击事件不断增多,严重影响一些国家及本地区的政治稳定和经济发展,成为国际社会密切关注的地区安全问题之一;三是恐怖手段更加多样,由传统的绑架、劫持人质与暗杀等方式到使用爆炸、袭击、劫持以及生化武器和网络恐怖主义等,活动策略不断变化,手法越来越野蛮、残暴,以至于不择手段;四是同民族分裂主义和宗教极端主义交织在一起。

在 1975 年初,美国国家司法研究所成立国家咨询委员会,在委员会写作的五册著作当中,其中一册名为《动乱与恐怖主义》,由动乱与恐怖主义的特别工作组所著,他们将恐怖主义的种类分为六类。

其一,内乱——干扰和平、安全及社会正常运作的集体暴力行为。

其二,政治恐怖主义——为了追求政治目的而计划在社会制造恐慌的暴力犯罪行为。

其三,非政治恐怖主义——不以政治目的为前提的恐怖主义,显示出"其有意地制造高度恐慌,最终为了争取个人或集体利益,但没有政治上的意图"。

其四,类恐怖主义——暴力犯罪行为的附属品,其形式及表达方式类似真正的恐怖主义,但缺乏其要素。它的主要目的并非要引起恐慌,但类恐怖主义利用恐怖分子的形式及技巧以达成相似的结果。例如在逃的重罪犯胁持人质就是类恐怖主义,模式与恐怖主义类同,但目的却大相径庭。

其五,有限政治恐怖主义——真正的政治恐怖主义采取革命的形式进行,有限政治恐怖主义是指"以意识形态或政治为动机的恐怖活动,但其活动并非要夺取国家的控制权"。

其六,国家恐怖主义——既指以恐怖或压迫手段进行统治的国家,其程度与恐怖主义相若,又可指由政府为了追求其政治目的或其外交政策而进行的恐怖活动。

另外,恐怖主义也可分为政府恐怖活动和非政府恐怖活动。一国政府用恐怖主义手段来对付另一个国家的人民属于国际恐怖主义。在国际政治舞台上,利比亚、伊朗等国就常常受到这样的指责。非政府行为的恐怖主义是国际恐怖主义活动的一个大类,其表现形式较为复杂。自冷战结束以来,比较活跃、影响比较大的有以下几种:

(一)奉行民族分裂主义的恐怖主义

这种恐怖主义的组成主要是极端民族主义者、自治主义者和分裂主义者,即独立倾向较强的民族派别,其运动的主要目标和奋斗方向是实现国家分裂,争取民族自治。像目前印度尼西亚的东帝汶正在发生的暴力事件就属此类。

(二)新法西斯主义的恐怖主义

这个派别奉行反动的种族主义,突出的表现是仇外、排外,其袭击对象主要是外籍工作人员。在德国、意大利和法国等国家都表现得比较突出。

(三)国际贩毒集团搞的恐怖主义

他们的活动一类属于相互争权夺利的仇杀,一类是针对有关政府部门的报复性暗杀活动。还有一些是曾经活跃一时的派别,像日本的"赤军"、秘鲁的"光辉道路"、意大利的"红色旅"等。这些组织都打着"革命"旗号,到处搞恐怖活动,是比较经典的恐怖组织。但是到了90年代以后,有的已经消失,有的尽管还存在,但是难成气候。

(四)邪教性质的恐怖主义

1995年在日本东京发生的地铁毒气事件是一个典型的案例。

它是由日本邪教奥姆真理教一手策划的,在东京地铁施放了连希特勒纳粹分子都拒绝使用的沙林毒气,造成 5000 余人中毒,70 人昏迷不醒。此次事件被国际反恐怖专家形容为当代国际恐怖主义的预演。

二、国际恐怖主义现状与打击对策

"9·11"事件以来,国际社会经过 10 年史无前例的反恐,世界似乎比之前更加平静与安全,但也付出了高昂的、难以持续的代价。且中东、南亚依然问题严峻,恐怖主义的根源尚未根除。2011 年 5 月,本·拉登在巴基斯坦首都伊斯兰堡外的一所住宅中被美军击毙。正值"9·11"事件 10 周年之际,本·拉登之死无疑是国际反恐中的一件大事。但是,国际恐怖势力并未因此而走向崩溃,恐怖主义的根源依然存在。恐怖团伙调整重组,新生代力量登场,国际恐怖主义的复杂性与严峻性不减反增。

根据全球恐怖主义数据库(GTD)的数据,在 2000 年到 2008 年间,世界恐怖活动总体呈上升趋势,只在 2002 年到 2004 年间出现了一次短暂低潮。进入 2005 年以后,由于美军没有有效稳定阿富汗局势,各种武装组织纷纷发展起来。这不仅恶化了阿富汗的安全形势,也动摇了巴基斯坦相对稳定的局面。虽然也有数据显示从 2008 年开始世界恐怖主义形势有明显好转,但这种好转的可持续性不强。尤其是在也门等国家,"基地在阿拉伯半岛"(AQAP)等组织的活动日益猖獗,世界反恐形势不容乐观。

从地区恐怖主义局势看,2000—2008 年,拉美和西欧恐怖事件的数量及其比例急剧下降,而中东和南亚的数量及比例则迅速上升。2008 年,中东恐怖主义形势有所缓和,南亚恐怖主义形势逐渐恶化。南亚恐怖事件占当年世界总量的 36.2%,超过中东位居世界第一位。2009 年发生在 83 个国家的 11000 次恐怖事件中,大约 4850 起(占 44%)发生在南亚;在 14971 名死亡人数中,有 6270 人(约占世界的 42%)死于南亚地区。

2010 年以来，穆斯塔法·耶齐德、本·拉登、伊利亚斯·卡什米里等数十名高级头目被击毙，"基地"总部实力日趋削弱。不过，"基地"组织各分支却因美国反恐战线收缩而日益壮大，成为全球新的威胁。"阿拉伯半岛基地组织"被美列为"最大恐怖威胁"，"伊斯兰马格里布基地"向撒哈拉东、南、西不断扩展，"基地在伊拉克"借美撤军之机壮大实力，兴风作浪。如今的"基地"组织已非往昔，逐渐演变为新型跨国恐怖联合体。

从目前情况看，国际恐怖主义态势呈现多极化、小型化和信息化的特点。首先，除"基地"及其分支外，南亚、中东等地区极端势力成为国际恐怖威胁"新的一极"："虔诚军"在全球广布分支，拥有超越"基地"组织的全球网络；"伊斯兰圣战运动"在南亚、欧美加速扩张；"巴基斯坦塔利班"袭击西方意图增强，已成为国际反美圣战网络的重要力量；"索马里青年党"宣布效忠"基地"组织，活动范围扩展至东非诸国，并向欧美渗透。其次，拉登被击毙加速了恐怖巨头时代的终结，恐怖主义进入小型化、分散化、草根化新阶段。2011 年 7 月 22 日下午发生的挪威枪击案就表明包括极端伊斯兰、极右翼势力在内的个人恐怖主义与集团性的恐怖主义势力同样危险。再次，随着信息技术飞速发展，通过虚拟空间破坏有形目标，如供水、电力、通信等逐渐成为可能，恐怖主义也进入了信息时代，互联网已成国际反恐的重要战场。"基地"等恐怖组织均设有网络事务头目，将恐怖主义推向虚拟世界。国际恐怖组织正在全球范围进行有组织的"互联网运动"，网络已成恐怖势力宣传、筹资、培训、联络以及发动袭击的重要平台。

针对当前恐怖主义形势，世界各国主要采取以下举措加强反恐怖斗争：加强对重点对象和目标的安全保卫工作，各国在首都反恐准备中，都坚持将主要的人力物力投向领导人及重要军政机关、关系国计民生的基础设施及大型交通枢纽的安全警卫措施上；建立政府的反恐应急机制，加强反恐专业力量建设；重视发挥军队在首都反恐斗争中的特殊作用；加强立法，扩大执法与情报机构权力，严惩恐怖分子,加紧打击国内的恐怖势力;加大反恐资金、技术以及人力与物力的投入;查封恐怖组织的海外银行账户,加强对可疑流动资金的监控,加强对恐怖主义动向跟踪;重视反恐的综合治理、坚持标本皆治;建立国家间反恐联盟,加强反恐合作。另外,反对恐怖主义必须治本,应在缓和地区及国际紧张局势、消除贫困和加强反恐合作三方面同时开展工作,从政治、经济、文化和社会等多方面采取措施,以彻底铲除恐怖主义。

【链接】

2011 年几起恐怖袭击案例①

当地时间 2011 年 3 月 10 日晚,肯尼亚首都内罗毕市区一处长途汽车站外的公交车站遭手榴弹袭击,造成至少 7 人死亡、60 多人受伤。这是内罗毕继去年 10 月一天之内连遭两次爆炸袭击后的最新一轮恐怖袭击,同时也是 1998 年"基地"组织袭击美国驻肯使馆以来,内罗毕遭受的最严重袭击事件。目击者说,一辆汽车于 3 月 10 日驶近内罗毕的一个公交车站,有人从车内向等待公交车的人群中投掷了 3 枚手榴弹。警方认为与基地组织有关的伊斯兰武装团伙是此次事件的幕后主使。

当地时间 25 日,也门前副总统阿卜杜·拉布·曼苏尔·哈迪宣誓就任也门新总统并发表讲话。就在讲话结束后数个小时,哈迪位于南部穆卡拉市的官邸外发生了汽车爆炸事件,导致了至少 28 人死亡,多人受伤。据当地高级安全官员透露,遇难者大多为也门安全部队成员,死亡人数可能继续上升。根据初步的调查结果,很可能是"基地"组织武装分子策划并实施了此次袭击。

2011 年 3 月 17 日,叙利亚首都大马士革市区相继发生两起针对叙安全机构的爆炸袭击事件,袭击造成 27 人丧生、140 人受伤。18 日,叙北部城市阿勒颇一个居民区遭汽车炸弹袭击,人权组织称这起

---

① 摘自凤凰资讯。

袭击造成至少 3 人丧生、25 人受伤。19 日,叙安全部队与武装人员在大马士革马扎区发生交火,至少 3 人在冲突中死亡。

三、我国面临的主要恐怖主义威胁

长期以来,由于社会制度和国情不同,中国诱发恐怖活动的因素相对较少,国际恐怖主义对中国的影响和冲击较小。但美国"9·11"恐怖袭击事件也给中国再次敲响了警钟:中国绝非远离恐怖主义的"安全岛",中国在对付恐怖主义问题上切不可掉以轻心。

目前,我国面临的恐怖主义威胁主要来自国内的"东突"恐怖主义势力以及境外的国际恐怖主义势力。"东突"恐怖主义势力是在新疆境内外地区以恐怖主义、分裂主义和极端主义为手法的一股势力。最近十几年来,"东突"恐怖主义势力在我国境内外共制造了 260 多起恐怖事件,造成包括维吾尔族在内的无辜群众、基层干部和宗教人士等 160 多人丧生、440 多人受伤。

国际恐怖势力对中国的威胁也是现实存在的,主要表现在一些国际恐怖组织和恐怖分子直接在海外针对中国的利益进行攻击,比如近几年来在巴基斯坦和阿富汗就发生过恐怖分子袭击中国工程和技术人员的事件。而且,恐怖分子爆炸中国驻外机构,绑架中国驻外人员,要挟中国政府的事件也有所增加。在巴基斯坦、阿尔及利亚、也门、越南、俄罗斯、美国等地都曾发生类似事件。这些恐怖活动,有的是在西方反华舆论煽动下的反华行动,有些是流亡海外的民族分裂分子所策动的攻击事件。国际恐怖主义的活动使我国的战略目标和战略利益受到威胁。随着中国国际地位的提高和影响力的扩大,这方面的恐怖威胁会增加。现在防范国际恐怖主义组织渗透的任务很艰巨,特别是防范网络恐怖袭击、生化恐怖袭击等新型恐怖主义的威胁。

在恐怖主义活动扰乱世界的同时,反恐战争也逐渐在全球展开。应对恐怖主义,中国政府采取的政策和措施表明了中国政府鲜明的原则性立场。

（一）明确谴责一切形式的恐怖主义，坚决反对恐怖问题上实行双重标准

中国政府一贯强调，恐怖主义是国际公害，坚决反对并谴责一切形式的恐怖主义。2002年1月20日，中国外长唐家璇在纽约联合国安理会反恐问题外长会议上阐明了中国政府反恐原则性立场：中国政府反对一切形式的恐怖主义，加强国际合作，标本兼治，防范和打击恐怖活动，努力消除恐怖主义的根源；中国政府一向主张反恐目标应明确，证据确凿；反恐不能有双重标准，也不能与特定的国家民族或宗教挂钩。中国这一原则性立场具有十分明确的指向意义。首先，不管出于何种目的，不管哪种恐怖主义势力，都崇尚暴力，危害人民生命财产安全，危害社会的稳定，都应当受到谴责。其次，在当前恐怖主义已经成为国际公害、人类公敌并严重威胁国际安全与稳定的情况下，任何国家都不应以反恐为名谋取私利，或者以意识形态、文明差异画线，而是应当以公正的态度，同样的标准来对待处理国内外的一切反恐机制。最后，在中国打击"东突"等恐怖势力的问题上，坚决反对其他国家的"双重标准"，反对他们以"人权"、"宗教自由"等为借口纵容、支持恐怖势力，干涉中国内政。

（二）积极支持和参与国际反恐合作

随着经济全球化和现代科技的不断发展，恐怖主义的国际化趋势大大加强，各国不仅难以在恐怖主义的袭击中置身事外，也不可能单独应对恐怖主义的威胁。中国政府一直主张，国际社会应加强对话和磋商，开展合作共同防范和打击国际恐怖活动。中国的反恐政策和措施实践着这一主张：

一是积极支持并参与联合国主导下的国际反恐合作。在阿富汗和平重建工作中以及伊拉克战争前在联合国寻求政治解决的过程中，中国都起到了积极的作用。目前，我国已经参加了12项国际反恐条约，充分显示出对国际反恐合作的高度重视。

二是中国倡导加强区域反恐合作。发端于"上海五国"并成立于

2001 年的上海合作组织是这方面的典范。我国在上海合作组织框架内,与其他成员国举行了多次多边或双边联合反恐军事演习。上海合作组织就反恐问题进行的有效合作,已成为维护地区安全和稳定的重要保障。

三是支持其他国家的反恐斗争。对于其他国家遭受的恐怖主义袭击,中国从不以意识形态画线,均表示严厉谴责,对他国在国际法下进行的反恐斗争和努力,中国一贯给予道义上的支持或实质上的帮助。

(三)强调反恐要标本兼治,"综合治理"

对于恐怖主义产生及蔓延的原因,我党和国家领导人有着清醒而深刻的认识。2003 年胡锦涛主席在出席亚太经合组织曼谷会议时也指出,冲突和动荡是恐怖主义滋生的温床,贫穷和落后是恐怖主义产生的土壤,彻底铲除恐怖主义,应在缓和地区及国际紧张局势、消除贫困和加强反恐合作方面同时开展工作,从政治、经济、文化和社会等方面采取措施,要赢得反恐斗争的胜利,必须标本兼治。

第二节　反恐应急处理

恐怖袭击手段多样,常规手段主要有爆炸、枪击、持刀砍杀、绑架、纵火等。爆炸主要有炸弹爆炸、汽车炸弹爆炸、自杀性人体炸弹爆炸等形式;枪击主要有手枪射击、制式步枪或冲锋枪射击等;劫持包括劫持人,劫持车、船、飞机等。非常规手段主要有核与辐射恐怖袭击,主要通过核爆炸或放射性物质的散布、造成环境污染或使人员受到辐射照射;生物恐怖袭击,主要利用有害生物或有害生物产品侵害人、农作物、家畜等;化学恐怖袭击,主要利用有毒、有害化学物质侵害人、城市重要基础设施、食品与饮用水等;网络恐怖袭击,主要利用网络散布恐怖袭击、组织恐怖活动、攻击电脑程序和信息系统等。

其中常规恐怖袭击手段是通常恐怖分子会采取的袭击手段,不论是军人还是公民,都需要了解相关的应急处理知识,当面对这些恐怖袭击时,能够及时作出反应,保护自身及他人的生命财产安全。

一、爆炸物的处置及爆炸事件的应对

(一)爆炸物可能被放置的地点

爆炸物可以被放置在公共场所的如下地点:

①标志性建筑物及其附近的建筑物内外。

②重大活动场合及人员密集场所,如大型运动会、检阅、演出、朝拜、展览等场合,以及体育场馆、影剧院、宾馆、运动员村、商场、超市、车站、机场、码头、学校等。

③易于隐蔽且闲杂人员容易进出的地点,如宾馆、饭店、洗浴中心、歌舞厅以及各种交通工具等。

④各种日用品之中,如行李、包裹、食品、手提包等。

(二)发现可疑爆炸物如何处置

发现爆炸物,我们可以这样做:

①不要触动。

②及时报警。

③迅速撤离。疏散时,有序撤离,不要互相拥挤,以免发生踩踏造成伤亡。

④协助警方的调查。目击者应尽量识别可疑物发现的时间、大小、位置、外观,有无人动过等情况,如有可能,用手中的照相机进行照相或录像,为警方提供有价值的线索。

(三)在遇到爆炸事件时如何应对

在遇到爆炸事件时,可采取以下方式:

①保持冷静,速离现场。遇见爆炸发生,要保持镇静,应马上远离爆炸物,快速撤离现场。

②听指挥,看标识。撤离现场时,如有工作人员或专门人员的引导,听从指挥,迅速选择最近安全出口有序撤离现场。注意观察附近的安全疏散指示和标志,辨明安全路线,有序逃离。

③不盲从,不拥挤。不拥挤、不起哄、不制造紧张或恐慌气氛,应

尽量避免到拥挤的人群中,尽量走在人流的边缘。应顺着人流走,切不可逆人流前进,否则很容易被推倒。万一陷入拥挤的人流,要首先站稳,身体不要倾斜失去重心,即使鞋子被踩掉,也不要贸然弯腰提鞋或系鞋带。若被人群挤倒,要设法靠近墙角,身体蜷成球状,双手在颈后紧扣以保护身体最脆弱的部位。

④及时报警,协助调查。注意观察现场可疑人、可疑物,处在安全位置后,拨打报警电话,客观详细地描述事件发生、发展经过,并在事后协助警方调查。

二、枪击事件的应对

在遭遇枪击事件时,应采取如下方式应对:

(一)快速隐蔽

就近选择不易被穿透的掩蔽物快速隐蔽,如墙体、立柱、大树干、汽车前部发动机及轮胎等;如附近没有掩蔽物,可就近选择能遮挡自己身体的掩蔽物,如木门、玻璃门、垃圾桶、灌木丛、花篮、柜台、场馆或公交内座椅、汽车门和尾部等,使持枪分子无法在第一时间发现你,为下一步逃生做准备。如在商场、地铁、公交等封闭空间内遇到枪击,隐蔽时应低头,降低身体姿势,尽量不要站立;尤其当直接面对持枪分子无法隐蔽时,应快速蹲下或趴下,不要惊慌,不要大呼小叫,应保持冷静克制,尽量满足歹徒的要求,拖延时间,等待救援。

(二)及时报警

在确保不会被持枪分子发现的前提下,迅速报警,报告枪击案发生的准确位置及歹徒人数、现场状况等。

(三)快速撤离

在情况不明时,不要随意站起来走动;判明情况后,选择不易被发现或障碍物较多的路线撤离。

(四)自救互救

到达安全区后,及时检查是否受伤。发现受伤,及时实施自救互救。

（五）事后协助

积极向警方提供现场信息,协助警方调查。

【链接】

案例:美国校园枪击案　学校要求学生入室躲避

当地时间 2011 年 12 月 8 日中午,一名警官在弗吉尼亚理工大学邻近体育场的一处停车场例行检查车辆,一名白人男子走进停车场,朝警官开枪。遇害警官在弗吉尼亚理工大学所在社区工作 4 年。按警方的说法,他所检查车辆的司机没有牵涉枪击事件,嫌疑人行凶后逃逸。

增援警察赶赴现场,大约 1 个小时后,警方依据目击证人提供的线索,在事发点大约 500 米外的学校另一处停车场发现一名倒地男子,身边留有一把枪。警方证实男子死亡,可能死于枪伤。

新闻发布会上,警方拒绝猜测枪击动机,没有正式确认第二名死者就是枪击嫌疑人。不过,回答凶手是否在逃的提问时,弗吉尼亚州警方发言人鲍勃·卡尔彭蒂耶说:"调查人员确认,已经找到他。我不能公开细节。"另一名不愿公开姓名的执法人员告诉美联社记者,死者正是嫌疑人,这名执法人员没有说明嫌疑人的死因。

弗吉尼亚理工大学原定 9 日期末考试,受枪击影响,考期推迟一天。学生们 7 日结束课程,正在备考。美联社报道,校园 8 日较为安静,过往人员少于平日。

枪击事件发生后,学校拉响警报,要求学生入室躲避。警方封锁校园,包括特种武器和战术小组在内的持械警察进入校园。

大学发言人马克·欧克扎尔斯基说,学校每隔 30 分钟发布一次最新情况,无论事态是否改变。在校学生借助手机和社交网络与家人联系。大学二年级学生伊丽莎白说,枪击 1 个小时后,学校把一处学生中心内的避难师生从一楼转移至二楼。"我一开始紧张极了,真不知道发生了什么。"

警方发现第二具尸体后,收到一些可疑迹象报告。警方封锁校园 4 个小时,随后解除封锁。

弗吉尼亚理工大学校园枪击勾起不少人回忆。2007 年,同一校园内,一名 23 岁学生开枪打死 32 人、打伤 25 人后自尽,震动美国社会。

"肆意暴力令悲剧再次降临弗吉尼亚理工大学,一名警官在例行交通检查中遇害。"校长查尔斯·施特格 8 日说。

弗吉尼亚州长鲍勃·麦克唐奈说:"今天在弗吉尼亚理工大学发生的又一起悲剧令我深感痛心,我们的挂念和祈祷与受影响的家庭同在。"

针对上一次枪击事件,弗吉尼亚理工大学挨批"反应迟钝",最初两名学生遭枪击死亡两小时后才发出电子邮件警告,不少学生没能及时回避,多人死伤。事后,美国教育部对这所大学开出 5.5 万美元罚单。

8 日枪击时,弗吉尼亚理工大学正就这张罚单申诉。按照美联社的说法,弗吉尼亚理工大学近些年汲取教训,完善警报系统,现有通告方式包括教室广播和短信,而这些做法同样应用于美国其他高等院校。8 日事件中,弗吉尼亚理工大学反应迅速。

【美国近年校园枪击案】

● 2005 年 3 月 21 日,明尼苏达州一个印第安人保留地内发生两起枪击事件,一名学生打死自己的祖父母后闯进当地一所高中校园,打死 6 人、打伤 15 人,然后开枪自杀。

● 2006 年 10 月 2 日,宾夕法尼亚州兰开斯特县一所社区学校发生校园枪击事件,造成包括劫持者在内的至少 4 人死亡、7 人受伤。

● 2007 年 4 月 16 日,弗吉尼亚理工大学发生美国历史上最严重的校园枪击事件,至少 32 人死亡。

● 2011 年 1 月 7 日,美国内布拉斯加州一名中学生开枪打伤校长,打死副校长,自杀身亡,造成两死一伤。

三、持刀砍杀事件的应对

遇到持刀砍杀事件时,可采取如下方式应对:

①认清方位,尽快往空旷地带跑;

②大声呼喊,寻求就近援助;

③寻找隐蔽地点藏身,并迅速锁好门窗;

④寻找椅子、木棒之类的坚固物品,以作防身之用;

⑤及时报警,请求救助;

⑥组织起来,自我防卫。

四、人质绑架事件的自救与应对

(一)被绑架时如何自救

1.保持冷静

绑架案中绑匪在没有达到目的前一般不会"撕票",要保持冷静,不要当着绑匪的面乱喊乱叫,不要激怒绑匪,保持自己的安全。

2.尝试对话

尽量向劫匪表示顺从,不要有大的动作。可尝试与绑匪对话,营造轻松氛围,打消绑匪的顾虑,避免盲目反抗造成人身伤害。

3.观察作案人和环境

要注意观察作案人和四周环境、声音,尽可能了解自己所处的位置,尽量准确地记下其人数、特征,如身高、年龄、体态、发型、衣着、胡须、疤痕、口音、行为等特征,以及使用车辆的颜色、大小、型号、车牌号码。

4.留意可逃跑的机会

要随时留意或创造可以逃跑的机会,如:装作顺从、配合,使看守绑匪放松警惕;与负责看守的绑匪多聊,挑拨团伙成员矛盾或以情打动他们,因为一般负责看守的是团伙的低层人员,分赃不多出力多。

5.报警

人质被绑架时,在确保不被发现的情况下,可迅速报警。如顺利逃脱,也要立即向警方报案,提供犯罪嫌疑人的有关情况。

(二)家人或朋友被绑架时如何应对

1.保持冷静

有家人或朋友被绑架时,首先不要惊慌,要保持冷静。

2.谈判对话

与绑匪谈判是必要环节,把握不轻易答应的原则,机智地周旋,注意不要激怒对方。

3.与受害者通话

要求和受害者通话,如果绑匪不给你这个机会,那就问绑匪一些只有受害者知道的问题,诸如结婚纪念日、孩子的生日等等。因为要确定这些问题只有受害者才清楚,受害者的安全是第一位的。

4.及时报警

报案时要提供以下信息:人质的年龄、体貌特征、生活习惯、活动规律、随身携带的物品、手机号码、车辆及近期的照片;案件发生前后是否有可疑人、可疑电话或可疑车辆等情况;案发后,犯罪嫌疑人以什么方式与亲属联系、使用的电话号码、犯罪嫌疑人要求家属做些什么事等。家属亲朋应按照警方的提示与犯罪嫌疑人保持联系;根据警方制订的解救方案,协助警方展开解救行动,不要自作主张。

五、抢劫事件的应对

(一)发生入室抢劫时如何应对

1.沉着应对

犯罪嫌疑人的目标是财物,必要时暂时放弃财物,以确保人身安全。能力许可时,可将犯罪嫌疑人制服,或报警求助。

2.可谎称家人马上就要回来,或者找机会逃跑

也可伺机躲避,跑到卧室或其他能反锁的房间把门反锁,趁机报警或逃跑。

3.叫喊

在能被别人听到并能起到作用的前提下可大声呼喊,但要注意

劫犯的情绪,避免激怒劫犯,保护自身安全。

4.报警

尽量记住犯罪嫌疑人的人数、体貌特征、所持凶器等情况,待处于安全状态时,尽快报警。

(二)发生街头抢夺、抢劫时如何应对

发生街头抢夺、抢劫时,可以这样做:

①当在人员聚集地区遭到盗窃、抢劫时,被害人应勇敢大声呼救,震慑犯罪分子,引起周围人的注意和警觉。

②在僻静地方或无力抵抗的情况下,应暂时放弃财务,确保自身安全;待处于安全状态时,尽快报警。

③注意观察作案人。尽量准确地记下其人数、特征,如身高、年龄、体态、发型、衣着、口音、作案工具、使用车辆、逃跑方向等情况。

小贴士

尽量不要单身一人到银行办理业务,办理的过程中要多个心眼儿,留意身边有无可疑人员。经常夜晚外出或上夜班的人员尽量结伴而行或由家人接送,避开空旷的立交桥、地下通道、茂盛的绿化带、街心花园、僻静的小道小巷行走,尽量走在人行道里侧,贵重首饰尽量不佩戴,手机不挂胸前,背包应斜挂肩上。发现被人跟踪盯梢时,可打电话与家人朋友联系,或到附近商店、超市躲避。驾车外出时,应随手将车门锁按下,尽量关闭车窗,勿将皮包或现金任意置于座位上,以防犯罪分子"拍车门"抢包。如车胎出现异常,应将车停靠在路边后,注意周围是否有可疑人员或车辆尾随,下车查看时应锁好车门。

第三节　突发事件应急处理

一、突发事件类型与通用常识

突发事件是公民在日常生活中突然遇到的、紧急的偶发事件。根据 2007 年颁布的《中华人民共和国突发事件应对法》，突发事件是指"突然发生，造成或者可能造成严重社会危害，需要采取应急处置措施予以应对的自然灾害、事故灾难、公共卫生事件和社会安全事件"。

据此，突发事件大致可分为如下四种类型。常见的自然灾害类事件有地震、泥石流、滑坡、崩塌、台风、暴雨、海啸等；事故灾难主要有火灾、交通事故、爆炸事故等；公共卫生事件主要有群体性食物中毒以及禽流感、口蹄疫、肺结核、艾滋病等传染性疾病的暴发；社会安全类事件主要有盗窃、抢劫、绑架、公共场所骚乱等。

公民在遇到突发事件时，首先要保持镇定，不要慌乱，只有保持清醒才能让自己更快地脱离危险；其次要立即想办法逃生，生命安全对我们来说是第一位的，对于身边的财物不要过于眷恋，以免耽误逃生时间；再次，要掌握一些突发事件应急的科学知识，不可盲目逃生。

每个人都想要平平安安地过一生，但意外和危险也许随时会降临在我们头上。只有学会逃生自救，才能在灾难发生的时候不至于手足无措。学会应对突发事件，掌握应急处理尝试，是当代大学生的"必修课"。下面我们将针对几种代表性的突发事件——火灾、地震、地铁事故以及撞车事故，向大家介绍应急处理常识。

二、消防应急常识

(一)大学生消防意识培养

火灾是威胁人类安全的重要灾害，是仅次于旱灾、水灾的第三大灾害。在高校中因大学生不严格遵守消防和有关防火安全规章制度而引发火灾的事件频频发生(见图 11-1)。大学生要做好安全防火,就要严格遵守《中华人民共和国消防法》和各级政府、各级公安消防部门制定的消防条例和规定,以及学校的各项安全管理制度。遵守教室、实验室各项安全管理规定、操作规程和有关制度,涉及使用易燃易爆危险品时,按照规定一丝不苟地进行操作;遵守学校宿舍安全管理规章制度,不挪用、破坏学生宿舍消防器材、设施,不在宿舍内点蜡烛看书,台灯不要靠近枕头和被褥,不存放易燃易爆物品,不焚烧杂物,不擅自使用煤炉、液化气灶具、热得快等可能引发火灾的器具。树立消防意识,学习防火和火灾逃生知识,是大学生做好防火工作的关键。

图 11-1　高楼起火

【链接】

案例:上海商学院大火

2008 年 11 月 14 日,上海商学院宿舍区女生宿舍楼发生火灾,4 名女大学生慌不择路从 6 楼跳下当场身亡。

打开房门接水为大火起到助燃作用

据逃生的两名女生回忆,当天早晨6点多,她们发现其中一个堆放杂物的下铺冒起了火苗。因为当时火苗不是很大,她们本以为用脸盆接水,就可以迅速扑灭火苗。当她们两人端着脸盆,跑到同一楼层中间位置的盥洗室接完水准备返回宿舍时,却发现宿舍房门已经关闭,无法打开。

没多久,她们就听到房间内传来一阵阵尖叫声和求救声。因为20余平方米的房间内,住着6个人,被子、蚊帐、衣物等易燃物迅速燃烧、火势蔓延,不过几分钟就冒出大量浓烟。据这两名女生回忆,因为宿舍有用"热得快"烧热水的习惯,她们怀疑是"热得快"引燃了堆放杂物的下铺。

消防部门的防火专家分析说,起火的602宿舍本来是一个密闭空间,氧气浓度一般。然而,当这两名女生打开房门准备接水灭火时,突然涌入的空气很可能起到了助燃的作用,进而迅速燃起了大火。

伸缩铁门阻隔宿舍楼逃生通道

起火的上海商学院宿舍大楼1层为食堂,2层至3层是男生宿舍,4层至6层是女生宿舍,7层为简易工房。

在该宿舍楼内,女生宿舍和男生宿舍有不同出入口,由两名宿舍管理员分别管理。在3层通往4层的楼梯口,有一扇伸缩铁门阻隔。此外,即便通过这道铁门,6层通往逃生通道的木门依然大门紧锁。

消防部门的防火专家表示,出于治安方面的考虑,学校安装了这扇伸缩铁门,但却阻止了逃生通道的畅通。除此之外,该宿舍楼顶搭建的简易工房,也可能影响到学生向楼顶疏散。

(二)如何使用灭火器

灭火器的种类很多,按其移动方式,可分为手提式和推车式;按驱动灭火剂的动力来源,可分为储气瓶式、储压式和化学反应式;按所充装的灭火剂,则又可分为泡沫、干粉、卤代烷、二氧化碳、酸碱、清

水等。固体火灾应先用水型、泡沫、磷酸胺盐干粉、卤代烷型灭火器
进行扑救。液体火灾应先用干粉、泡沫、卤代烷、二氧化碳型灭火器
进行扑救。气体火灾应先用干粉、卤代烷、二氧化碳型灭火器进行扑
救。带电物体火灾应先用卤代烷、二氧化碳、干粉型灭火器进行扑
救。目前常用的是干粉灭火器。

　　碳酸氢钠干粉灭火器适用于易燃、可燃液体、气体及带电设备的
初起火灾；磷酸铵盐干粉灭火器除可用于上述几类火灾外，还可扑救
固体类物质的初起火灾。但它们都不能扑救金属燃烧火灾。灭火
时，可手提或肩扛灭火器快速奔赴火场，在距燃烧处 5 米左右，放下
灭火器。如在室外，应选择在上风方向喷射。使用的干粉灭火器若
是外挂式储压式的，操作者应一手紧握喷枪，另一手提起储气瓶上的
开启提环。如果储气瓶的开启是手轮式的，则向逆时针方向旋开，并
旋到最高位置，随即提起灭火器。当干粉喷出后，迅速对准火焰的根
部扫射。使用的干粉灭火器若是内置式储气瓶的或者是储压式的，
操作者应先将开启把上的保险销拔下，然后握住喷射软管前端喷嘴
部，另一只手将开启压把压下，打开灭火器进行灭火。有喷射软管的
灭火器或储压式灭火器在使用时，一手应始终压下压把，不能放开，
否则会中断喷射。

　　干粉灭火器在扑救可燃、易燃液体火灾时，应对准火焰根部扫
射，如果被扑救的液体火灾呈流淌燃烧时，应对准火焰根部由近而
远，并左右扫射，直至把火焰全部扑灭。如果可燃液体在容器内燃
烧，使用者应对准火焰根部左右晃动扫射，使喷射出的干粉流覆盖整
个容器开口表面；当火焰被赶出容器时，使用者仍应继续喷射，直至
将火焰全部扑灭。在扑救容器内可燃液体火灾时，应注意不能将喷
嘴直接对准液面喷射，防止喷流的冲击力使可燃液体溅出而扩大火
势，造成灭火困难。如果当可燃液体在金属容器中燃烧时间过长，容
器的壁温已高于扑救可燃液体的自燃点，此时极易造成灭火后再复
燃的现象，若与泡沫类灭火器联用，则灭火效果更佳。

　　使用磷酸铵盐干粉灭火器扑救固体可燃物火灾时，应对准燃烧

最猛烈处喷射,并上下、左右扫射。如条件许可,使用者可提着灭火器沿着燃烧物的四周边走边喷,使干粉灭火剂均匀地喷在燃烧物的表面,直至将火焰全部扑灭。

小贴士

灭火器使用口诀——"一拿二站三拔四对五喷"

一拿:拿起灭火器。

二站:站在上风口,距离火源两米左右。

三拔:拔下开口销。

四对:喷口对准火源根部。

五喷:握紧握把,喷出灭火剂。

(三)火灾逃生要诀

1.熟悉环境,暗记出口

当处在陌生的环境时,为了自身安全,务必留心疏散通道、安全出口及楼梯方位等,以便关键时候能尽快逃离现场。

2.通道出口,畅通无阻

楼梯、通道、安全出口等是火灾发生时最重要的逃生之路,应保证畅通无阻,切不可堆放杂物或设闸上锁,以便紧急时能安全迅速地通过。

3.扑灭小火,惠及他人

当发生火灾时,如果发现火势并不大,且尚未对人造成很大威胁时,当周围有足够的消防器材,如灭火器、消防栓等,应奋力将小火控制、扑灭;千万不要惊慌失措地乱叫乱窜,置小火于不顾而酿成大灾。

4.保持镇静,明辨方向,迅速撤离

突遇火灾,面对浓烟和烈火,首先要强令自己保持镇静,迅速判断危险地点和安全地点,决定逃生的办法,尽快撤离险地。千万不要盲目地跟从人流和相互拥挤、乱冲乱窜。撤离时要注意,朝明亮处或外面空旷地方跑,要尽量往楼层下面跑,若通道已被烟火封阻,则应背向烟火方向离开,通过阳台、气窗、天台等往室外逃生。

5. 不入险地,不贪财物

身处险境,应尽快撤离,不要因害羞或顾及贵重物品,而把逃生时间浪费在寻找、搬离贵重物品上。已经逃离险境的人员,切莫重返险地,自投罗网。

6. 简易防护,蒙鼻匍匐

逃生时经过充满烟雾的路线,要防止烟雾中毒,预防窒息。为了防止火场浓烟呛入,可采用毛巾、口罩蒙鼻,匍匐撤离的办法。烟气较空气轻而飘于上部,贴近地面撤离是避免烟气吸入、滤去毒气的最佳方法。穿过烟火封锁区,应佩戴防毒面具、头盔、阻燃隔热服等护具,如果没有这些护具,那么可向头部、身上浇冷水或用湿毛巾、湿棉被、湿毯子等将头、身裹好,再冲出去。

7. 善用通道,莫入电梯

发生火灾时,要根据情况选择进入相对较为安全的楼梯通道。除可以利用楼梯外,还可以利用建筑物的阳台、窗台、天面屋顶等攀到周围的安全地点,沿着落水管、避雷线等建筑结构中凸出物滑下楼脱险。在高层建筑中,电梯的供电系统在火灾时随时会断电或因热的作用导致变形而将人困在电梯内,同时由于电梯井犹如贯通的烟囱般直通各楼层,剧毒的烟雾直接威胁被困人员的生命。因此,发生火灾时切勿乘坐电梯。

8. 缓降逃生,滑绳自救

高层、多层公共建筑内一般都设有高空缓降器或救生绳,人员可以通过这些设施安全地离开危险的楼层。如果没有这些专门设施,在安全通道又已被堵、救援人员不能及时赶到的情况下,你可以迅速利用身边的绳索或床单、窗帘、衣服等自制简易救生绳,并用水打湿从窗台或阳台沿绳缓滑到下面楼层或地面,安全逃生。

9. 避难场所,固守待援

假如用手摸房门已感到烫手,此时一旦开门,火焰与浓烟势必迎面扑来。在逃生通道被切断且短时间内无人救援时,可采取创造避难场所、固守待援的办法。首先应关紧迎火的门窗,打开背火的门窗。然后,用湿毛巾、湿布塞堵门缝,或用水浸湿棉被蒙上门窗,并不停用水淋透房间,以防止烟火渗入。固守在房内,直到救援人员到达。

10.缓晃轻抛,寻求援助

被烟火围困暂时无法逃离的人员,应尽量待在阳台、窗口等易于被人发现和能避免烟火近身的地方。在白天,可以向窗外晃动鲜艳衣物,或外抛轻型晃眼的东西;在晚上即可以用手电筒不停地在窗口闪动或者敲击东西,及时发出有效的求救信号,引起救援者的注意。

11.火已及身,切勿惊跑

火场上的人如果发现身上着了火,千万不可惊跑或用手拍打。当身上衣服着火时,应赶紧设法脱掉衣服或就地打滚,压灭火苗;能及时跳进水中或让人向身上浇水、喷灭火剂就更有效了。

12.跳楼有术,虽损求生

跳楼逃生,也是一个逃生办法,但应该注意的是:只有消防队员准备好救生气垫并指挥跳楼时,或楼层不高(一般4层以下)、非跳楼即烧死的情况下,才采取跳楼的方法。跳楼也要讲技巧,跳楼时应尽量往救生气垫中部跳或选择有水池、软雨篷、草地等地方跳;如有可能,要尽量抱些棉被、沙发垫等松软物品或打开大雨伞跳下,以减缓冲击力。如果徒手跳楼一定要扒窗台或阳台使身体自然下垂跳下,以尽量降低垂直距离,落地前要双手抱紧头部身体弯曲蜷成一团,以减少伤害。

(四)火灾逃生自救常识

宿舍楼、教学楼、办公区等人员密集场所一旦发生火灾,常因人员慌乱、拥挤而阻塞通道,发生互相踩踏的惨剧,或由于逃生方法不当,造成人员伤亡。

应急要点如下:

①立即拨打119火警报警电话,利用各楼层的消防器材灭火。

②注意防烟。用湿毛巾等物掩住口鼻,保持低姿势前进,呼吸动作要小而浅,带婴儿逃离时,可用湿布轻轻蒙在婴儿脸上。

③向下不向上。因火势向上蔓延,故应快速向楼下有序撤离。

④关紧房门。离开房间以后,一定要随手关门,使火焰、浓烟控制在一定的空间内。

⑤理性逃生。利用建筑物、阳台、避难层、室内设备的缓降器、救生袋、应急逃生绳等进行逃生,也可将被单、台布结成牢固的绳索,牢系在窗栏上,顺绳滑至安全楼层。

⑥等待救援。当通道被火封住,欲逃无路时,可靠近窗户或阳台呼救,同时关紧迎火门窗,用湿毛巾、湿布堵塞门缝,用水淋透房门,防止烟火侵入。

⑦靠墙躲避。因为消防人员进入室内救援时,大都是沿墙壁摸索行进的。

小贴士

火场能见度非常低,保持镇静、不盲目行动是安全逃生的重要前提;因供电系统随时会断电,千万不要乘电梯逃生;等待救援时,应尽量在阳台、窗口等易被发现的地方等待;不要轻易跳楼,只有在消防队员准备好救生气垫或楼层不高的情况下,才能采取此方法;公用通道平时不要堆放杂物,否则既容易引起火灾,也会妨碍火灾时的逃生及救援;下榻宾馆、酒店后,应特别留心服务方提供的火灾逃生通道图,或自行了解安全出口的方位。

(五)几种常见的起火扑灭方法

1. 家具、被褥等起火

家具、被褥等起火时,一般用水灭火。用身边可盛水的物品如脸盆等向火焰上泼水,也可把水管接到水龙头上喷水灭火;同时把燃烧点附近的可燃物泼湿降温。但油类、电器着火不能用水灭火。

2.电气起火

家用电器或线路着火,要先切断电源,再用干粉或气体灭火器灭火,不可直接泼水灭火,以防触电或电器爆炸伤人。

3.电视机起火

电视机万一起火,绝不可用水浇,可以在切断电源后,用棉被将其盖灭。灭火时,只能从侧面靠近电视机,以防显像管爆炸伤人。若使用灭火器灭火,不应直接射向电视屏幕,以免其受热后突然遇冷而爆炸。

4.油锅起火

油锅起火时应迅速关闭炉灶燃气阀门,直接盖上锅盖或用湿抹布覆盖,还可向锅内放入切好的蔬菜冷却灭火,将锅平稳端离炉火,冷却后才能打开锅盖,切勿向油锅倒水灭火。

5.燃气罐着火

要用浸湿的被褥、衣物等捂盖火,并迅速关闭阀门。

6.身上起火

身上着火,不要乱跑,可就地打滚或用厚重衣物压灭火苗。穿过浓烟逃生时,用湿毛巾、手帕等捂住口鼻,尽量使身体贴近地面,弯腰或匍匐前进。

三、地震应急常识

(一)地震发生时在室内如何逃生

地震发生时在室内可采取如下措施:

①不要惊慌,应迅速躲在坚固家具边、衣柜墙角边等结实并能掩护身体的物体旁。也可选择厨房、浴室、厕所等开间小、不易塌落的空间避震。如果正在上课,应在老师的指挥下迅速抱头、闭眼、躲在各自的课桌下或课桌旁。

②应该迅速远离外墙及门窗,立即关闭煤气和电闸,将炉火扑灭。

③身体应蹲下或坐下,尽量蜷缩身体,降低身体重心的姿势。同

时抓住桌腿等牢固物体。

④如果是在晚上发生了地震,而你正在床上,你只要简单地滚下床。在床的周围会形成一个安全的空间。如果要做得更好一点,可以顺手拿起枕头来保护头部。

⑤若住在平房,且离门很近,则应冲出门外。如果来不及跑出户外时,可迅速躲在桌下、床下和坚固家具旁或紧挨墙根,注意保护要害部位。用衣物捂住口鼻,隔挡呛人的灰尘。

⑥千万不要盲目跳楼,也不能使用电梯。不要随便点燃灯火。

⑦在初震过后,要尽快撤出,最好在广场、公园等地,以避余震。学生如已疏散到室外,不可轻易返回教室。

(二)地震发生时在公共场所如何逃生

地震发生时正在公共场所,可采取如下措施:

①切忌慌乱,应听从现场工作人员的指挥。不要慌乱拥挤,应避开人流,防止摔倒。把双手交叉放在胸前,保护自己,用肩和背承受外部压力。随人流行动时,要避免被挤到墙壁或栅栏处;要解开衣领,保持呼吸畅通。也可躲在柜台、木质家具旁,蹲在内墙角及柱子边,护住头部。

②如果你正在影剧院、体育馆等处遇到地震,要沉着冷静,特别是当场内断电时,不要乱喊乱叫,更不得乱挤乱拥。可就地蹲下或躲在排椅下,注意避开吊灯、电扇等悬挂物,用皮包等物保护头部,等地震过后,听从工作人员指挥,有组织地撤离。

③地震时,你正在商场、书店、展览馆等处,应选择结实的柜台、商品(如低矮家具等)或柱子边,以及内墙角处就地蹲下,用手或其他东西护头,避开玻璃门窗和玻璃橱窗,也可在通道中蹲下,等待地震平息,有秩序地撤离出去。

④正在进行比赛的体育场,应立即停止比赛,稳定观众情绪,防止混乱拥挤,有组织有步骤地向体育场外疏散。

(三)地震发生时在户外如何逃生

地震发生时正在户外,可采取如下措施:

①应双手交叉放在头上,最好用合适的物件罩在头上,选择开阔地蹲下或趴下。不要扶靠身边的门柱、墙壁,这些看上去挺结实牢固的东西,实际上却是危险的。

②保护好头部,不要乱跑,不要随便返回室内,避开人多的地方。

③要避开高大建筑物,如楼房、高大烟囱、水塔等,避开立交桥、油库等一类结构复杂的构筑物。

④避开危险物,如高耸的悬挂物、变压器、电线杆、路灯、广告牌、吊车等,不靠近危墙、危房,远离石化、化学、煤气等有毒工厂或设施。

⑤过桥时应紧紧抓住桥栏杆。

⑥地震时正在郊外的人员,应迅速离开山脚、水边、陡崖等危险地,以防山崩、滑坡、地裂、涨水、泥石流等突发事件。

⑦遇到山崩、滑坡,要向垂直于滚石前进的方向跑,切不可顺着滚石往山下跑,也可躲在结实的障碍物下,特别要保护好头部。

⑧有条件的情况下,留意收听关于震情和行动指南的广播。

小贴士

12秒自救机会:地震心理学上有一个"12秒自救机会",即地震发生后,若能镇定自若地在12秒内迅速躲避到安全处,就能给自己提供最后一次自救机会。

生命三角:当建筑物倒塌时,落在物体或家具上的屋顶的重力会撞击这些物体,使得靠近它们的地方留下一个空间。这个空间就被称作"生命三角"。物体越大,越坚固,它被挤压的余地就越小。

四、地铁事故应急常识

发生地铁事故时,可采取如下措施:
①不起哄、不打闹、不故意怪叫制造紧张或恐慌气氛。

②尽量避免到拥挤的人群中,不得已时,尽量走在人流的边缘。

③发觉拥挤的人群向自己行走的方向涌来时,应立即避到一旁,不要慌乱,不要奔跑,避免摔倒。

④顺着人流走,切不可逆着人流前进,否则,很容易被人流推倒。

⑤假如陷入拥挤的人流时,一定要先站稳,身体不要倾斜失去重心,要用一只手紧握另一手腕,双肘撑开,平放于胸前,要微微向前弯腰,形成一定的空间,保证呼吸顺畅,以免拥挤时造成窒息晕倒。即使鞋子被踩掉,也不要弯腰捡鞋子或系鞋带,有可能的话,可先尽快抓住坚固可靠的东西慢慢走动或停住,待人群过去后再迅速离开现场。

⑥若自己不幸被人群挤倒后,要设法靠近墙角,身体蜷成球状,双手在颈后紧扣以保护身体最脆弱的部位。

⑦在人群中走动,遇到台阶或楼梯时,应尽量抓住扶手,防止摔倒。在拥挤的人群中,要时刻保持警惕,当发现有人情绪不对,或人群开始骚动时,就要做好准备以保护自己和他人。

⑧在人群慌乱时,脚下要注意些,千万不能被绊倒,避免自己成为拥挤踩踏事件的诱发因素。当发现自己前面有人突然摔倒了,马上要停下脚步,同时大声呼救,告知后面的人不要向前靠近。

五、撞车事故应急常识

(一)公民自救

发生撞车事故时公民可采取如下措施自救:

①紧急时刻,车内应双手紧紧抓住前排座位或扶杆、把手,低下头,利用前排座椅靠背或两手臂保护头面部。

②稳定情绪,不慌不乱,弄清撞车事故原因。

③如有可能,应立即离开被撞车辆,必要时舍弃随身财物,首先确保人身安全。

④若遇翻车或坠车,迅速蹲下身体,紧紧抓住前排座位的座脚,身体尽量固定在两排座位之间,随车翻转。

⑤如遇绑架或恐怖袭击,沉着冷静,随机应变。

(二)公民互救

发生撞车事故时,公民可采取如下措施互救:

①现场呼救。利用附近的电话向公安、交通、医疗救护部门呼救。也可拦截过往车辆求救。或就近向工矿企业、部队、机关等单位紧急求援。

②现场抢救。遇伤员被挤压、夹嵌在事故车辆内的,不要生拉硬拖,而应用机械拉开或切开车辆,再救出伤员。遇车辆压住伤员,不要轻易开动车辆,应用顶升工具(如千斤顶等)或者发动群众抬起车辆,再救出伤员。

③现场急救。伤员救出后,应对其进行必要的检查和急救,再转送医院。

下 篇
浙大军训与大学生应征入伍

第十二章

有规有矩　始成方圆

——走进浙大军训

作为同学们走进浙江大学的重要一课,军训在太多浙大人心中留下了不可磨灭的印记。在这里,你将更加深刻地体会到,什么叫"军人",什么叫"纪律",什么叫"团结",什么叫"坚持",什么叫"感恩"……

一、我国学生军训发展历程

在我国,学生军事训练由来已久,其雏形可追溯至西周时期。而现代意义上的学生军训,则是在新中国成立之后才慢慢走上正轨。在经历了培养预备役军官和训练民兵的专业性军事教育之后,以学生军训为主,应用于各大高校的普及化军事教育成为国防教育的一项重要内容。50余年来,在不断地探索和实践过程中,我国已经形成了一套较为完备且行之有效的军训体制,而军训本身,也在提升学生政治觉悟、激发学生爱国热情、培养学生国防意识等方面起到了不可替代的作用。

(一)古代学生军训的起源及发展

据《礼记》、《周礼》等记载,西周时期实施六艺教学,即礼、乐、射、御、书、数。其中的射(即射箭)与御(即驾车)便属于军事训练范畴,授课教师一般由军官担任。这也是我国古代对学生军训的最早记载。此后各朝代都有过对学生实施军训的记载,大致可以分为以下六个阶段:

1.夏、商、周时期

这一时期统治阶级实施军训重于文化课教学的教育政策,是我国古代学校军训的鼎盛阶段。当时统治者要想拥有权力与地位,主要依靠武力,军事成为国家的头等大事。这一时代背景使得军训成为学校教育活动的主要形式,而"以射选诸侯"的制度更加促使了学校对军训的重视。对贵族男子而言,射、御是必须掌握的技能,也是考察能力的主要方式,射技和御术的高低成为评价每个贵族成员的标准和参加某种公共活动的必备条件。对奴隶而言,射箭也在生活中占有极其重要的地位,它成了男子本领大小的象征和执礼的标志。

2.春秋战国时期

这一时期统治阶级实施文武并重的教育政策,学校军训与文化学习并驾齐驱。当时奴隶制逐渐没落,封建制开始兴起,社会处于大变革时期,统治者必须高度重视武力的作用,才有保全领土获得生存的可能。因此,各国统治者极其重视军事人才的训练与教育,推行尚武崇戎的国策,军训成为学校教育的重要内容。而另一方面,随着社会经济政治文化的发展,战争规模日趋扩大,局势日趋复杂,战争的胜负不仅取决于将士的勇武,更取决于国家政治、经济、文化的综合实力以及将帅的智谋等各方面因素,统治者越来越意识到军事以外因素的重要性。因此,在重视武教的同时,亦十分注意文教,实施文武并重的教育政策。

3.秦、汉时期

这一时期学校教育由文武并重转为重文轻武,学校军训日趋萧条。秦统治者还实施愚民政策,下令废除私学制度,人们若欲读书学习,得拜官吏为师。因此,秦朝只有官学,而其教育内容主要以明法令通吏制为主,军训的成分不多。汉代废黜百家、独尊儒术,在官方学校和私学教育中,都是以传授新六艺为主,军训的职能弱化为一种礼仪程式。

4.魏晋南北朝以来直至宋元时期

这一时期统治者大多实行重文抑武、文武分途的文教政策,学校军训基本被废除。重文方针虽有其积极的一面,但也造成了严重的不良后果,它使国家军事实力严重削减,弱不胜敌。在重文方针的指导下,培养和选拔人才的目标和标准皆以文行,导致学校教育中军训成分全无,学生不再习武事。读书士子"两耳不闻窗外事,一心只读圣贤书",专尚言辞,空谈性理,个个成为文弱书生,形成了"万般皆下品,唯有读书高"的社会风气。

5. 明、清时期

这一时期统治者汲取前人武备废弛而弱国甚或亡国的历史教训,在建国之初即注意军事训练,以文武两手治国,制定了文武并重的文教政策,学校军训一度有所复兴。明朝要求国子学和府、州、县学生都要训练习射,命国子监辟射圃赐诸生弓矢,学校习射的场所、器材有了保证,较大地促进了学校军训的开展。为推动学校军训开展,统治者还规定科举考试中,要考射、骑等武艺。清王朝以武功开国而得天下,教育政策也是文武并重,从官学、国学到地方学,学校的课程多数都是文武兼备。但由于为崇尚清谈的程朱理学仍是明清社会的显学,受到统治者推崇,这一时期学习军训始终未能由复兴走向发展。

(二)新中国成立初期的学生军训

1955 年 7 月通过的新中国第一部《兵役法》规定,高校学生服预备役,应当接受军事训练。同年 10 月,确定在北京体育学院、北京钢铁学院两所高校开展学生军训的试点工作。1956 年决定扩大范围,在大连海运学院等 12 所高校进行学生军训试点。尽管学生军训试点工作取得了一定的成绩,但也存在着不少问题。1957 年 6 月,国家高等教育部、教育部和国防部决定,自当年暑假之后,各高校的军训课程一律停止。至此,我国第一次高校学生军训试点工作就匆匆结束了。究其原因,在于把学生军训的主要目标定位在培养预备役军官上,严重地脱离了当时我国高校的实际。

1958 年 6 月,党中央号召"全国大办民兵师",9 月,各主要高校相继成立了民兵师或民兵团。1961 年 10 月,为加强基层武装组织建设,各主要高校成立了武装部。1963 年 8 月,解放军各总部下发了《关于制发高等学校和高级中学(中专)民兵试点训练大纲(草案)》。随着形势的发展,为加强战备,在 1964 年及以后,野营与学军(组织学生到部队当兵)成为高校学生军训的新形式。在这期间,高校学生军训的直接目的是培养民兵,偏重于学生的军政训练。然而当时学生的学习任务已十分繁重,再加上紧迫的军训任务,过重的负担使得学生的健康状况不容乐观。为改变这一局面,1966 年 1 月,国家颁布了《关于增进高等学校学生健康,实行劳逸结合的若干规定》,规定学生军训要从学生实际出发,精简时间与内容。

"文化大革命"期间,高校军训严重偏离了正常轨道。各高校实行"开门办学",正常的教学秩序被打乱,过多组织学生参与学工、学农、学军,使得学生军训向畸形化方向发展,处于无序的扩张状态。1976 年 10 月,"文化大革命"结束后,教育事业重新走上正轨,高等学校学生军训工作才重新回到正规、有序的轨道上来。

(三)改革开放后的学生军训

党的十一届三中全会以后,我国政治、经济形势出现了新中国成立以来少有的大好局面,开展学生军训时机日趋成熟。1981 年,中共中央下发的〔1981〕11 号文件规定,高校的学生军训要纳入教学计划,进行统一安排,规定了学生军训的内容,确定学生军训的时间一般在一、二年级,可以分期分批集中进行训练,有条件的也可分散开设军事课,并要求各地从实际出发,分批实施。同时,解放军总参谋部、总政治部决定,高校平时不建立民兵组织。高校学生军训开始步入正轨。

此后,1984 年 10 月通过的《兵役法》,确认了改革后的学生军训方案,既不要求学生达到预备役军官的标准,也无须成为民兵组织中的一员,只是要求学生接受基本的军事训练。为落实新兵役法,从1985 年起开始组织新中国成立以来的第三次学生军训试点工作。先确定在 52 所高校中进行学生军训试点,以后根据情况又不断增加,到 1996 年增加到 157 所,这还不包括自行组织军训的高校。高校学生军训体制在这次试点中不断得到完善。首先,学生军训机构得以改革,不少试点高校成立了军事教研室,实施军事课教学。其次,军训方案得以修改并完善。我国先后于 1985 年、1987 年、1995 年、2001 年四次修订学生军训大纲,引入适合高校学生特点的军训内容,从专业性的军事教育逐渐过渡到普及性的国防教育。

2001 年,国务院办公厅、中央军委办公厅下发国办发〔2001〕48 号文件,对高校学生军训工作的指导思想、方针原则、组织领导、工作机构设置、师资配备、派遣军官管理和训练保障等问题都作出了规定。这一文件也成为开展高校学生军训工作的重要指导性文件。根据《2003—2005 年全国学生军训工作发展规划》,到 2005 年,全国所有普通高等学校,都应当开展学生军训。由此,学生军训进入了普及化的阶段。

二、浙江大学军训情况概述

浙江大学是教育部直属、省部共建的普通高等学校,作为首批进入国家"211 工程"和"985 工程"建设的若干所重点大学之一,浙大在教学、科研等各个领域,都稳居国内高校前列。同样,作为首批被批准的 11 所全国地方高等院校军训试点单位之一,浙江大学坚决贯彻落实党和国家的教育方针政策,本着以人为本的教育理念把学生军事训练纳入学校整体人才培养体系,充分发挥自身优势,实施多部门联动,倡导管理与服务并重,力求最大限度、最深程度地让广大参训学员从中得到锻炼与提升,历年来取得了"全国高等学校学生军事训练工作优秀学校"等多个荣誉奖项。

图 12-1 和图 12-2 为学生军训综合拉练和军训总结大会阅兵式。

图 12-1　学生军训综合拉练

图 12-2　学生军训总结大会阅兵式

（一）组织架构及部门职能

1. 校内相关部门的军训工作职责

为确保学生军事训练任务有序顺利完成，学校成立浙江大学学生军训工作领导小组，由分管校领导任组长，全面负责学生军训工作。具体工作则由人武部牵头，各单位紧密配合，按照统一指挥、统一内容、统一时间、统一要求、统一考核的原则，认真做好军训的计划、组织、协调和监督工作，建立稳定的军训秩序和科学的管理制度。

为做好军训工作的各项服务和保障工作,学校还明确了参与学生军训工作各单位的工作职责。

党办、校办:负责军训中的指导和协调工作,协调党政领导和部队军、师首长参加各项活动。

紫金港校区管委会:负责校区内与军训相关的协调及保障工作。

组织部:负责学校参训干部的选派、任命和考核。

宣传部、新闻办:负责对外新闻报道和校内军训广播、电视等宣传工作。

学工部、校团委、求是学院:负责军训期间参训学生的思想政治工作,组织开展丰富多彩的教育活动和文体活动,做好军训学生的动员和考核工作,会同人武部协调、组织、实施学生军训工作。求是学院各学园负责做好军训学生的编组、动员、考核、组织和思想政治教育等工作。

人武部:负责编制军训计划和训练经费预算等工作,购置训练器材和军训所需物品,落实部队帮训人员、训练所需枪支等,会同有关部门协调、组织、实施学生军训工作。

安全保卫部:负责防恐、消防演练及军训期间校园治安和交通秩序等工作。

本科生院、教育学院现代教育技术中心:负责军训期间所需教室的安排(每个军训连应有一个相对固定的教室),做好多媒体教学和学生军训成绩的登记汇总等工作。

后勤处、后勤集团:负责参训人员的饮食、交通运输、通信等保障工作。

新宇集团:负责军训用房、所需用具配置、饮水供应等工作。

计划财务处:负责军训经费的收支和报销工作。

公共体育与艺术部:负责军训期间文体活动和校内训练、动员、总结大会场地的保障工作。

校医院:负责军训战地救护训练、医疗保障和食品卫生安全监督等工作。

浙江大学城市学院:具体负责城市学院学生军训的协调、组织和实施工作。

浙江大学宁波理工学院:具体负责宁波理工学院学生军训的协调、组织和实施工作。

2. 军训师组织架构及职能

军训期间学校成立浙江大学军训师,具体负责学生军训的组织和开展。军训师下设司令部、政治部、后勤部、医务所和 5 个军训团。丹青学园为军训第一团,云峰学园为军训第二团,蓝田学园为军训第三团,城市学院编为城市学院军训团,宁波理工学院编为宁波理工学院军训团。各团下设司令部、政治处、后勤处,根据实际情况编制营、连、排。

根据军训工作安排,军训师对所属各部门工作职责进行了明确界定,并要求军训团所属各部门参照实施。

司令部工作职能:

- 按照上级精神和学校实际情况制订年度军事训练计划;

- 协调校内外各部门落实军训所需人员、物资、场地,做好军训前的各项准备工作;

- 指导、协调、督促全师训练工作,及时掌握参训情况,确保集中训练任务的完成;

- 负责参训学员的成绩考核、奖惩及成绩录入的指导工作;

- 负责参训学员半、缓、免训的申请与审核;

- 协调政治部、后勤部,确保军训工作的顺利开展。

政治部工作职能:

- 积极做好学生军训期间的宣传报道工作;

- 负责参训学员的党建、团建等思想政治教育工作;

- 组织、协调军训期间始业教育活动的开展;

- 负责校内参训干部的任命与考核;

- 负责军训期间的安全教育工作,防范安全事故发生;

- 做好军训期间文化、体育、卫生活动的组织和开展。

后勤部工作职能:

- 负责参训学员、带训干部、部队官兵的住宿安排；
- 根据训练计划，做好军训期间的饮食供应；
- 做好军训期间的车辆、通信、器材等后勤保障工作；
- 负责军训期间的财务管理工作。

（二）军训干部的选配

军训师的各级军事训练主官，包括师长、团长、营长、连长、排长由承训部队派员担任，其他各级职务由学校带训干部、高年级优秀学长、优秀国防生担任。城市学院军训团、宁波理工学院军训团则根据实际情况，自行制订干部选配方案。下面简单介绍浙江大学校内参训干部的选聘方案。

师领导全面负责军训师的军政训练工作，其中军训师政委由学校分管领导担任，副政委由学工部负责人担任，副师长由人武部负责人担任。

师部根据师领导指示负责全师军事训练、思想政治、后勤保障等工作方案的制订和实施，从学校各职能部门选配干部构建队伍。师司令部以人武部为主，从党办校办、教务处、教学质量与资源管理处选派人员组成；师政治部由党委学工部、校团委、党委组织部、党委宣传、党委安全保卫部、公共体育与艺术部选派人员组成；师后勤部由后勤管理处、计财处、后勤集团、新宇集团选派人员组成；医务所则由校医院抽调医护人员组成。

团部按照师部统一部署，指导各军训连实施军训计划。其中，军训团政委由学园主任担任，副团长由学园副主任担任；团司令部、政治处、后勤处抽调学生辅导员组成，具体负责军事训练、思想政治、后勤保障等工作的开展。

连部按照师团部的统一部署，全面负责实施连队军训计划。连指导员一般由学生辅导员担任，负责全连的思想政治工作和后勤保障工作；副指导员由各军训团选派高年级优秀学长担任，在协助指导员开展各项工作的同时，帮助新生尽快融入大学生活；副连长则由人武部和国防生选拔培养办公室选拔优秀国防生担任，协助连长开展军事训练和内务卫生工作。

(三)军训的主要内容

1.队列训练

队列,是军队进行集体活动必不可少的组织形式,开展队列训练是贯穿整个学生军训过程的基础环节。队列训练的内容主要包括队列动作、队列队形、队列指挥和队列礼仪四部分。队列动作,即军人按队列行为准则要求所必须遵循的动作规范,它有个体与群体之分,即包括单人队列动作和分队的队列动作;队列队形,即队列行为准则中所规定的各种行列组织结构与表现形式;队列指挥即队列指挥员按队列行为准则要求,对队列成员及其队列队形的调度;队列礼仪则是指队列活动中所属成员必须按行为准则,遵循队列的礼节与仪式规范。只有把握以上四个方面,认真、踏实地做好队列训练,才能培养参训学生良好的军姿、严整的军容、过硬的作风、严格的组织纪律和协调一致的动作,锻炼参训学员坚强的意志和毅力。

📖 **小贴士**

1.正步是军训的必修课,而踏正步最需要的就是脚力,因此,我们有必要充分保护好自己的脚部。从袜子方面说起,以棉制袜为最佳,同时鞋内最好垫上软鞋垫,这样一来,不但脚后跟舒服一些,同时对汗脚同学的脚臭也有一定的防治作用。

2.午休结束前,请将空调适当升高一定的温度,以防出门后外界温度与身体温度悬殊,难以很快适应,给身体造成负担。

2.战地救护及其他常用医学知识讲座

军训期间军训师邀请医护专家举办战地救护及常用医学知识讲座,向学员传授军训中一些常见症状的应急救护措施及常用的医学知识,如创伤救护时所需的止血包扎、固定搬运的四大技术、中暑高热对人体各系统的影响等等,使学员掌握基本的战地防护意识和现场救护能力。同时,还向参训学员普及"院前救护"的概念,即在现场及时、有效地展开救护,从而达到挽救生命、减轻伤残的目的,使学员在遇到紧急救护情况时能够遵循冷静细心的原则,及时评估现场,分清轻重缓急,做到先救命后治伤,尽量减轻病人的痛苦,同时调动一切可以调动的因素缓解危急情况。

⭐ 小贴士

(1)军训期间体力消耗较大,应注意合理搭配饮食,及时补充营养。可适当提高蛋白质及各种维生素的摄入量,切忌暴饮暴食。

(2)军训期间水分大量流失,应保证每日进水量。大量出汗之后,切忌直接进水,应稍事休息后再喝,以防对肠胃突然加重负担而造成伤害。

(3)出门前应仔细检查军训服装是否穿戴整齐,勿忘军帽、帽徽、臂章等配件。

(4)军训过程中要秉持"坚持不懈"的精神,但仍应以保证身体健康为前提,不可逞强。特别是当感到头晕、眼花时,应立即喊报告示意,可原地坐下,等身体稍适之后转移至阴凉地进行休息。

3.防恐·消防应急综合演练

防恐·消防应急综合演练是浙江大学军训过程中的一项重要的教育和培训内容。在当前国际国内反恐防恐形势极为严峻的情况下,进一步加强自身防范意识、提高防恐能力、熟练掌握应急逃生技能,对同学们有着极为重要的实际意义。为此,军训师每年都会组织参训学生开展防恐·消防应急综合演练(见图 12-3)。一般来讲,演练分为三个阶段:各学园学生宿舍逃生疏散演练,学生食堂防恐疏散演练,模拟消防逃生、救援演练。在演练过程中,参训学员不仅能了解遇到突发状况时如何疏散、自救,更能亲自上阵体验学习结绳自救、登高救人、救生气垫救援等。

图 12-3　学生军训防恐·消防综合演练

4.轻武器射击训练

　　手握钢枪,英姿飒爽,轻武器射击训练可以说是军训过程中最受学员欢迎和关注的一项训练科目。按照射击科目训练的内容和要求,训练的重点,就是让参训学员了解轻武器的战斗性能和轻武器射击学理基础知识,掌握半自动步枪持枪、放枪、卧

图 12-4　轻武器射击训练

倒的基本步骤和瞄准、击发的射击要领,使学员能够正确使用轻武器,熟练掌握射击技能(见图12-4)。在训练过程中,各位学员要牢记"三点成一线"的瞄准方法和"屏住呼吸、轻压扳机"的击发方法,严格遵守训练纪律、虚心学习、刻苦训练、听从命令、服从指挥,努力成长为一名合格的"神枪手",在后续的射击考核中大展雄风。

5.行军综合演练

坚定脚步,长途跋涉,行军综合演练是我校军训过程中的重要模块。演练采用徒步与汽车倒运相结合的方式进行,徒步行军距离约5～7公里。行军时,各团、各营成一路纵队,各连成二路纵队,连与连前后相距10米至20米。人员一律走右侧道路,各团军事主官位于队列前侧,负责行军速度的调控及行军科目的组织;各团副职干部位于队列后侧,负责人员的收容及病号处理;各团政治处主任位于队列中央,负责行军队形的控制和行军纪律检查;政工主官位于队列前后,负责安全巡视及意外情况处理。此外,为缓解参训学员综合演练途中怕苦怕累的心理负担,鼓励全体军训学员顺利到达目的地完成综合演练,各团在综合演练途中还可视情开展一些活动,如唱歌、拉歌及思想鼓动等。返营时由各团组织,以连为单位采用汽车倒运的方式返回。

小贴士

1.行军时应注意保持行进速度和规定距离。听从调整哨的指挥,未经上级允许不准超过前面分队。

2.严格纪律。出发前排空大小便,在行军中听指挥,不得擅自离队、丢弃装具和食物等。

3.按上级指示组织休息。小休息靠路边,保持队形。大休息离开道路,进入指定地区。休息时应派出警戒哨,保持战斗准备。

4.行军中不要喝冷水,采食野果。

5.在山林地行军,通过山垭口和上下坡时,应适当减速行进。

6.军训合唱比赛

铁骨铮铮,军歌嘹亮,在军训合唱比赛中,动人的歌喉带着年轻的自信,专注的目光透着青春的激情。为营造健康和谐的文化氛围,丰富参训学员军训生活,展现参训连队良好风貌,军训师会在军训期间举办军训合唱比赛。各团在团内比赛基础上一般推荐3支队伍参加师部统一比赛,评出一、二、三等奖。所选曲目可以婉转悠扬,也可以气势恢宏,参赛队伍可以在单调的歌曲中融入伴奏和舞蹈,在规定的队形里配合整齐的手势和眼神,通过不断的创作和训练,充分彰显昂扬的朝气和热情,展现出当代大学生积极向上的精神面貌(见图12-5、图12-6)。

图 12-5　学生军训大合唱比赛(一)

图 12-6　学生军训大合唱比赛(二)

7. 军训总结大会

军训总结大会作为军训过程中的最后一个重要环节,既是对军训工作的总体梳理,也是对参训学员刻苦训练成果的一次集中检验。军训总结大会可以分为阅兵式、分列式、表演科目、表彰嘉奖等几个主要部分(见图 12-7)。各队列方阵会以辛勤的汗水铸造出笔直的身躯、整齐的队列、雄壮的口号和激扬的神采;表演方阵会用齐心协力的付出呈现出一场精彩纷呈的视听盛宴。军训即将结束,但全体参训学员要把军训中坚忍不拔的毅力、坚不可摧的作风、勇往直前的英雄气概和团结互助的精神投入到今后的学习和生活之中,走出一条无愧于时代的成才之路。

图 12-7　学生军训总结大会表演科目

(四)军训的奖惩与考核

为促进学生全面发展和圆满地完成军训任务,学校将坚持公开、公平、公正的原则,采用定性与定量相结合、记实与评议相结合、学员评议与连队统筹相结合的办法对参训学员进行奖惩和考核。

1. 奖惩

军训以解放军条令为标准,开展队列、思想政治工作、内务卫生三项红旗竞赛活动;另设单项奖,奖励项目为通报表扬和嘉奖两种。对于优胜单位和个人,发给优胜红旗或奖品。

对军事训练中表现较差者学校将进行批评教育,对屡教不改或违反校规校纪或军训有关规定者视情节给予纪律处分,直至开除学籍。

2.考核

学生成绩依据个人参训情况,经考核后予以评定,参训时间不足2/3者,取消参加考核资格,须在下一年级集中军训时重训;经考核不合格者,准许重训一次,重训经费自理。无军训成绩者和重训仍不合格者,不能毕业。学生在军训期间的表现列入学生综合素质评价体系。

三、浙江大学军训的主要特点

在军训过程中,学校通过将军训与始业教育、党建工作、干部教育、科学管理、后期教育五方面相结合,从而搭建起新生始业教育、思想政治教育、干部培养锻炼、军事技能训练、教育成果转化五大平台。在这种创新模式的引领下,军训育人的理念深深扎根在了每一位参训师生的心里。

(一)军训与始业教育相结合

始业教育作为新生入学后的第一课,对培养新生环境适应力起着极为重要的作用。长期以来,我校始终把军训与始业教育有机结合,在军训期间大力开展各类活动,积极引导新生尽快适应大学生活,帮助他们确立正确奋斗目标,为其今后更好地学习生活打下坚实基础。

1.紧抓爱校荣校教育,培育新生"求是"精神

学校在军训期间开展校史校情教育,通过参观校史馆、校歌大合唱比赛和校史知识竞赛等活动,让新生及时了解到学校的发展历史和奋斗方向。在诠释"以人为本,整合培养,求是创新、追求卓越"的教育理念的同时,强调学校在向世界一流大学方向努力的过程中必定会给学生带来成就梦想的机会和平台,这些举措极大增强了新生作为求是学子的荣誉感和归属感。

2.紧抓安全法制教育,积极打造平安校园

军训期间通过举办防恐消防综合演练、战地救护知识讲座、法律法规宣讲等活动,进一步增强了参训学员的法律意识和法制观念,培养了他们的自我保护和安全意识,增强了他们应对和处理突发事件的能力,这一系列活动的举办也为我校平安校园建设奠定了良好基础。

3.紧抓适应大学教育,树立正确成长观念

学校对新生进行团体心理辅导,帮助他们更好融入新的集体、更快适应陌生的新环境。同时邀请学校领导、有关部门负责人和杰出校友就大学生成长主题开设专题讲座,使新生对学校人才培养模式和培养目标有了初步了解,帮助他们深入了解大学生活、建立正确人生发展规划,激励他们奋发图强、不断进取。

(二)军训与党建工作相结合

军训是开展学生思政工作的重要载体,也是学生思政工作成效最为显著的阶段。我校在军训期间积极开展内容丰富、形式多样的党建、团建工作,强化新生党员责任意识和先锋作用,发挥党支部的战斗堡垒作用和团组织团结凝聚青年学生的作用,不断增强基层连队的凝聚力和战斗力(见图12-8)。

图12-8 "心中的日月"我最喜爱的教官评比现场

1.重视基层组织的先锋作用

为加强军训期间参训学生的党建团建工作,深入推进创先争优活动,学校在各军训团建立临时党支部,在各连建立临时党小组、团支部,积极开展各具特色的党建团建活动。通过这些活动的开展,广大新生树立了政治上要求进步的思想,积极向党组织靠拢。

2.充分发挥舆论的导向作用

为促进思想政治教育工作的更好开展,学校通过军训特刊、军训专题网站、校电视台、广播台等媒介,全方位地宣传和介绍军训情况、树立军训模范、营造快乐军训的良好氛围,达到了鼓舞士气、振奋斗志、激励军心的效果。

3.积极弘扬健康绿色校园文化

近年来,由郑强同志撰写的《大学生军训之歌》,因其生动的内容、铿锵的旋律、深刻的寓意,在参训学生中广为传唱,激励广大学生担起安邦的责任。我校以此为契机,积极弘扬健康向上的绿色校园文化,通过举办大合唱比赛、征文比赛、教官评选、摄影比赛等活动(见图 12-9),丰富了军训文化生活,增强了参训学员的集体荣誉感和责任感,让爱国主义主旋律响彻校园。

图 12-9 军训间隙文娱表演

(三)军训与干部教育相结合

在学校军训工作领导小组的统一领导下,学校人武部牵头,各部门、院系抽调人员共同参加军训。广大参训干部以身作则、兢兢业业、不畏困难,认真配合承训官兵开展工作,耐心细致地做好连队思想政治教育和各项保障工作,使军训工作有序开展。

1.建立部门骨干参训机制

为保障军训工作圆满完成,学校各职能部门抽调骨干人员参加学生军训,要求参训干部把军训作为锻炼自身能力的一个平台,充分认识到军训的重要意义,做到尽心尽责、关心学生、严格要求、团结协助。军训结束后,组织部门会对参训干部的表现进行民主考核并将考核结果纳入人事档案。

2.建立新任辅导员参训机制

为了进一步加强辅导员队伍建设,我校建立了新任辅导员参训机制,规定新留任辅导员、机关兼职辅导员必须参加当年军训,担任对应专业学生的连队指导员,与新生一起朝夕相处全程参与军训。把军训当做入职前的第一次培训,希望借此加深师生之间的了解,提高辅导员自身工作的积极主动性,为日后学生工作的顺利开展奠定良好基础。

3.建立学生干部培养机制

为协助军训工作顺利开展,学校每年会选拔全面发展、表现优异的高年级学生担任军训连队副指导员,协助指导员做好连队思想政治工作。通过军训工作的锻炼,不仅使这些同学的组织协调能力和团队协作能力均得到了极大提升,而且也为各个学生组织的壮大培养锻炼了大批后备干部。

(四)军训与科学管理相结合

我校根据教育部、总参谋部、总政治部联合下发的《学生军事训练工作规定》的要求,结合学生思想、能力、体质等特点,科学设计和安排了此次军训的训练内容,严格要求,精心调度,加强协调,保证了各项训练任务的顺利完成。

1.合理制订训练内容

在参训部队的指导下,我校结合实际情况制订训练计划。训练科目设计科学、安排合理、内容充实,既有队列训练、野外拉练,也有防恐消防演习以及安全教育讲座,在较短的时间内达到了规定的训练要求,体现了较强的统筹规划水平和协调能力。

2.严格执行训练计划

军训期间,全体参训官兵严格按照训练大纲进行训练,顶烈日、冒酷暑,风雨无阻、早出晚归,以身作则、悉心教导。广大学员自觉遵守军训师和学校的规章制度,克服种种困难,严格自身要求,认真进行训练,继承发扬了解放军不怕苦、不怕累、不怕疲劳、连续作战的精神。

3.及时检验训练成果

通过全体承训官兵的悉心教导,广大青年学生克服种种困难,严格自律、刻苦训练,取得了预期效果。个人内务卫生方面坚持标准,常抓不懈,宿舍干净整洁,始终如一;队列方阵上同学们也展现出整齐步伐和飒爽英姿;轻武器射击方面也取得了优异的成绩。科学严格的军事训练,培养了学生的基本军事技能,提高了学生的组织纪律观念和国防意识,加强了国防后备力量建设。

(五)军训与后期教育相结合

我校始终把军训与军训后的教育培养相结合,确保军训成果落到实处,充分发挥效用。

1.持续关注学生素质拓展

在军训期间,学校不仅注重培养学生的基本军事技能,还注重学生综合素质的培养。通过举办各类文体活动,在丰富军训文化生活的同时,也凸现了一批具有组织特长、文字特长和文艺特长的新生。针对特长学生,学校各个社团积极吸纳、重点培养,为学生特长的进一步提升提供了广阔的空间和平台,同时也充实了学校在文艺体育方面的发展力量。

2.积极开展国防教育活动

国防教育是国防建设的重要措施,是增强国家综合实力的重要途径,是关系到国家生死存亡的重大社会工程。我校大力推进国防教育的改革创新,不断充实和完善教育内容,继续普及国防基本知识,把国防教育作为学生军训重要组成部分,通过举办内容丰富、形式多样的国防教育活动,进一步增强了新生的国防观念和国家安全意识。

3.打造军民共建桥梁

学校十分重视与承训部队之间的沟通和交流。承训官兵发扬人民解放军优良传统,在训练场上抓训练质量,在日常生活中加强情感联系,加深了军民鱼水情,使军训的质量得到保障,军训工作水平上了一个新的台阶。通过军训,全校上下也形成了以解放军的优良作风和崇高品质来严格要求自己的新风尚,激励着新生们在未来的人生征途上把握方向、坚定信念、克服困难、奋发进取,为中华民族的复兴谱写新的篇章。

四、浙江大学军训实用技能掠影

为丰富军事训练内容,提高参训学员的综合素质和训练积极性,军训师将在军训期间举办各类竞赛活动。在这里,我们仅仅只是抛砖引玉,介绍几项军训常用的实用技能,期待更多的同学能够在这些竞赛活动中充分发挥自身特长,争取为自己增光、为集体添彩。

(一)怎样做好军训内务卫生

内务条令是我军三大条令之一,是我军严明组织纪律性的重要体现。军训期间组织内务条令的学习和实施,搞好寝室卫生、美化生活环境,对培养参训学员良好的生活习惯和军容军纪都有着十分积极的作用。军训期间宿舍内务设置应当利于学习、方便生活、因地制宜、整齐划一、符合卫生要求。室内卫生要划区分工负责,每日清扫,每周进行大扫除,室内保持整齐清洁,空气新鲜,无蜘蛛网、无污迹、无烟头、无积尘,及时消灭蚊子、苍蝇、蟑螂。宿舍内床铺、桌凳、洗漱用具、餐具、鞋帽、皮箱、学习用具、书本和其他物品的放置,以宿舍为单位统一。

在做到室内清洁基础上,物品摆放应参考以下标准:

- 铺面：寝具叠放统一规范，床面平整无书包等杂物，床头衣物叠放整齐，没有未叠的衣物散扔床上或挂在床架上。
- 地面：个人箱包摆放整齐有序，无积尘。经常穿用的鞋置于床下地面一端，有条件的放在鞋架上，鞋子放置的数量、种类、位置、顺序应当统一。
- 桌凳及门窗：桌面洁净、无污迹，个人物品摆放整齐。凳子置于桌下。门窗、玻璃洁净明亮、无积尘。
- 个人生活用品：洗漱用具、餐具以宿舍为单位统一放置于水泥柜层架上，用具洁净卫生，放置整齐。暖瓶放置应当统一。脸盆内不能有脏衣物。
- 其他事项：室内物品要符合日常生活需要，不得把寝室物品搬至室外存放；床上不能挂窗帘，接插线板；禁止室内乱拉绳子、电线；寝室家具不得拆装、移动，或者有个人家具搬入等现象。

(二)怎样写好军训新闻稿件

认真开展新闻宣传工作，积极发挥宣传舆论的先导作用，对于反映军训工作动态，营造浓郁军训氛围，加强参训学员的国防意识，培养参训学员英勇顽强、纪律严明的优良作风有着重要的作用。做好新闻宣传工作中最为基本和关键的一项就是要有好的新闻稿件支撑。在军训过程中要写出高品质的新闻稿，除了要掌握新闻六要素（人物、时间、地点、经过、原因、结果）等基础知识外，还需做到以下几个方面：

1.培养新闻触角和新闻敏感，善于发现新闻线索

所谓新闻触角和新闻敏感，就是指写作者识别新闻的敏锐能力。同样处在军训的大环境中，有些同学能够及时发现好的新闻线索，有的同学则抱怨无事可写，这就是识别新闻敏锐力的差别。当然，新闻敏感不是与生俱来的，而是在采访写作实践中不断培养练习获得的，希望同学们能够利用军训这一宝贵机会，刻苦学习、勤奋笔耕，成为一名具备一定新闻敏感性和写作能力的校园记者。

2.积累新闻素材,选好新闻题材,找准新闻角度

新闻素材是进入记者视野并被记者所意识、所采摘的军训生活现象,即从军训生活摄取而来的、尚未通过提炼和加工的原始材料。没有新闻材料的积累过程,就谈不上新闻写作。报道的角度,则是记者熟悉被报道对象的思想方法及对被报道对象各"侧面"把握水平的综合反映的结果。它在一定程度上能说明记者处理采访的素材、挖掘材料的新闻价值的流程。军训中要写好一篇新闻稿,可以注重这样几个角度:军训活动的特色内容、参训师生所关心的问题、特殊的时间空间角度等等。

3.掌握新闻写作的一般技巧,提炼新闻主题

大学生记者要写好一篇新闻稿件,就必须把握各种新闻体裁写作的一般技巧。假如是学写第一篇新闻稿,至少要做到以下几点:第一,基本把握标题的制作技巧。标题是文章的眼睛,一篇新闻稿若有一条新奇别致的标题,就能像磁石那样牢牢地吸引编辑和读者的注意力。第二,学会写导语。导语是消息的开头,是消息中最有价值的部分。国外新闻界有人称导语是"抓心的手",这就是说导语吸引作用的。没有好的导语,就算不上成功的新闻稿。第三,基本熟悉各种新闻体裁的写法和结构。不熟悉各种新闻体裁的基本写法,就无法比较得心应手地进行新闻写作。

4.理解和把握新闻写作的基本方法——用事实说话

摆事实,用事实说话,这是新闻独特魅力所在,也是新闻事业不可代替的价值所在。初学新闻的大学生记者切忌用自己的主观评价和臆断代替大量的重要的新闻事实,这样写出的新闻或空洞无物,或言不及义。

【链接】

扬帆起航在今夜,梦想成真数明朝
——记浙江大学 2011 级新生开学典礼

穿过历史的长河,百年浙大,怀着一颗年轻而进取的心款款走

来;紧跟时代的步伐,求是学子,朝着一个未来领导者的目标锐意进发。西子湖畔,老和山脚,"求是创新"的校训培养出一代又一代国之栋梁;启真湖畔,西溪之滨,追求卓越的浙大人创造了一个又一个傲人奇迹。如今,5700 余名 2011 级新生齐聚紫金港,以海纳百川之胸怀,力争求是之传统,青春勃发,扬帆起航。

2011 年 8 月 23 日晚 8 时许,浙江大学 2011 级本科新生开学典礼在紫金港校区大操场隆重举行。出席开学典礼的领导、嘉宾有:浙江大学党委书记金德水,校长杨卫,党委常务副书记陈子辰,党委副书记邹晓东、郑强、任少波,副校长来茂德、褚健、张土乔、吴平,中科院院士陈子元、沈之荃,工程院院士巴德年、郑树森、李兰娟,以及浙大杰出校友孙威。在主席台就座的还有来自各学部的教师代表。担任本次典礼主持的是郑强。

开学典礼在庄严肃穆的国歌声中拉开帷幕,杨卫随后致辞。他以儒家经典《四书》为依据,与大家分享了大学所具有的"独善其身,兼善天下"的意境,鼓励同学们在大学中修养品性,坚定志向,端正意念,获得知识,通过精神世界的丰富与提升,增强自己引领社会、服务国家、贡献世界的信心和能力。杨卫还将浙大的教学理念与现代西方大学的最高理想相比较,指出独立、自治、民主、自由与批判精神的重要意义,阐明了浙大"以人为本、追求卓越、整合培养、求是创新"教学理念的深刻内涵。

求是学院院长何钦铭以师长身份阐述了他眼中的"求是"二字:"求是不仅是一种精神,更是一种行为准则。"他鼓励同学们在学习上孜孜以求,求知若渴,精益求精;生活上求同存异,不吹毛求疵。最后他祝愿浙大的莘莘学子梦想成真。

学校各学部负责人也来到了典礼现场,喜迎新生们的到来。他们分别是:人文学部教授沈坚,社会科学部教授张钢,理学部教授唐睿康,工学部教授陈云敏,信息学部教授仇旻,农生环学部教授朱军,医学部教授沈华浩。此外,2011 年军训承训部队首长、兄弟高校来宾,校各部处、各院系党政负责人,众多校友、教师、新生及家长、留学生代表也参加了本次开学典礼。他们手捧象征着求是精神的费巩灯,或殷切勉励,或激动感怀,或热情鼓舞,或憧憬未来,而台下新生们挥舞着双臂,用阵阵呐喊与掌声报以最热情洋溢的答复。新生家长万海涛代表家长发言。

典礼接近尾声,曾任芬中文化教育科技交流协会副主席,现任芬兰 DYNASET 公司中国区总经理、浙江海聚科技有限公司董事长的校友代表孙威分享了他的成功之道,即"在正确定位中把握目标,在不懈奋斗中抓住机遇,在勇敢探索中实现超越,在全方位锻炼中达到身心的和谐健康"。

礼花绽放,绚烂夜空,今夜的紫金港灯火辉煌;师生齐聚,乐声飘扬,今夜的紫金港人醉风香。愿 2011 级学子在这里扬帆起航,圆梦明朝!

(三)怎样准备好军训合唱比赛

为深入开展学习世情、国情、党情、军情、民情、校情活动,丰富参训学员的军训生活,展示参训各连队的精神风貌,增进参训学员对学校的感情,弘扬当代大学生良好精神风貌,学校在每年军训期间都将举办合唱比赛。参赛各队将合唱《浙江大学校歌》和一首自选曲目。选择曲目要求格调高雅,内容健康,思想向上,体现创新,适合合唱形式,集思想性和艺术性于一体。为了呈现最佳表演效果,各支队伍在合唱比赛准备过程中除了需要以专业指导、刻苦练习作基础外,还可适当运用以下几个技巧:

1.简单气势型。这是说合唱人数多专业素质不高的话,就要选相对简单的歌曲,简单的歌曲人多可表现气势,可快唱、慢唱、齐唱、轮唱,一部分唱完另一部分唱。

2.领唱为主型。很多歌曲高潮部分比较上口,大家比较容易唱,也比较好要求准确度,前面部分让专业人员担任领唱,可事半功倍地完成合唱任务。

3.道具包装型。通过各种道具的运用、手势的表现,展现出各种不同形式的美,配合出特别的情境感受,可以增强表现力。

4.改编创作型。通过对歌曲的改编,在歌曲的演唱上给人出乎意料的感受,但切记要改得好、改得妙,否则会影响演唱效果,对教唱的人也将有一定的专业要求。

5.专业标准型。专业的合唱队伍就可实现四声部的合唱,用和谐的声音、专业的音质演绎经典,根据人员的组成,最大程度表现歌唱的魅力。

【链接】

《浙江大学校歌》和《大学生军训之歌》

一、《浙江大学校歌》

《浙江大学校歌》(见图 12-10)原名为《大不自多》,作于 1938 年,由著名国学家马一浮作词,应尚能教授谱曲。1938 年 11 月 19 日,在广西宜山,竺可桢校长主持校务会议,会议决定以"求是"为浙江大学校训,并决定请著名国学家马一浮写校歌歌词。马一浮作的这首歌词,因为引用了较多的古典,用的是文言文,不太通俗,且读起来有时比较拗口,竺校长曾考虑改写,但他又觉得,马老作的歌词虽文理艰深,但含义深远,很能体现浙江大学所追求的求是精神,因此,这首"大不自多"歌仍请著名作曲家、当时的国立中央音乐学院的应尚能教授谱曲,并经校务会议通过,正式定为浙江大学校歌。

校歌分三章:

第一章讲的是国立大学的精神。在旧中国,大学大体有三类:一类是国立大学,即全由国家财政出钱办的,如清华、北大、中央大学、浙大、交大等;一类是教会办的,如燕京、金陵、圣约翰、华西等;还有一类基本以私人为主办的,名为私立,如南开、暨南等。那么,国立大学的精神是什么? 就是它的综合性,就是"海纳江河"。它不同于专科学校,应当各种学科兼收并蓄。在这样的大学里,学科繁多,但不外形而上学(即理论科学)和形而下(谓器),就是讲求实际的应用科学。在这样的大学里,礼制(即制度)是需要的,因为它将规范学校

图 12-10　浙江大学校歌

各方面的活动,比如教学、科研、考试、生活管理等,但同时也需要乐主和同,这里意味着大学内部的各方面又需要和谐,领导与被领导之间、师生之间、同事之间、同学之间都如此,只有和谐才能调动人的主动积极性,产生合力。因此理论与实践,原则和应用,礼与乐,秩序与和谐,它们不是两种事物,而是一个事物的两个方面,这样,一个人的所见所闻才会全面,才会变得聪明。

　　第二章说明国立浙江大学的精神,追求校训"求是"二字之真谛。

"成均"古代表示大学,这里是说,浙江有所大学过去叫求是书院。所谓"求是"实际即去追求真理。人只有求真,才能善,才能美。"习坎"从易经中来,代表水。水之美德为渐、为默、为恒。古诗曰:"唯见长江天际流",又有"江河万古流"。设想一下,一般情况下,江水是否默默地、不间断地永远朝东流去,这里启示我们为学要踏踏实实、循序渐进、坚持不懈地努力,只有这样,才能真正成为经纶天下之才。"无日已是"四句是校训"求是"的真谛,即别认为已很正确,已经找到真理,而仍要不断去追求,即"无日遂真",而要求真。"靡革匪因"二句说明任何事物都需要不断革新,不要因循守旧,而革新又需要继承(因袭),这里实际有创新的意思。那么,如何能创新呢?就要不断揭示事物的本质、奥秘。这样,才能与时俱进,不断创新,也才能真正走在群众的前面。这里浙大的精神就是要求是,要创新,要循序渐进,锲而不舍。

第三章讲的是浙大的使命。使命是什么?就是培养优秀的学生。这样的学生在校时应该坚持不懈地努力学习,所谓"念哉典学",学生的"使命"就是学习,但不是死读书,要学会深入思考,要思想深刻,能洞察事物的本质。学问是多方面的,我校有文、理、工、农、医等多个专业,不要把自己局限在一个局部,要"兼总条贯",即要融会贯通各方面的知识,比如学理、工的学点文、艺,学文、法的学点科技知识。但又要"知至知终",知道自己的根本目的,不能样样涉猎,样样不精。当行则行,当止则止,即有所为有所不为。只有这样,才能"若金之在熔",即经过锻炼,"成章乃达",完成漂亮的文章,当然这里意指成才。但这样的人出校后,还要立足于群众之中,所谓"尚亨于野",而且要有广阔的胸怀,不要去搞小宗派,只谋一己之利。也只有这样的人才才能建设好国家,让世界来认同。

二、《大学生军训之歌》

《大学生军训之歌》(见图 12-11)是全国第一首专门体现大学生军训生活的歌曲。由浙江大学党委副书记郑强教授作词,青年音乐人莫若铭作曲。这首歌因其铿锵激昂的旋律、寓意深刻的内容、饱含深情的演唱,在各个高校中引起强烈的反响,成为大学生军训的动员令和集结号。

"起床,集合,出发……"歌曲以高昂的口令起头,唤起了军训学员一天的活力与激情。"迎着晨曦,军号吹响,我们戎装列队军训场;风雨无阻,头顶骄阳,我们举枪比武射击场",描写了在寂静的清晨开始行军、操练、打靶等训练任务的场景,尽显了青年的活泼和青春的亮丽。"磨炼意志,铸就坚强,我们大学生,为青春的绚丽,为人生的辉煌",道出了军训的意义和大学生对军训的感受。"昂首挺胸,意气风发,能文能武,敢于担当",反映高校人才培养的出发点和落脚点,是整首歌的灵魂所在。"今天尽显飒爽英姿,明天都是祖国的栋梁",展现了当代大学生是有担当、有责任的一代。整首歌曲气势雄浑、旋律活泼、歌词庄严,不仅生动地再现了当代大学生军训的感人画面,而且全面诠释了大学生军训的重要意义。它使大学生充分认识到,参加军训既是人生中一段辉煌的经历,也是获取精神财富的宝藏,更是历史使命的使然。

《大学生军训之歌》在广大学生中广为传唱,也恰恰反映了当代大学健康的校园文化价值取向,体现了大学生朝气蓬勃、英姿飒爽的精神风貌,激励着大学生勇担富国安邦的使命与责任。我们有理由相信,矢志不渝的理想信念、满怀责任的爱国情愫、激扬青春的奋斗志向将随着《大学生军训之歌》潜入学生的内心,根植思想的深处,获得不竭的动力。

大学生军训之歌

1=D $\frac{4}{4}$

郑 强 词
莫若铭 曲

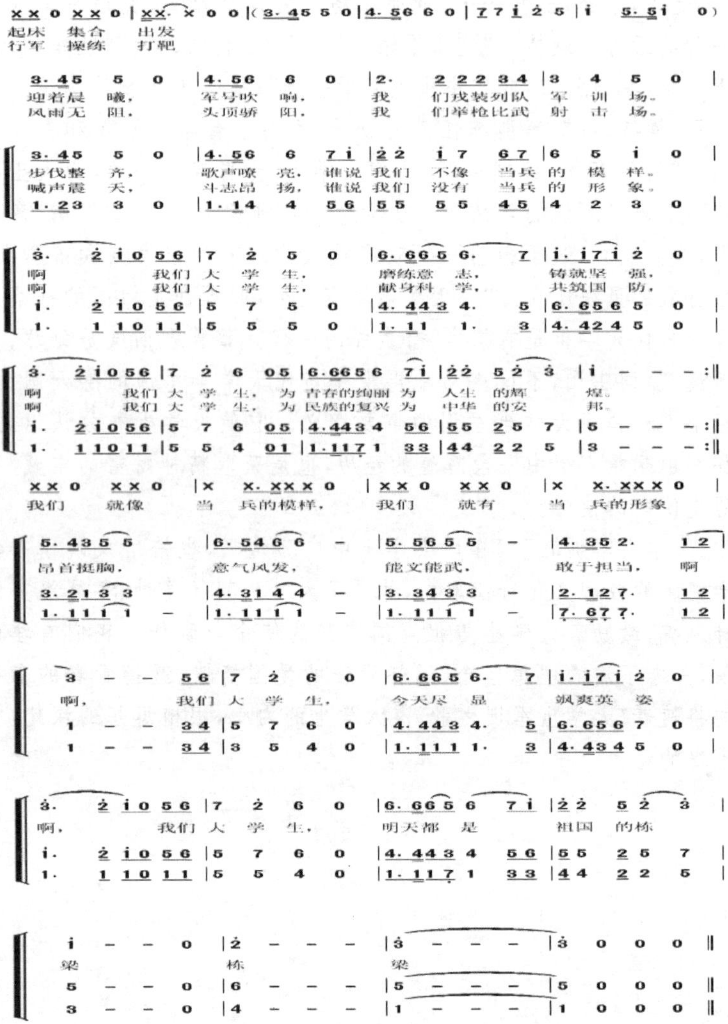

图 12-11 大学生军训之歌

携笔从戎 无上荣光
——大学生参军入伍

征集大学生入伍服兵役,是适应新时期国防和军队现代化建设需要,进一步优化兵员结构,提高部队战斗力,加强基层指挥军官队伍建设,增强退役士兵就业能力的重要举措,也是促进大学生成长成才的重要渠道。

第一节 大学生参军入伍的背景和意义

在中国人民解放军的历史上曾经有过三次知识分子大规模入伍,带来的都是部队建设跨越式的发展。第一次是在延安时期,大批知识分子投奔延安,带来延安文化建设的一次飞跃。第二次是解放初期,国家动员数万名大学生进军队,改善部队官兵的文化构成,这又是一次官兵文化素质的提升。第三次是 20 世纪 80 年代初,从1980 年开始我军有计划、大批量地招收地方大学毕业生入伍,提高部队的文化水平。

进入新世纪以来,军队的现代化建设需要更多的知识分子参与其中,国防建设进入了新的历史阶段,从 2001 年起,党中央、国务院和中央军委高瞻远瞩,作出了从应届高校毕业生中征召大学生入伍的战略部署。这一决策,将进一步优化军队的兵员素质、知识结构,为我军现代化建设进程的加速奠定坚实基础,使我军现代化建设掀开了崭新的篇章(见图 13-1)。征集大学生入伍服兵役有着十分重要的现实意义:

图 13-1   浙江大学在校大学生入伍欢送会

一、促进青年锻炼成长

现阶段的大学毕业生很多都是独生子女,军队这个大熔炉,能将一名娇气的"小皇帝"、"刺头兵"训练成模范和标兵。大学生到部队要先后两次实现"两个转变"。第一次"两个转变":从思想上转变,忘记自己的年龄和学历,抛弃书生气而练就军人的"骨气";从行动上转变,放下"小祖宗"的架子踏踏实实当新兵练技艺,"一切行动听指挥"。做到这些后,才具备实现第二次"两个转变"的条件:从大学生转变为军人,从士兵转变为军官。军队是革命的大熔炉,是大学毕业生发挥聪明才智的大舞台,有利于大学毕业生成长成才。军旅生涯将是每一名参军大学生最为难忘和宝贵的经历,经过部队锻炼的大学毕业生也必将成为社会政治经济发展建设中的优质人才。

二、合理配置人才资源

21 世纪高等教育有了跨越式发展,大学毕业生的规模不断壮大,在这种情况下,根据社会的需要来确定人才资源的合理配置,也就显得十分重要。而军队正是当前一个非常重要,又急需人才的单位。新中国成立后,作为军队主体的士兵,主要还是由高中以下学历人员构成,高学历人才奇缺。但是到了 21 世纪,科学技术突飞猛进,现代战争要求精确打击、远距离攻击。操作现代武器的士兵如果还是高中以下的群体,是适应不了时代发展需要的。随着社会的发展,军队的战斗力、现代化水平要不断提高,国防实力要不断增强,才能保卫改革开放以来的辉煌成果。如果还停留在高中文化程度的兵员结构层次,是无法实现军队战斗力达到现代化水平的目标。因此在高等教育已经进入大众化时期,大学毕业生走进兵营服义务兵役成为必然,这是社会发展的需要,是军队现代化、国防现代化发展的需要,也是当代青年的神圣使命。

三、加快质量建军步伐

我军历来重视人才建设。毛主席说过,打胜仗的关键是人才,人是战争的决定因素。大学生参军入伍不仅为我军的兵源结构提供了新鲜血液,而且极大地丰富了我军的人才储备与知识结构。大学生成批量地进入士兵队伍,一定会对军队的官兵素质产生一个巨大的提升。2003 年 9 月,中央军委颁发的《实施军队人才战略工程规划》,是我军出台的第一个人才建设的宏观发展规划。《规划》着眼建设信息化军队、打赢信息化战争的需要,从数量规模、知识结构、复合素质等多个方面提出了军队建设的目标,并围绕建设高素质的指挥军官队伍、参谋队伍、科学家队伍、技术专家队伍和士官队伍进行了分类设计,提出了具体的对策和措施。规划提出:2010 年前主要是打好基础、理顺关系,力争使人才队伍状况明显改观;2020 年前主要是加快发展、整体推进,实现人才建设大的进步。

第二节 大学生参军入伍的条件及流程

一、基本条件

大学生参军入伍的基本条件如下：

①以普通高等学校的男性应届毕业生、在校生为主，女兵征集以当年征兵命令为准。

②国家批准设立实施学历教育的普通本科、高职（专科）等全日制公办或民办学校的应届毕业生、毕业班学生和在校生。不包括往届毕业生、成人教育、各类非学历教育、培训类学校及自考类学校学生。

③高职（专科）应届毕业生放宽到 23 岁，本科及以上应届毕业生放宽到 24 岁。

④应征入伍的公民要身心健康、体魄强健。具体标准如下：

身高：男性 162 厘米以上，女性 160 厘米以上

体重：男性不超过标准体重的 ＋20％、－10％；女性不超过标准体重的 ±15％。

标准体重＝（身高－110）千克

个别体格条件较为优秀的应征男青年，体重可放宽至不超过标准体重的 25％，不低于标准体重的 15％。

视力：陆勤岗位视力标准，大学专科以上文化程度的青年入伍，右眼裸眼视力放宽至 4.6，左眼裸眼视力放宽至 4.5。

内科：乙型肝炎表面抗原呈阴性，等等。

二、入伍流程

全国征兵工作在每年冬季进行，从 2009 年起，对普通高等学校应届高校毕业生实行预征制度。在校生可于每年冬季征兵开始后办理相关程序。

(一)网上报名阶段

每年 4 月—6 月有应征意向的毕业生登录"大学生网上预征报名系统"报名预征,填写、打印《登记表》和《申请表》,交所在学校人武部。毕业生网上报名前,请先通过"实名注册"填写个人基本信息,并在"学信档案"中核对个人学籍信息,如有误,请及时与校学籍管理部门联系修改,以免影响报名工作。

(二)初检初审阶段

7 月底前,网报通过的学生参加当地县级兵役机关会同高校组织的政治初审和身体初检,合格的确定为预征对象。高校资助管理部门审核预征对象的学费和院校地助学贷款信息,协助高校所在地县级兵役机关把审核签字盖章后的《预征登记表》和《补偿代偿申请表》发给预征对象,作为优先征集的凭证。《预征登记表》存根由高校所在地县级兵役机关留存备查。

(三)复审应征阶段

10 月底前,预征对象携带审核签字盖章后的《预征登记表》及《补偿代偿申请表》到入学前户籍所在地(生源所在地)县级兵役管理部门报名应征。生源所在地县级兵役机关逐一通知预征对象其报名时间、地点、注意事项等,按照有关规定实行优先征集。

(四)审批定兵阶段

12 月底前,优先批准体检、政审合格的应届毕业生预征对象入伍。

(五)补偿代偿阶段

次年 2 月后,学校将入伍毕业生补偿学费和代偿国家助学贷款款项汇至指定银行账户或贷款银行。

第三节　大学生参军入伍优待政策

一、征兵优待政策

(一)优先报名应征

应届毕业生预征对象持《应届毕业生预征对象登记表》,在征兵报名期间直接到入学前户籍所在地的县级征兵办公室报名应征。已将户口迁到学校办理集体户口的应届毕业生,应将户口迁回入学前户籍所在地后进行报名。

(二)优先体检政审

县级征兵办公室优先安排应届毕业生预征对象上站体检和政治审查。外地就读的应届毕业生预征对象,未能在规定时间内到户籍所在地报名的,本人持《应届毕业生预征对象登记表》,可在征兵体检时间内前去报名,县级征兵办公室安排其上站体检。

(三)优先审批定兵

体检政审合格的高校应届生预征对象,享有优先审批定兵的优惠政策。县级征兵办公室审批定兵时,优先批准学历高的青年、优先批准应届毕业生入伍。应届毕业生预征对象合格人数较多,征集指标无法满足的地区,优先批准学历高的预征对象入伍。

(四)优先安排使用

县级征兵办公室分配新兵去向时,优先考虑应届毕业生预征对象的学历、专业、个人特长和本人意愿,优先安排到军兵种或专业技术要求高的部队服役;部队对征集入伍的应届毕业生,优先考虑按其学历和专业水平安排到适合岗位,发挥其专长。同等条件下,高校毕业生士兵在选取士官、考军校、安排到技术岗位等方面优先;具有普通本科学历、取得相应学位的高校毕业生士兵,表现优秀、符合总部有关规定的可按计划直接选拔为基层干部。

二、退伍后优待政策

(一)妥善安排学业

在校大学生入伍前,学校应尽可能安排他们参加本学期所学课程的考试,也可以根据其平时的学习情况,对本学期所学课程免试,直接确定成绩和学分。对已经修完规定课程或已修满规定学分,符合毕业条件的,学校可准予毕业,发给其毕业证书。在校大学生入伍后,有条件的可以参加原学校组织的函授或自学原专业课程,经部队团级单位批准可以参加学校组织的考试。

(二)退役后入学优惠

公检法机关定向招录优先:退役后参加政法院校为公检法系统定向岗位招生考试时,优先录取。免试或优惠升学:退役的高职(高专)毕业生可直接入读成人本科;参加普通本科考试,享受招生计划单列、考试成绩单独画线、择优录取等政策,按30%比例录取;报考硕士研究生初试总分加10分;立二等功及以上的,退役后免试(指初试)攻读硕士研究生。

(三)就业安置优惠

入伍高校毕业生退出现役后,可参照普通高等学校应届毕业生,凭用人单位录(聘)用手续,向原就读高校再次申请办理就业报到证。申请办理就业报到证的期限从退出现役当年的12月1日起,至次年12月31日止。未能入伍的毕业生预征对象,可根据有关规定,向原就读学校申请办理就业改派手续,毕业生就业地公安部门凭毕业生所持的《全国普通高等学校毕业生就业报到证》为其办理户口迁移手续。直辖市按照有关规定执行。

三、经济优待政策

(一)在校生优待政策

国家对每名高校在校生应征入伍前在校期间每学年学费补偿或国家助学贷款代偿的金额,按实际缴纳的学费或获得的国家助学贷款金额计算,每人每年最高不超过 6000 元。

国家对申请学费资助的退役复学的高校学生每学年资助学费金额,最高不超过 6000 元。每学年学费标准高于 6000 元的,按照 6000 元的金额进行资助;每学年学费标准低于 6000 元的,按照实际学费收费金额进行资助。

除上述国家政策外,大学生由学校所在地参军入伍,还将享受学校所在地制定的各项地方优待政策。如:在杭州市入伍,可享受杭州市政府提供奖励金 2 万元。杭州市在招考乡镇(街道)专职人民武装干部、村官等岗位时,拿出一定比例面向全日制大学生退役士兵招考。在社区(村)居委会(村委会)等基层组织招聘工作人员时,招聘一定比例的经免费职业技能培训的退役士兵。

(二)毕业生优待政策

国家对每名高校毕业生每学年补偿学费或代偿国家助学贷款本息的金额,最高不超过 6000 元。高校毕业生在校期间每学年实际缴纳的学费或获得的国家助学贷款本息高于 6000 元的,按照每年 6000 元的金额实行补偿或代偿。

高校毕业生在校学习期间每学年实际缴纳的学费或获得的国家助学贷款本息低于 6000 元的,按照学费和国家助学贷款本息两者就高的原则,实行补偿或代偿。

附　一

杰出军旅校友

　　求是书院自创建之日起，就提倡"务求实学，存是去非"，并在师生中逐渐形成了"正其谊、不谋其利，明其道、不计其功"、"以尽一己职责"的"求是"校风，这种校风一直延续到至今。浙江大学在长期的办学过程中，以严谨的"求是精神"作为校风培养了大批优秀人才，其中，就包括蒋百里、周承炎、蒋尊簋、史久光等一批杰出军旅校友。

通向西方军事理论的桥梁——蒋百里

　　蒋百里（1882—1938）（见图1），名方震，晚号澹宁，以字行，1882 年 10 月 13日出生于浙江省海盐县天宁寺，1938 年11 月 4 日卒于广西宜山县，享年 56 岁。他是民国时期著名军事理论家，国民党高级军事顾问、陆军上将，曾经执掌过保定军官学校，还一度担任国民党陆军大学校长。蒋百里曾经留学日本并多次出访海外，对中西方军事思想有精深的理解和把握，著述颇丰。他不仅为我国培养了许多将官，还对中国军事和国防的现代化作出了重要贡献。蒋百里是把近代西方先进军事理论系统地介绍到中国

图 1　蒋百里

来的第一人。其代表作《国防论》凝聚着他一生军事著作的精华。

　　蒋百里 13 岁时父亲亡故，与母亲相依为命，家庭生活困苦。其

时蒋百里的叔父蒋世一延请老秀才倪勤叔给自己的孩子授业。喜欢读书的蒋百里经常溜到书房里去听讲,倪勤叔见他聪慧,顿生爱才之心,知道他家境清寒,就对他的母亲说:"这孩子是可造之才,我愿教百里读书,不收'束修'(按当时的习俗,未做诗文的学生每年收 6 元至 8 元大洋,已开笔的收 8 元至 12 元)。"从此穷学生就师从倪勤叔,学习诗文。

1900 年春,蒋百里 18 岁时,在方雨亭县令的介绍下,蒋百里到林迪臣创办的求是书院(浙江大学前身)就读深造,同学中有钱学森之父钱均夫等人。

1901 年,方县令、林知府、陈监院(陈仲恕)三人共同出资,送蒋百里东渡扶桑留学。光绪卅一年(1905 年),蒋百里从日本士官学校步科第三期毕业班毕业。1902 年,中国留日学生已达 3000 人左右,大多思想激进,倾向革命。同年,蒋百里当选为中国留日学生大会干事,并组织"浙江同乡会",又于 1903 年 2 月创办大型综合性、知识性杂志《浙江潮》。该杂志 32 开本,月刊,每期约 8 万字,行销国内,鲁迅先生积极支持《浙江潮》,每期都寄回国内让亲友阅读,他的第一批作品《斯巴达之魂》等,即发表于《浙江潮》。身系上海狱中的章太炎先生的诗文也在该刊登载,《狱中赠邹容》一诗万人争诵。

百里将军是国民政府对日作战计划的主要设计者,他编著的《国防论》成为整个第二次世界大战中中国军队的战略指导依据。他在《国防论》中提出了抗日持久战的军事理论。在这部让蒋百里耗尽心血的千钧之作的扉页上,将军饱含深情地写下了这样的字句:"千言万语化作一句话,中国是有办法的。"八年抗战的战场上,无数百里将军在保定军官学校、在陆军大学带出来的国防军子弟浴血沙场,成为中国军队高层指挥官的柱石。

1906 年,蒋百里留学德国。武昌起义后,任浙江都督府总参议。1912 年任保定陆军军官学校校长,1913 年,任袁世凯总统府一等参议。1917 年,任黎元洪总统府顾问。1919 年五四运动爆发时,蒋百里正与梁启超等一起去欧洲考察。次年春回国,正值国内提倡新文

化，一时如风起云涌。梁启超深感于欧洲的文艺复兴，决心放弃政治
生涯，全力从事新文化运动，蒋百里积极参与，成了梁氏最得力的助
手，号称"智囊"。他不仅出主意，更著书立说，成为新文化运动的战
将。1923 年同胡适组织新月社。1925 年任吴佩孚部总参谋长。
1933 年赴日考察，认为中日大战不可避免，拟定多种国防计划，呼吁
国民政府备战。1935 年，任军事委员会高等顾问。1936 年赴欧美考
察，回国后倡议发展空军。1937 年 9 月，他以蒋介石特使身份出访
意、德等国，回国后发表《日本人》及《抗战基本观念》，断定日本必败，
中国必胜。1938 年 8 月代理陆军大学校长。

　　遗憾的是，蒋百里无法看到自己的理论变成现实。1938 年 10
月，他出任陆军大学代理校长（原由蒋介石兼），同年 11 月，在迁校途
中，他病逝于广西宜山，国民党政府追赠为陆军上将。

辛亥建奇功——周承菼

　　周承菼（1883—1968），海宁盐官人，辛亥革命元老。1902 年官
费留学日本，入振武学校，习陆军，与蒋百里同学。武昌起义爆发，周
承菼于 11 月 4 日率部宣布起义。杭州光复后，被推为浙军总司令，
后任陆军第二十五师师长。曾任大总统府顾问、将军府将军和国会
议员等职。

　　周承菼出身于书香门第，从小就受到进步思想的熏陶，志存革
命。他先求学于杭州求是书院，然后投笔从戎，就读于清末的陆军学
校——浙江武备学堂。在校期间，周承菼经常宣传自己的革命志向。
学校有一名开明督导，很赞赏周承菼的爱国情操，但又担心他出事，
为此失去前途。于是，1902 年 8 月，周承菼被选派去日本官费留学，
学习军事。

　　归国以后，周承菼受到大用，先是被派到四川担任了督练公所参
谋处总办，负责训练新军，后来又调到杭州任浙江新军陆军第八十二
标标统，为辛亥革命光复杭州、南京建立了重大功勋。当时八十二标
有兵力 1400 多人，而且占据着重要的军事位置南星桥，在军事上具

有举足轻重的地位。八十二标的主要任务是占据各个衙署局所,保护金融,破坏交通等。

1911 年在光复杭州的战斗中,各路新军攻击开始,时年 27 岁的周承菼担任陆军部总司令。他统领浙江新军,包括巡防营,会同光复会敢死队,分别攻占了清政府的军械局,火烧了浙江抚台衙门,俘虏了浙江巡抚增韫和他的家眷,紧接着又攻占了西湖岸边的清军旗营。由于周承菼是光复会会员,他所领导的新军几乎清一色地倒向革命。

杭州光复后,周承菼又担任水陆军总司令。1911 年 9 月 19 日,周承菼组织江浙联军,号称劲旅四千之众,攻克南京,使革命军顺利抵定东南,扭转了武昌的危局。

辛亥革命成功后,周承菼不争名不争利,功成身退。在北洋军阀割据时代,孙传芳曾经邀请他担任浙江的督军、省长,被他拒绝,一直到后来广州国民政府成立以后,他才勉强担任了国民革命军军事委员会高级顾问。

抗战勇士——刘奎斗

刘奎斗先生(见图 2)祖籍辽宁省大连市金州刘家屯,1914 年 6 月生。1942年毕业于浙江大学工学院电机系,抗日战争期间英勇参军作战,1938 年参加浙江杭州外围游击战,1939 年参加湘北会战,1940 年参加广西昆仑关会战,均重创日寇。1944 年参加缅北瓦鲁班之役,攻进日军十八师团司令部,曾任驻印远征军独立战车第一营补给连长,战车指挥组参谋主任兼技术主任,后移居台湾,任森美工程公司董事长。刘奎斗先生对竺

图 2　刘奎斗

可桢校长无比崇敬,热爱母校,是几任台湾浙江大学校友会理事长。

1997 年浙江大学百年校庆时,刘奎斗先生卖掉自己 1200 平方米

土地,将卖地所得 200 万美元以匿名方式全部捐赠母校建造竺可桢国际教育学院大楼暨竺可桢纪念馆。后在得知建设费用不足的情况下,义无反顾拿出了自己全部积蓄,为大楼的建设追加捐款 60 万美元。

防化专家——商燮尔

商燮尔,我国著名防化专家,浙江省嵊州市博济镇上沙地村人,生于 1925 年 3 月,1937 年至 1939 年求学于嵊县中学。1943 年,正处于抗日战争的烽火岁月,年仅 17 岁的商燮尔追求真理,崇尚科学救国。他历经千辛万苦。辗转千山万水的长途跋涉,终于考入了西迁在贵州遵义湄潭的浙江大学理学院化学系,师从李寿恒、杨士林等学长。经过四年艰苦岁月的勤学苦读,1947 年毕业于已搬回杭州庆春路上的浙大化学系,并留校任助教三年。

1950 年,新中国建立不久,面对百废待兴、一穷二白的祖国,年轻的商老师为实现科教兴国的志愿,以优异的成绩考取了远在东北的哈尔滨工业大学研究生,但组织人事关系仍然保留在浙江大学。1953 年,由于国防建设的需要,中央决定成立哈尔滨军事工程学院,为新中国培养急需的解放军高级军事科技干部。商燮尔由陈赓大将抽调任军事工程学院讲师。1962 年任防化工程学院副教授,1980 年任教授。原任中国人民解放军防化研究院副院长(正军),军队文职一级(相当于中将待遇),现任博士研究生导师,院学位评定委员会主席。同时受聘担任国务院学位委员会学科评议组成员,中国人民解放军国防科技大学、北京理工大学、华东工学院兼职教授,总参谋部防化专业高级专业技术职务评审委员会委员,总参科技委防化部分会委员,全军武器装备科技进步奖评审委员会保障器材评审组成员。

在科研工作上,50 年代完成了《硼氢化的电子衍射研究》和我国第一个科学规划课题《烟火剂火焰光谱的研究》;70 年代从事激光侦察、化学分析、微包胶和分子设计等科研方向的论证工作;80 年代以来从事军用化合物的结构与活性关系、振动光谱、水解动力学和导电高分子的研究,取得了较好的成果。2010 年 7 月 28 日在北京逝世,享年 85 岁。

两弹一星元勋——程开甲

程开甲(见图 3),核武器技术专家。1941 年毕业于浙江大学物理系,1946 年赴英国爱丁堡大学留学、工作,1948 年获博士学位后任英国皇家化学工业研究所研究员。1950 年回国,历任浙江大学、南京大学副教授、教授,二机部核武器研究所副所长、核武器研究院副院长,国防科工委核试验基地研究所副所长、所长,基地副司令员,科技委常任委员、顾问。1956 年,程开甲加入中国共产党。1980 年被推荐成为中国科学院部委员(院士)。现任中国人民解放军总装备部科技委顾问。

图 3　程开甲

1937 年,程开甲考入被英国著名学者李约瑟称为"东方剑桥"的浙江大学。时值抗日战争爆发,浙江大学开始"流亡"搬迁,从杭州到天目山、建德,到江西吉安、泰和,直至贵州宜山、遵义、湄潭,程开甲也就在颠沛流离、日机轰炸的流亡大学中完成了学业。程开甲在浙江大学幸运地遇上了束星北、王淦昌、陈建功、苏步青等学界一流的老师,接触到学术领域前沿的课题,感染到老师们学术研究求真务实、百家争鸣的科学精神,程开甲在导师的培养下,奠定了扎实的功底。还在三年级读数学系时,就写出了《On Conformal Mapping:Theory of Complex Function》一文,由陈建功教授推荐给英国数学家 Tischmash 教授发表。之后,文章被苏联斯米尔诺夫的《高等数学教程》全文引用。

1956 年,程开甲参加了国家的《1956—1967 年科学技术发展远景规划纲要(草案)》的制定。1960 年,程开甲接到命令,去北京报到,不知道去干什么。直至来到第二机械工业部第九研究所(院)接任副所(院)长时方知被"点将"参加搞原子弹,从此在不为外界所知的情况下工作 20 多年。程开甲通过对高压状态方程和化爆试验的研究,在国内第一个计算出原子弹爆炸时弹心的温度和压力,为核武器爆炸威力的设计提供重要依据;在原子弹内爆机理研究中,程开甲解决了原子弹研制中关键问题之一的起爆冲击聚焦设计,为弹体结构设计与加工精密度提供依据。程开甲在原子弹研制的开拓性研究中作出了贡献。

程开甲成功地设计和主持包括首次原子弹、氢弹、导弹核武器、平洞、竖井和增强型原子弹在内的几十次试验。程开甲创立中国自己的系统核爆炸理论和效应研究,主持、参与和指导核爆炸效应的全面总结,为核武器应用奠定坚实基础。程开甲是中国指挥核试验次数最多的科学家,人们称程开甲是"核司令"。

计算机专家——胡守仁

胡守仁(见图 4),计算机专家。1929 年 9 月生于浙江省江山县,1949 年毕业于浙江大学电机系。历任哈尔滨军事工程学院助教、教研室主任、系副主任,国防科技大学教授、计算机研究所副所长,中国计算机学会理事。

图 4　胡守仁

1951 年,胡守仁在西子湖畔被老师和同学送上了隆隆北上的火车,从此穿上军装开始了在国防科研领域的艰难跋涉。1958 年开始涉足计算机领域,40 年来一直从事计算机的教学与研究,主持了多台计算机系统的研究与开发,是我国最早的专用计算机 901 和大型计算机 151－3/4 及我国第一台亿次银河巨型计算机研制的设计者和主要领导者之一。银河机 1984 年获国防科技成果奖特等奖。编有《计算机概论》，合编有《巨型计算机系统结构》等。近年来，他侧重计算机前沿技术的研究与开发，培养博士研究生 20 余名、硕士研究生 30 余名。共获国家级奖励 3 项，部委级奖励 10 多项，出版专著 4 部，发表学术论文百篇以上，为我国计算机事业的发展作出了重大贡献。

坦克火控专家——臧克茂

臧克茂(见图 5)，坦克电气自动化专家。江苏常州人。1955 年浙江大学电机系毕业。现任装甲兵工程学院教授。2007 年当选为中国工程院院士。

1932 年生于常州市安家舍路东大队臧家村，1951 年毕业于省常中，考入浙江大学电机系，1955 年毕业，分配到哈尔滨军事工程学院海军工程系任教。1956 年 9 月入党。1979 年 8 月调入北京装甲兵工程学院任教授。技术一级，文职特级。他工作勤奋，成就卓著。1992 年被批准享受政府特殊津贴，1993 年被批准为总参高级保留专

图 5 臧克茂

家，1997 年被评为全国优秀科技工作者，1998 年被评为全国优秀教师，1999 年 3 月中央军委主席江泽民签署通令为他荣记一等功。2003 年 4 月荣记三等功。2010 年被评为总装首届践行当代军人核心价值观模范。2012 年 1 月 10 日中央军委主席胡锦涛签署通令：给中国工程院院士、中国人民解放军装甲兵工程学院控制工程系电气工程教研室教授臧克茂记一等功。

臧克茂教授长期从事坦克电气自动化工程研究，通过自主创新，

提出了现代坦克炮控系统的体系结构和控制方法,跨越了国外炮控系统的两个发展阶段;研制出了我国第一台坦克电驱动系统原理样车,并率先开展全电战斗车辆的研究。获国家科技进步二等奖 2 项,军队科技进步一等奖 2 项,二等奖 3 项;获发明专利 5 项。撰写出版专著 3 部,编写教材 8 种;在国内、外发表论文 100 余篇。被评为全国优秀科技工作者、全国优秀教师,获军队杰出专业技术人才奖,中央军委批准荣立一、二、三等功各一次,树为教书育人、科技创新的典型。

海军优秀舰长——刘志刚

刘志刚(见图 6),湖北阳新人,1969 年 8 月出生阳新,1987 年阳新一中毕业考入浙江大学;1991 年大学毕业投身国防,先后在海军舰艇学院、浙江大学继续学习,获硕士学位,中共党员;毕业后担任海军第四工程处工程师、连云港舰艇副舰长、铜陵舰艇长。2003 年起担任海军吨位最大、级别最高的导弹护卫舰艇长。先后荣获个人三等功 2 次,二等功 1 次,被评为全军优秀地方大学生干部,全国十大杰出青年,海军优秀舰长,模范共产党员。现任中

图 6　刘志刚

国人民解放军海军 91257 部队温州舰舰长。

　　1991 年 7 月,刘志刚从浙江大学毕业。由于在学校期间成绩优秀,上海、杭州等地的十多家单位都向他发出了邀请,并开出了丰厚的待遇。恰巧那年,海军在浙大征招地方大学生入伍。一边是优越的生活,一边是大海的召唤,自小倾慕军营的刘志刚毅然从美丽的西子湖畔走向大海。入伍后,刘志刚被分配到海军某工程部队当技术

员。当兵的愿望实现了,但现实生活和想象中的相去甚远。部队地处偏僻的农村,条件艰苦,刘志刚出去买本书、查个资料都要跑上几十公里。生活和工作的困难,刘志刚都能克服。最让他感到失落的,是专业不对口。刘志刚学的是机械专业,但是,部队用的"工程机械"和他所学的有不小的差异。摆在他面前的只有一条路:学。凭着一股不服输的劲头儿,3个月后,工地上再也没有刘志刚开不动的设备。

正当刘志刚挽起袖子准备大干一场时,1993年8月,部队精简,他面临留在部队还是转业两种选择。由于驻地军地反差巨大,许多人托关系、找门子想转业,可刘志刚又一次毫不犹豫地选择了大海,他心中那个驾战舰驰骋海洋的梦想还没有实现。他向上级递交了到舰艇部队工作的申请。很快,他被分配到一艘猎潜艇上工作,成了一名每天和柴油机打交道的机电干部。为掌握机电知识,他拜战士为师,坚持跟班作业,翻烂了十多本专业书籍,摸透了上百根电气管路。半年下来,他顺利通过全训考核,一举摘得基地机电专业比武第一名的桂冠。对机电部门驾轻就熟之后,刘志刚开始对海军舰艇战术指挥专业产生浓厚兴趣。然而,按惯例,海军的舰长大都在指挥军官中选拔,技术军官要走上舰长岗位很困难,他所在部队还没有先例。刘志刚决心打破惯例、挑战自我。他系统自学海军战术、航海等学科知识,为自己又一次跨越专业鸿沟进行必要的知识储备。

1996年9月,专门培养海军舰艇长的海军兵种指挥学院在部队招收战术研究生,刘志刚脱颖而出,成为该院当年唯一跨兵种、跨专业录取的学员。1999年7月,刘志刚以19门功课平均86.9分的成绩,取得硕士学位。毕业后,他被分配到某驱逐舰支队任某新型导弹护卫舰见习副舰长。随着世界新军事变革大潮的到来,让刘志刚清醒地认识到,必须强化对外军的研究。他收集整理了200余万字的外军资料,灵活用于战备训练,成为部队远近闻名的"外军通"。他借鉴发达国家海军先进的作战理念,率先提出水面舰艇"方面作战"理论,引发了海军水面舰艇作战指挥模式的重大变革。

　　刘志刚从一名普通地方大学生成长为海军优秀舰艇指挥员,从一名助理工程师,跨专业、跨兵种成为海军最新型导弹护卫舰全训合格舰长。先后发表论文30余篇;提出的驱护舰方面作战指挥体制,被应用到海军新型驱护舰的设计和作战中;关于舰艇防核化技术的理论,填补了国内空白。担任新型护卫舰舰长后,他编写完成新型舰艇训练、管理、作战文书数十册,带领官兵攻克100多项技术难题,促进了新型舰艇战斗力的尽快形成。作为海军新生代优秀舰长,他曾先后10余次驾舰陪同、接待世界20多个国家的海军舰艇和军事代表团来访。刘志刚以良好的军事素质,为中国海军赢得了荣誉。

附 二

大学生军训感言

　　军训是大学生学习生活中的一段宝贵财富,其中充满了汗水与欢笑。通过这短暂的时光,同学们学会了什么是坚忍不拔,什么是团结协作,各方面素质均得到了较大的提升。在自身成长的同时,参训学员也抒发出来自内心的情感想法。本篇精心收录部分参训学员的军训感言以供分享。

迷彩杨

　　在我的心中,军人的形象就像白杨树一样。每当笔挺的军人一丝不苟地行进或站岗,一种崇敬便会油然而生。他们的眼神传达出军人的神圣不可侵犯,他们眉宇间的坚毅彰显出军人的魅力。我这样称呼他们:迷彩杨。

　　军人的风貌从来不曾让人失望,我们的教官们也是如此。当时,就在我要达到身体的极限时,我看到了教官组成的队列气宇轩昂地走来。他们都戴着大檐帽,衣装严整,经年的磨炼使他们肤色黝黑,皮肤上一层薄薄的汗水在阳光的照射下闪闪发光,仿佛一块经过多年打磨的金属,坚韧而顽强。一样的炎热酷暑,但是他们的表情没有一丝一毫的犹豫,眼神没有一丝一毫的动摇。军装在他们的身上奇迹般的有了生命力,我想那是因为在他们的性格中已经牢牢扎根了军人精神。

　　他们不会修饰,只有率真,那是在我们的生活中再难见到的原始的朴素,因为如此,他们在队伍前面讲话时露出难以遮掩的局促与紧张,即使这样,严肃认真的表情始终不变。忽然就喜欢上这种澄澈的感觉,喜欢他们的天然无雕琢。正如华北平原上的杨树,黄白色的树皮,干净得近乎单调,却给人以安定的感觉。有这样一群人指导我们进行训练,我感到由衷的庆幸,仿佛手中握紧一根直直的标杆,坚定无疑地指引我前进。当这样一群迷彩杨出现在紫金港,是我们去奋斗的时候了。

(浙江大学 2010 级 刘宇琦)

胸怀国防尽职责

"起床,集合,出发……"清晨的紫金港还未披上晨曦,宁静的启真湖已在这嘹亮的歌声中苏醒。这里有这样一群人:身着迷彩,头顶骄阳,斗志昂扬,这就是我们——浙江大学 2010 年军训参训学员。我们昂首挺胸,意气风发,尽显英姿飒爽。

我们有朝气。正如初升的太阳,初显光芒,谁说"90 后"的我们缺少一分坚毅?穿上军装,磨炼意志,我们中流击水、挥斥方遒。头顶军帽,铸就坚强,我们浑身肝胆,热血满腔。

我们有知识。进入具有"东方剑桥"美誉的浙大,让我们有理由相信我们是同龄人中的佼佼者。初生牛犊的我们有着新奇的创意和大胆的设想,良好的学习能力显示了我们的潜力不可估量。

我们更有意志。一小时军姿,不畏烈日,不惧艰苦,教官可以我们为什么不可以! 军人的意志感动着我们,激励着我们,不敢懈怠,不敢偷懒,更不敢失去责任感。

列队行军,《大学生军训之歌》在耳畔响起,激昂的旋律回响在脑中,深刻的内涵激荡在胸中。用心追寻这份感动的源头,不为其他,只因为:

我们明白,我们是祖国未来的栋梁。身为一名国防生,我们深知肩上责任重大,保家卫国、安国兴邦。

我们了解,军队需要我们。广博的知识等着我们去传播,高端的仪器等着我们去研发,精密的方案等着我们去设计,我们是军队未来的生力军与智囊团。

我们懂得,人民需要我们。外邦异族的侵略者曾使我们受尽苦难,极端分子的挑衅也使国家的形势不容乐观。生于忧患,死于安乐,全国 13 亿人民的幸福生活需要我们强有力的保障。也许我们不能发出很强的光热,但至少我们是无数光热的一分子。有这样的一份心,就能照亮一方土地,温暖一方人民。

我们更深知,祖国需要我们。祖国广袤无垠的疆土需要我们去守卫,那是祖国神圣的尊严,一寸不容侵犯。国防建设需要我们去贡献,祖国的花朵长盛不衰,便是我们最大的心愿。

谁说我们不像当兵的模样,谁说我们没有当兵的形象!献身科学,共筑国防,为青春的绚丽,为人生的辉煌,为民族的复兴,为中华的安邦!

(浙江大学 2010 级　金志鹏)

穿军装的日子

说起绿色,我就会不禁想起,鸽子嘴里衔着的橄榄枝,绿色带来和平。我也会想起破土而出的那片嫩芽,虽然娇嫩,但孕育着长成参天大树的希望。而今年的 8 月,我对绿色有了新的理解。绿色是军人的军装,是战士的迷彩,是铮铮铁骨的印记。

也许是光阴太瘦,指缝太宽,只是蓦然回首之间,一年大学时光就这样从指缝的空隙不经意地流走。带着不舍,也带着一丝窃喜,等来了 2011 年的 8 月——这段能穿军装的日子。

拿到这身军装,一些画面浮现:天安门前,与日出一同出现的军人背影;在边疆,在孤岛,那些耐得住寂寞与孤独的军人背影……穿上这身军装,就要挥别往日的幼稚,迎接崭新的挑战。因为这身绿色,我必须在烈日下昂首,在酷暑中挺胸,用军人的标准要求自己。

汗水"不听话"地往外渗,从额角出发,流经两鬓,流到下颌,流到脖颈,最后与军装融为一体。而有的在流动中蒸发,化为一缕轻烟。军装湿了又干,干了又湿,反反复复。背后那些白色的盐渍是最好的见证。也许没有了白皙的皮肤,没有了清脆的嗓音,没有了军训之初的那种兴奋,而黝黑的脸庞,沙哑的声音,脚上沉甸甸的酸痛和那归于平淡的心情都是经历过之后洋溢着的青春与活力——不怕苦、不怕累的刚强。

因为这身迷彩,因为年轻,没有什么不可以!

(浙江大学城市学院　柴溢)

一滴汗水的重量

行走在求是园熙熙攘攘的马路上,目光却被一条不起眼的横幅所吸引,上面写着:一滴汗水的重量,就是希望。也许有人不以为然,一滴汗水的重量,在他们看来,完全可以忽略不计。但这句话却说出了我们每一个参训学员的心声。

一滴汗水的重量,是坚持。

在烈日下,在曝晒中,在疲倦时,每一滴脸颊上的汗水,都折射出坚毅的光芒。我们坚持着,只为了心中对自己的承诺,对学校的承诺,对祖国的承诺,对未来的承诺。为了这所有的一切,我们一定会坚持,哪怕前方狂风骤雨。

一滴汗水的重量,是勇敢。

不论站立,还是坐下,抑或在行进中,每一道湿透衣襟的汗水都书写着勇敢的真谛。炎热的天气,强烈的阳光,剧烈的运动,任何一项对我们来说都是一次挑战。然而,我们没有放弃,我们选择了勇敢,勇敢地面对从未面对过的一切,为自己的青春烙上了勇气的徽章。

一滴汗水的重量,是希望。

每一滴汗水,在青春的热度下,蒸发成了希望,逸散在充满朝气的校园中。我们希望能炼成坚持的品质,我们希望能成为更勇敢的人。

军训教会我们的,不仅仅是军人的坚毅气质和飒爽英姿,更告诉了我们，一滴汗水，也有重量，也可以酝酿出芬芳。

（浙江大学 2010 级　潘以瑶）

茧子的厚度

面朝炽热的柏油路，头顶毒辣辣的太阳，脚踩滚烫的沥青，在这个火一般的夏天，茧子和水泡在偷偷滋生。

不安分的茧子和水泡在脚底作祟，刺痛着脚心的每一根神经。这痛穿透层层防备，直抵人心，阻挠着行军的长路。曾经听说，这世界上有一种茧子是没有眼泪的，它只能一直骄傲地笑，笑累了就在脚底心撒泼。这种茧子一辈子只能哭一次，那唯一的一次就是它投降的时候。而这种茧子，只会屈服于我们顽强的心，只会在我们永不言败的坚持下显出卑微。在训练场上，几乎没有人向茧子和水泡投降，因为我们知道，它们也是军训的一部分，是考验大家意志的利器，是大家辛苦和拼搏的见证。谁战胜了这钻心的痛，就主宰了自己的路，主宰了自己的未来。

操场上，一跛一跛的身影在阳光下显得伟岸而高大。他们的眼神里，透露出坚毅和无畏，他们身上的迷彩，在阳光的照耀下愈发光彩夺目。而他们在人生的道路上，也是在颠簸中，找到了自己的信仰，用毅力征服了阻挠自己的茧子。

我听见，有茧子在哭，不知道这是感动的眼泪，还是屈服的表现，但这一定是从人心的深处传来的胜利的暗号，暗示着我们用自己的执著和顽强征服了一路的荆棘，迈向通往成熟的阳关大道。终有一天，它们会被我们的英勇坚忍磨平，而我们的人生，也将变得厚实和饱满。

（浙江大学 2010 级　陈青晔）

忆军训，念军训

军训，是一种考验，是一种磨炼。无知的人眼里满是过程的艰辛，然而悟出其真谛的人们享受军训所带来的幸福，他们热爱军训。

灼热的阳光洒在地上、树上、军装上。透过军装传递而来的阵阵闷热，我知晓，身体已经做出了反应，不会很久，军装里便会淌着汗水。汗珠子在阳光里晶莹剔透，亮闪闪地刺眼，这似乎成为它们肆意的追求。但是没有一个人会用手拭去脸颊上的汗珠，因为这是我们在接受意志沐浴的象征，是一次精神的洗礼。

军训，它拥有一股强大的力量，鞭策我们，鼓励我们。是它教会了我们什么是团结的力量，是它教会了我们什么是坚强意志，是它教会了我们不经历风雨怎能见彩虹，它教会了我们很多很多。古人有云：天将降大任于斯人也，必先苦其心志，劳其筋骨，饿其体肤。所以，作为新世纪的学子、祖国的花朵、未来的栋梁，我们必须接受军训的洗礼。来吧，让我们像海燕一样勇敢地面对暴风雨，将自己磨炼成一个天之骄子！

（浙江大学城市学院 2010 级　林雪清）

军训，人生中最精彩的桥段

闻着八月宁波潮湿的空气，我们锤炼着自己的精神和肉体。曾经懒散的队伍变得紧凑严密，有了那所向披靡的气势；曾经凌乱的脚步变得整齐划一，有了那铿锵有力的震撼；曾经青涩的脸庞变得坚毅刚强，有了那超乎年龄的成熟。我们都不是温室里成长的小孩，我们已经成长，在宁波那空阔而又辽远的天空下，在明亮而又炎热的阳光里，我们的青春，在这里绽放。

时间如流水，从军训刚开始的训练基本科目，到现在进行方队的正步走，回想已过去 8 天，8 天的点点滴滴，留在了每个人的心中，也许会留一辈子。一遍又一遍地重复，一次又一次地踢腿、踏地、定形，教官悉心地为每个人纠正动作,力求规范标准。汗水模糊了双眼,雨水浸透了军装,我们不能动,只能这么要求着自己,等待命令。脚磨破了,我们不惧,那没有什么;脚抽筋了,休息一下再上,那更没有什么。胶鞋与大地抗争,发出震慑人心的"啪啪"声响彻训练场。我们磨炼着自己的意志,等待着为十七连,为荣辱而战的那一刻。

如果说人生是一出戏,那么军训就是其中最精彩的桥段,起承转合间见证着成长。军训就如同一杯香茗,等待着我们在清苦之后享受回味的甘甜。进入大学的第一课,也许同样是很多人人生的第一课,我们有什么理由不去好好对待,我们有什么理由不去自我超越,攀越高峰之后才能看到更美的风景。我们期待着大阅兵的到来,我们期待着军训过后自身的蜕变。在宁波,我们绽放着自己的青春。

(浙江大学宁波理工学院 2011 级　翟淑雅)

我仍然记得,那年夏天的微笑

春华秋实,寒暑交替,恍然间,我已经在浙大度过了两个冬夏。很多时候我总是一个人游荡在林间小路,静静回想着一年多来自己到底收获了什么,但是却怎么也不能概括完整,以为自己的生活也就如此不堪了,只好苦笑着拖曳着脚步,走上了回家的路,空气中也因此弥漫着无言的哀伤。

然而我却忘了,有些事你不去想起,它便悄悄地蛰伏在你心里深深的地方,被岁月的风尘覆盖,你以为你会就此遗忘;但是,也许就在某个不经意的时刻,某个仙履奇缘的契机,只需轻轻一点拨,回忆便会如倾泻而下的瀑布一样华丽而恢宏地展现在你的面前。

那是 10 年的夏季,我载着满腔的希望来到了浙大,而四周却没有一个认识的老乡或者同学,那种因举目无亲而浓郁的悲凉肆无忌惮的弥漫,很多时候,我都可以听到在寂寞与孤独中拼命挣扎的声音,心灵与躯体也在父亲没有说什么就悄悄离开的时刻开始经受着锻炼。那些或长或短的叹息,总是营造了一种感伤的惆怅,不再有文人般的闲情逸致,反而成为了生命中永恒的记忆,成为了生命中另一种方式的绝唱。

所幸的是,这种独自在外、一个人承受沧桑的孤独感很快就埋没在了不久之后进行的军训之中。犹记得学校正式开训前国防新生内训的时候,已是过来人的学长敞开心扉与我们交流,逐渐消弭了我心中那份翻腾不止的感伤;也记得教官来到时,我和我的兄弟们那份久违的冲动与青春的激情,全都迸发出来,溅射在了脚下的柏油路,化作阵阵水气,消失不见。

2010年8月的杭城,气温相比往年异常的高,烈火烧的旺盛,发出最为耀眼的赤红,一直烧到了天上的云彩。而在外训练的我们,却依旧摆着标准的姿势,向着阳光照射的地方敬礼,却依旧迈着坚定的步伐,喊着嘹亮的口号。不顾一切的汗水,丝毫不顾及军令的威严,滴答而下,沿途的水迹则闪动着晶莹的白光。不是我们不知道辛苦,更不是我们已经麻木,而是我们依旧柔弱的肩膀还承担不起身上那件军装所担负的责任。

一次又一次的摆臂,一遍又一遍的口号,摆酸了手臂,喊哑了喉咙,可是血液中那份莫名的热情却一再地催促自己,跟上战友和兄弟们的脚步,把自己那淤积了良久的烦闷与感伤化作满腔的动力,冲锋在守护人民的前线! 倒下了,爬起来再次来过,受伤了,揉一揉咬牙坚持。因为从穿上军装的那时起,我们就明白:生,当如钢铁那般,承受经年的打磨,才能造就刚正不阿、不把青春耽搁。生,当经受岁月的刀削斧刻,释然面对雨打风吹,坦荡起伏沉落,凛然长呼,一笑而过。

那两个星期,我的脑海中一直有这样一幅画面:天,昏暗低垂,飞沙四起,卷动着压迫的气息。机枪的火舌肆虐,身着迷彩、眼窝深陷的军人满目的澄澈,没有丝毫临阵前的畏惧,只有慷慨就义的坦然与从容。他们相互对视,会心地笑着,笑着,只为自己终于有这么一天,可以用自己的血肉之躯,誓死捍卫身后的亲爱的祖国! 我也不知道到底是什么时候,我的心不再有丝毫的伤感与孤独,有的却是那份感动与坚毅,因为我可以和我的战友兄弟,一起奋战,一起挥洒心中绵绵不绝的激情与动力!

时光就这样匆匆地度过,那两个星期,不知融合着多少汗水,也不知蕴藏着多少感动。那个时候,只知道坚持,也只知道感动。渐渐地,我们便有了无所畏惧的勇气,有了慷慨从容的豪情,日子不再那么枯燥,生活也不再那么令人感伤。那段记忆因此被这些感动,这些坚持,还有这些从容与慷慨填得满满当当,没有一丝一毫的空隙。

如今,在校园内漫无目的游荡,操场上嘹亮的军歌口号似乎依旧声声在耳,柏油路上烙下的苦痛煎熬的足迹也似乎依旧清晰可见,我们青春的温度,在如今这三月雨天里,悄无声息而又分外急切地融入那段过往的记忆。这段记忆,我没有遗忘,也不会遗忘。因为每当我反复咀嚼这段记忆的滋味的时候,我依旧可以像当初度过了那两个星期难熬岁月之后的那个夏天那样,给镜子中的自己一个灿烂的微笑。而这个微笑,我更不会忘记!

(浙江大学 2010 级 徐 昚)

爱上军训

引歌长啸震云天,气拔山兮战绿裳。犹记梦里繁华锦,才知青丝已白发。

已近深夜,回首今天,军姿依旧,歌声飘摇,拔河赛虽败犹荣。应该已经习惯了军训的日日夜夜,慢慢地进入了一种似是军人状态,一种集体的生活。流年偷换镜中颜,转身回望去年今日却少了如今的沧桑感,应该是军训历练的成果吧!一种属于大学生特有的成熟与稳重。军训带给我的不仅仅如此,可以说是洗尽铅华渐泛光,羁旅校园慢雕琢。

好似爱上了军训时的感觉,那种严厉夹杂着关爱,悲苦中掺杂着快乐,不知别人是否有相同的感受,开始期待那曾经畏惧的千万遍阳光,绿茵场上风吹日晒翻红浪,斜风细雨仍不畏站的豪情。军训3

日,仍是天公作美。雨丝飘洒于训练场,有种天降甘露的感觉,但是滋润的不是枯萎的小草,而是汗流浃背的我们。很想好好享受从未有过的雨中训练,但是严厉的训练不得不使自己放下自己那微小的心愿。

爱上军训,今日有雨水为证,有我们的辛苦奋斗为证,有我们的忍暑军训为证,更有我们为美好的未来打拼为证。

(浙江大学宁波理工学院 2011 级 朱 奇)

后　记

　　军训，是求是学子踏入大学校园的重要一课。通过军训，大学生可以增强国防意识、锻炼意志品质、塑造集体精神、形成良好素养，为将来的成长之路打下坚实的基础。因此，我们一直在思考：如何编写一本别具特色的大学生军训教程？如何将国防教育、浙大文化、军训实务等元素融入书中？怎样才能给读者带来全新的阅读体验？

　　带着对这三个问题的思考，我们在原有《大学军事训练教程》（主编李凤旺）的基础上进行了探索。经过充分讨论，广泛听取各方意见，确立了"知识性"、"可读性"、"有特色"的编写原则。全书立足军训所涉及的实务技能，结合全球视野下的中国国防教育，汇入了实用、创新以及青年人乐于接受的时尚元素。希望本书的出版能为广大参训学生提供切实有效的帮助，陪伴他们度过大学最为难忘的时光。

　　本书分为上篇、中篇、下篇和附录四部分。上篇从和平环境下当代世界暗流涌动的格局入手，为大家简单介绍了我国所处的全球战略局势和开展大学生军训的战略意义，帮助广大同学窥探世界和平背后的真相，树立广阔的全球视野；中篇突出军训实务技能的掌握，详细阐述了军训纪律、队列训练、轻武器射击、单兵动作等军事项目，并融入了野外生存技巧、反恐与应急处理等知识，注重理论联系实际，供同学们学习和参考；下篇结合我校的具体情况，重点介绍了浙江大学军训管理实务及大学生参军入伍情况；附录一则通过对浙江大学杰出军旅校友的介绍，展现了浙大百年求是军魂与军旅校友的铮铮风采，使同学们对大学与国家、知识学习与国防建设有更深入的思考;附录二收录了同学们参加军训的所感所想,情真意切,希望能与大家产生共鸣。本书内容翔实,重点突出,书中同时加入了许多资料链接、趣味导读、相关图片和小贴士,以进一步增强可读性。

本教材的编写出版凝聚了多方心血,在浙江大学党委人民武装部牵头下,浙江大学军事理论教研室、浙江大学城市学院、浙江大学宁波理工学院的相关同志共同参与了策划和编写工作。金海燕、林伟连、陈昆福、刘玉勇、陈小兰是本书的主要策划者。参加编写的同志主要有:金海燕、林伟连、陈昆福、潘燕军、周树红、周春晓、胡鹿鸣、李炜、应中元、吴新林、赵嘉、佘天泽、王英飞、朱佐想、于洋、杨群波等,林伟连、陈昆福承担了全书最后的统稿工作。本书的出版,无论在内容设计还是格式编排上,都是一种新的尝试,由于编者的水平、时间以及所掌握的资料所限,本书肯定还有不少疏漏和不足之处,我们热忱地希望所有读者不吝赐教,多提宝贵意见。

金海燕

2012 年 6 月